Juizados Especiais Criminais
Lei 9.099/95

G429j Giacomolli, Nereu José
Juizados Especiais Criminais: Lei 9.099/95: abordagem crítica / Nereu José Giacomolli. 3. ed. rev. atual. – Porto Alegre: Livraria do Advogado Editora, 2009.
270 p.; 23cm.
ISBN 978-85-7348-625-4

1. Juizados Especiais: Processo Penal: Brasil. 2. Tribunais Especiais: Processo Penal: Brasil. I. Título.

CDU 343.197(81)

Índices para o catálogo sistemático:
Juizados Especiais: Processo Penal: Brasil
Tribunais Especiais: Processo Penal: Brasil

(Bibliotecária responsável: Marta Roberto, CRB - 10/652)

Nereu José Giacomolli

Juizados Especiais Criminais Lei 9.099/95

— abordagem crítica —
• ACORDO CIVIL • TRANSAÇÃO PENAL
• SUSPENSÃO CONDICIONAL DO PROCESSO • RITO SUMARIÍSSIMO

— reflexos —
Código de Trânsito (Lei 9.503/97)
Estatuto do Idoso (Lei 10.741/03)
Lei Antidrogas (Lei 11.343/06)
Lei dos Crimes Ambientais (Lei 9.605/98)
Lei Maria da Penha (Lei 11.340/06)

3ª edição, revista e atualizada
— de acordo com as reformas penais e processuais penais —
Leis 11.313/06, 11.689/08, 11.690/08, 11.705/08, 11.719/08 e 11.900/09

Porto Alegre, 2009

© Nereu José Giacomolli, 2009

Capa, projeto gráfico e diagramação
Livraria do Advogado Editora

Revisão
Rosane Marques Borba

Direitos desta edição reservados por
Livraria do Advogado Editora Ltda.
Rua Riachuelo, 1338
90010-273 Porto Alegre RS
Fone/fax: 0800-51-7522
livraria@doadvogado.com.br
www.doadvogado.com.br

Impresso no Brasil / Printed in Brazil

Aqui merecem estar, Beatriz, Caroline e Felipe Giacomolli
Pela compreensão
Imersões
Flutuações nas superfícies (cotidiano)
Navegações em águas profundas
Rompimento de barreiras
Na velocidade do tempo
Sem perda do norte.

Sumário

Abreviaturas 11
1 – Histórico 13
   1.1 – Experiências anteriores 13
   1.2 – Processo de formação da Lei 9.099/95 15
   1.3 – Modificações posteriores: da Lei 9.503/97 a Lei 11.719/08 18
2 – Composição, Competência e Regras da Conexão e Continência 23
   2.1 – Composição 23
   2.2 – Competência 26
   2.3 – Conexão e continência 27
3 – Conceito de Infração de Menor Potencial Ofensivo 30
   3.1 – Considerações críticas 30
   3.2 – Ampliação do conceito de infração penal de menor potencial ofensivo
      e reflexos na suspensão condicional do processo 32
   3.3 – Causas especiais de aumento e de diminuição da pena 35
   3.4 – Concurso de crimes 37
   3.5 – Hipóteses de desclassificação 38
4 – Princípios e Critérios Orientadores do Juizado Especial Criminal ... 41
   4.1 – Princípios constitucionais fundamentais 41
      4.1.1 – Devido processo constitucional 43
      4.1.2 – Ampla defesa 44
      4.1.3 – Contraditório prévio 46
      4.1.4 – Inocência 47
   4.2 – Outros critério e princípios 49
      4.2.1 – Oralidade 49
      4.2.2 – Informalidade 51
      4.2.3 – Economia processual 52
      4.2.4 – Celeridade 52
      4.2.5 – Reparação dos danos sofridos pela vítima 55
      4.2.6 – Evitabilidade da pena privativa de liberdade 57
      4.2.7 – Consenso 59
      4.2.8 – Simplicidade 61
      4.2.9 – Mitigada disponibilidade da ação processual penal 62

5 – Da Competência 64
   5.1 – Considerações iniciais 64
   5.2 – Deslocamento da competência 65
   5.3 – Competência para os remédios jurídicos 67
   5.4 – Competência originária 70
   5.5 – Tribunal do Júri e infrações penais de menor potencial ofensivo conexas e/ou remanescentes 70
   5.6 – Lei Maria da Penha e competência do Juizado Especial Criminal 73
   5.7 – Desclassificação no juízo comum e competência recursal 74

6 – Dos Atos Processuais 75
   6.1 – Fatos, atos e termos processuais 76
   6.2 – Citação 76
   6.3 – Conteúdo 77
   6.4 – Intimações 78
   6.5 – Publicidade 79
   6.6 – Registro 80
   6.7 – Defeitos 81

7 – Fase Pré-Processual 83
   7.1 – Considerações iniciais 83
   7.2 – Termo circunstanciado 84
   7.3 – Autoridade policial 87
   7.4 – Indiciamento 89
   7.5 – Prisão e fiança 89
   7.6 – Violência doméstica 90

8 – Audiência Preliminar 92
   8.1 – Obrigatoriedade 92
   8.2 – Convocações obrigatórias e eventuais 93
   8.3 – Os esclarecimentos e sua importância 95
   8.4 – Funções do conciliador e do juiz leigo 96

9 – Composição Civil 97
   9.1 – Sentença penal e seus efeitos na esfera cível 97
   9.2 – Natureza jurídica 100
   9.3 – Requisitos 101
   9.4 – Efeitos cíveis 104
   9.5 – Efeitos criminais 106
   9.6 – Cumulação subjetiva e/ou objetiva 107

10 – Representação 109
   10.1 – Prazo e legitimidade 109
   10.2 – Novo enfoque da retratação da representação 110
   10.3 – Desclassificação e representação 111
   10.4 – Situação na Lei Maria da Penha 112

11 – Transação Penal 114
   11.1 – Antecedentes no Direito Italiano 115

11.2 – Antecedentes no Direito Português 116
11.3 – Antecedentes na *Common Law* 117
11.4 – Natureza jurídica 120
11.5 – Requisitos 122
11.6 – Atuação do magistrado 129
11.7 – Atuação do Ministério Público 130
11.8 – Atuação da defesa 132
11.9 – As penas restritivas de direitos 134
11.10 – A multa 136
11.11 – A prestação social alternativa 137
11.12 – Homologação 138
11.13 – Efeitos criminais 138
11.14 – Ausência de efeitos de natureza cível 142
11.15 – Descumprimento 143

12 – Rito Sumariíssimo 147
12.1 – Dinâmica ritualística 147
12.2 – Questões prefaciais 151
12.3 – Audiência de instrução e julgamento 154
    12.3.1 – Renovação da composição civil e da transação criminal 154
    12.3 2 – Adiamento e condução coercitiva 155
    12.3 3 – Resposta à acusação 156
    12.3 4 – Recebimento da acusação 157
    12.3 5 – Ofendido e testemunhas 158
    12.3.6 – Interrogatório 159
    12.3.7 – Debates orais 160
    12.3.8 – Sentença 160
    12.3.9 – Documentação da audiência 161
    12.3.10 – Limitação probatória 162

13 – Recursos 163
13.1 – Diplomas internacionais e direito ao recurso 163
13.2 – Apelação 165
13.3 – Embargos declaratórios 167
13.4 – Recurso em sentido estrito e agravo em execução 168
13.5 – Carta testemunhável 169
13.6 – Embargos infringentes e de nulidade 169
13.7 – Recursos especial e extraordinário 170

14 – Remédios Jurídicos de Garantia 174
14.1 – *Habeas Corpus* 174
14.2 – Mandado de segurança 176
14.3 – Revisão criminal 177

15 – Remédios Correicionais 181

16 – Da Execução 182

17 – Das Despesas Processuais 184

18 – Representação Criminal e Possíveis Efeitos na Súmula 608 do STF e na Lei Maria da Penha 185

19 – Suspensão Condicional do Processo 188
   19.1 – Antecedentes 188
      19.1.1 – Direito Alemão 189
      19.1.2 – Direito Francês 193
      19.1.3 – Direito Português 194
      19.1.4 – Direito Anglo-Saxão 196
      19.1.5 – Direito interno 197
   19.2 – Conceito 198
   19.3 – Natureza jurídica 200
   19.4 – Fundamentos 204
   19.5 – Requisitos 206
   19.6 – Efeitos 220
   19.7 – Condições 225
   19.8 – Período de prova 226
   19.9 – Atuação dos sujeitos 227
   19.10 – Revogação obrigatória e facultativa 229
   19.11 – Extinção da punibilidade 232

20 – Disposições Intertemporais, Subsidiárias e Finais 234

21 – Justiças Militar e Eleitoral 236

22 – Estatuto da Criança e do Adolescente (Lei 8.069/90) e a Lei 9.099/95 239

23 – Código de Trânsito (Lei 9.503/97) e Lei 9.099/95 240

24 – Lei dos Crimes Ambientais (Lei 9.605/98) e Lei 9.099/95 243

25 – Lei Maria da Penha (Lei 11.340/06) e Lei 9.099/95 244

26 – Lei de Antidrogas (Lei 11.343/06) e Lei 9.099/95 246

Bibliografia 249

Anexos 255
   Lei 9.099, de 26 de Setembro de 1995 255
   Lei 10.259, de 12 de Julho de 2001 260
   Lei 10.741, de 1º de Outubro de 2003 262
   Lei 9.503, de 23 de Setembro de 1997 262
   Lei 9.605, de 12 de Fevereiro de 1998 263

Índice analítico 265

Abreviaturas

ADR	*Alternative Dispute Resolution* (Solução Alternativa de Conflitos)
AI	Agravo de Instrumento
AJURIS	Associação dos Juízes do Rio Grande do Sul
Ap	Apelação
ACrim	Apelação Criminal
AR	Agravo Regimental
Art	Artigo
CADH	Convenção Americana dos Direitos do Homem
Câm	Câmara
CC	Conflito de Competência
c/c	Combinado com
CE	Constituição Estadual
CEDH	Convênio Europeu de Direitos Humanos
CF	Constituição Federal
CNI	Comissão Nacional de Interpretação
CP	Código Penal
CPC	Código de Processo Civil
CPP	Código de Processo Penal
CTB	Código de Trânsito Brasileiro
DJ	Diário da Justiça
DUDH	Declaração Universal de Direitos Humanos
ECA	Estatuto da Criança e do Adolescente
EI	Embargos Infringentes
EUA	Estados Unidos da América
GVG	*Gerichtsverfassungsgesetz* (Lei Orgânica dos Tribunais Alemães)
HC	*Habeas Corpus*
IBCCrim	Instituto Brasileiro de Ciências Criminais
Inq	Inquérito
IP	Inquérito Policial
J	Julgado ou Julgamento
JECrim	Juizado Especial Criminal

JECrims	Juizados Especiais Criminais
LCP	Lei das Contravenções Penais
LEP	Lei das Execuções Penais
MP	Ministério Público
MS	Mandado de Segurança
N	Número
ORTNs	Obrigações Reajustáveis do Tesouro Nacional
P	Página
PP	Páginas
PIDCP	Pacto Internacional dos Direitos Civis e Políticos
RBCCr	Revista Brasileira de Ciências Criminais
REsp	Recurso Especial
Rel	Relator
RJTJRGS	Revista de Jurisprudência do Tribunal de Justiça do Rio Grande do Sul
SCP	Suspensão Condicional do Processo
RSE	Recurso em Sentido Estrito
RSTJ	Revista do Superior Tribunal de Justiça
RT	Revista dos Tribunais
RTJ	Revista Trimestral de Jurisprudência
STC	Sentença do Tribunal Constitucional (acórdãos do Tribunal Constitucional Espanhol)
SSTC	Sentenças do Tribunal Constitucional (acórdãos do Tribunal Constitucional Espanhol)
STPO	Strafprozeßordung (CPP Alemão)
TC	Termo Circunstanciado
TRCrim	Turma Recursal Criminal
V.G	*Verbi Gratia* (por exemplo)

1 – Histórico

1.1 – Experiências anteriores

No dia 23.07.82, foi instalado, na Comarca de Rio Grande, o Conselho de Conciliação e Arbitramento, por iniciativa da Associação dos Juízes do Estado do Rio Grande do Sul (AJURIS), através de proposta do magistrado Luiz Antônio Corte Real, discutida em reunião na Comarca de Novo Hamburgo. O Conselho era denominado, popularmente, de Juizado de Pequenas Causas. O primeiro presidente foi o magistrado Antônio Guilherme Tanger Jardim, titular de uma das Varas Cíveis da Comarca de Rio Grande.[1] Esse Conselho tinha por objetivo aproximar o Poder Judiciário da população mais carente, a qual, via de regra, desconhece os meios que possui quando seu direito é atingido ou não dispõe de condições econômicas para reivindicar seus direitos, permanecendo sem acesso à prestação jurisdicional.

A parte comparecia perante o Escrivão do Conselho, narrava os fatos que eram objeto da inconformidade, sem assistência de advogado. A reclamação era anotada numa ficha, a qual era distribuída aos árbitros, bacharéis em direito, que atuavam sem remuneração. Eram aceitas reclamações, gratuitamente, abrangendo direitos patrimoniais disponíveis até 40 Obrigações Reajustáveis do Tesouro Nacional (ORTNs). Representavam em torno de cinco salários mínimos.

Ao ser designada a audiência, o reclamado era intimado para comparecer no Foro local, numa quarta-feira à noite, após o expediente forense. O comparecimento não era obrigatório. A sessão era aberta por um magistrado. Após, os árbitros entravam em cena, instando os envolvidos à conciliação. Uma vez obtida a composição, lavrava-se um

---
[1] Diário da Justiça do Estado do Rio Grande do Sul, de 24.11.95, Ano IV, nº 756, p. 1.

termo de confissão de dívida, assinado pelos envolvidos e por duas testemunhas, cujas firmas eram reconhecidas por um tabelião, propiciando a formação de um título executável no juízo comum. Somente o essencial era consignado. Inexitosa a conciliação, aos envolvidos era proposta a faculdade do arbitramento. Aceito, era designada data ao retorno e propiciada a apresentação da prova. Instruída a reclamação, o árbitro apresentava o laudo, o qual era submetido à homologado do juiz de direito.

Adotavam-se os paradigmas da Justiça Consensual: oralidade, informalidade, celeridade e finalidade. Esses, posteriormente, foram acolhidos pela legislação Federal e Estadual. Segundo uma estatística realizada pelo juiz de Direito Apody dos Reis, nos primeiros dois meses foram apresentadas 28 reclamações. Das dez apreciadas, cinco foram solucionadas através de acordo e quatro por arbitramento. Somente uma tentativa resultou inexitosa.[2] O êxito da iniciativa da AJURIS foi objeto de reportagens jornalísticas (Jornal Correio do Povo, da Capital, de 31.07.83; Jornal "Agora", de Rio Grande, de 17.04.84; O Estado de São Paulo – Jornal da Tarde, de 6.10.82; Revista Isto É, de 29.09.82) e de visita do então Ministro Interino da Desburocratização, João Geraldo Piquet Carneiro.[3] O projeto também foi posto em prática na Comarca de Porto Alegre, no Foro Regional do Bairro Sarandi, pelo magistrado Júlio D'Agostini, bem como em outras Comarcas do Brasil.

A Lei Federal 7.244, de 07.11.84, introduziu, oficialmente, o Juizado de Pequenas Causas Cíveis no Brasil, em caráter opcional ao autor, para causas de valor patrimonial até vinte salários mínimos na data do ajuizamento, tendo por objeto a condenação em dinheiro, à entrega de coisa certa móvel ou cumprimento de obrigação de fazer, a cargo de fabricante ou fornecedor de bens e serviços para consumo, assim como a desconstituição e declaração de nulidade de contrato relativo a coisas móveis e semoventes (art. 3º). As causas de natureza alimentar, falimentar, fiscal e de interesse da Fazenda Pública, acidentes de trabalho, ao estado e à capacidade das pessoas eram excluídas do sistema. O professor de Direito Processual Civil da Universidade de Roma, Antônio Briguglio, em artigo publicado no Jornal "Il Moderno", em 22.11.90, teceu comentários elogiosos ao novo sistema alternativo ao processo penal tradicional.[4]

---

[2] Diário da Justiça antes citado.

[3] VIDAL, Jane Maria K. "Origem do juizado especial de pequenas causas e seu estágio atual", em *Revista do Juizado de Pequenas Causas do RGS*, nº 1, p. 6.

[4] PALUDO, Leonello Pedro. "Juizado especial de pequenas causas faz sucesso na europa", em *Revista dos Juizados de Pequenas Causas do RGS*, nº 2, p. 15.

No Rio Grande do Sul, o Juizado de Pequenas Causas foi criado pela Lei Estadual 8.124, de 10 de janeiro de 1986, reorganizado através das Leis Estaduais 9.442/91 e 9.446/91, tendo sido implantado em todas as Comarcas do Estado. Funciona como unidade própria, nos moldes de um cartório judicial ou adjunto a este, composto por juízes togados, juízes leigos e conciliadores. Mesmo antes do advento da Lei 9.099/95, alguns magistrados gaúchos já aplicavam a transação criminal, embora outro tenha sido o entendimento da Corte Superior Estadual.[5]

No Primeiro Simpósio Nacional dos Juizados Especiais de Pequenas Causas – Cíveis e Criminais – realizado em Curitiba, no mês de junho de 1992, houve aprovação da seguinte proposta: "Até que se criem Juizados Especiais e de Pequenas Causas Criminais, e concomitantemente com estes, pode o juiz com jurisdição no crime realizar a transação prevista no art. 98, I, da CF, quando o réu admite a culpa, há concordância das partes na aplicação desde logo de uma pena, podendo ser somente restritiva de direitos".[6]

Antes da Lei 9.099/95, os Estados de Mato Grosso do Sul, Mato Grosso e Paraíba, através de leis estaduais, criaram Juizados Especiais Criminais. A abrangência da Lei 1.071, de 11 de julho de 1990, do Estado do Mato Grosso do Sul, era maior que a da Lei 9.099/95, pois incluía os crimes dolosos com pena de reclusão de até um ano, e detenção de até dois anos, os crimes culposos e as contravenções penais. No entanto, o STF declarou a inconstitucionalidade das leis estaduais criadoras de Juizados Especiais Criminais antes do advento de Lei Federal.[7]

1.2 – Processo de formação da Lei 9.099/95

O art. 98, I, da CF de 1988 introduziu no ordenamento jurídico criminal o consenso e o JECrim. Dispôs expressamente: "A União, no Distrito Federal e nos Territórios, e os Estados criarão: I – juizados

---

[5] Vid. TARGS, Ap. nº 295002034, Rel. Des. Tupinambá Pinto de Azevedo.

[6] Em Jurisprudência Catarinense, 72/52.

[7] Vid. STF, HC nº 72.930-4 – Mato Grosso do Sul, Rel. Min. Ilmar Galvão, DJ de 15.03.96, quando concedeu o remédio heróico para anular *ex radice* o processo em que o paciente foi condenado pelo JECrim, criado pela Lei Estadual nº 1.071, de 11 de julho de 1990, em razão da inconstitucionalidade do referido diploma legal, por não haver sido precedido da edição da Lei Federal prevista no art. 98, I, da CF. No mesmo sentido o HC nº 75.582-1-Paraíba, Rel. Min. Ilmar Galvão, em DJ de 20.10.95, fazendo, inclusive, referência ao precedente HC nº 71.713/PB.

especiais, providos por juízes togados e leigos, competentes para a conciliação, o julgamento e a execução de causas cíveis de menor complexidade e infrações penais de menor potencial ofensivo, mediante os procedimentos oral e sumariíssimo, permitidos, nas hipóteses previstas em lei, a transação e o julgamento de recursos por turmas de juízes de primeiro grau".

A União tem a competência privativa para legislar em matéria penal e processual (art. 22, I, CF). As unidades federativas podem legislar, concorrentemente, a respeito de procedimentos (art. 24, XI, da CF), criação, funcionamento e processo dos juizados (art. 24, X, CF). Os Estados e o Distrito Federal podem estabelecer regras procedimentais e de processo, complementando as da Lei Federal, mantendo-se a simetria.[8] Portanto, a legislação estadual não poderá ampliar o rol das infrações de menor potencial ofensivo.

A Lei 9.099, de 26 de setembro de 1995, ao dispor sobre os Juizados Especiais Cíveis e Criminais, introduziu, via legislação ordinária, o consenso sobre a pena, sobre o processo e o JECrim.

Os estudos iniciais originários da Lei 9.099/95 foram elaborados pelos magistrados paulistas Pedro Luiz Ricardo Gagliardi e Marco Antônio Marques da Silva, os quais ofereceram à Associação Paulista de Magistrados uma minuta de Anteprojeto de lei.[9] Um grupo de trabalho instituído pelo Dr. Manoel Veiga de Carvalho, Presidente do Tribunal de Alçada Criminal de São Paulo, composto por magistrados e convidados (Dra. Ada Pellegrini Grinover, com a colaboração dos Drs. Antônio Magalhães Gomes Filho e Antônio Scarance Fernandes), ficou encarregado de estudar o Anteprojeto. Este elaborou um substitutivo. O Anteprojeto foi debatido na Seccional paulista da Ordem dos Advogados do Brasil no mês de dezembro de 1988, tendo recebido sugestões de vários segmentos da comunidade jurídica – membros da Magistratura, do Ministério Público, Delegados de Polícia, Defensores Públicos, Professores e estudantes – e apresentado ao Deputado Michel Temer, já com a exposição de motivos.

O Deputado Nelson Jobim também havia apresentado um Projeto de Lei cuidando dos Juizados Especiais Cíveis e Criminais.

Na Comissão de Constituição e Justiça foram reunidos os vários projetos apresentados – dentre eles o do Deputado Gonzaga Patriota).

---

[8] Vid. Lei 2.556/96 do Estado do Rio de Janeiro, dispondo acerca dos Juizados Cíveis e Criminais.

[9] AZEVEDO GHIRINGHELLI, Rodrigo. *Informalização da Justiça e Controle Social*. São Paulo: IBCCRIM, 2000, p. 118 a 123, o histórico da tramitação legislativa.

O relator, Deputado Ibrahim Abi-Ackel, optou pelo "Projeto Jobim" na parte referente ao Juizado Especial Cível, e ao "Projeto Temer" na parte Criminal.

O substitutivo Abi-Ackel, aprovado na primeira esfera legislativa, foi encaminhado ao Senado Federal. Ao Senador José Paulo Bisol coube a relatoria. O substitutivo apresentado pelo senador apenas enunciava normas gerais ao sistema; relegava aos Estados o estabelecimento de normas específicas.

Na Câmara dos Deputados foi mantido o Projeto lá aprovado, o que culminou na Lei 9.099, de 26 de setembro de 1995.

O Anteprojeto, conforme referido em sua exposição de motivos, seguiu orientação da legislação que adota o princípio da "discricionariedade controlada", ou seja, das legislações italiana (Lei 689/81 e CPP Italiano de 1988) e portuguesa (CPP Português, de 17.02.87).

Em razão das inovações introduzidas no ordenamento jurídico brasileiro, mormente o consenso acerca da pena e do processo, da composição dos danos de natureza civil na esfera criminal, da participação de juízes leigos no âmbito criminal, as propostas foram aprovadas sem uma participação cidadã efetiva e sem um debate entre os profissionais do direito e com os meios universitários, já com cursos de pós-graduação consolidados. A nova sistemática tampouco foi precedida de pesquisa empírica acerca de sua viabilidade, limites e conveniência cidadã, constituindo-se em formulismo de potencialização do *ius puniendi* e ampliação da intervenção do aparato criminal do Estado.[10]

Alexandre Morais da Rosa, ao escrever sua obra *Decisão Penal: a bricolage de significantes*, faz a seguinte indagação: "em face da maneira pela qual as decisões penais brasileiras são construídas epistemologicamente e do garantismo penal, é possível se indicar um outro caminho?"[11] Num primeiro momento, antes de adentrarmos na *law in action*, poderíamos perguntar, em razão do objeto deste livro, o consenso acerca da pena e do processo são alternativas constitucionalmente válidas e adequadas à cidadania? E, posteriormente, qual a função dada e compreensão extraída desses novos institutos, pelo Ministério Público e pelos Magistrados.

---

[10] Vid. CARVALHO, Salo de. *Antimanual de Criminologia*. Rio de Janeiro: Lumen Juris, 2008, p. 132 e 133, acerca da ampliação da rede de punitividade pelos substitutivos penais.

[11] ROSA, Alexandre Morais da. *Decisão Penal*: a bricolage de significantes. Rio de Janeiro: Lumen Juris, 2006.

1.3 – Modificações posteriores: da Lei 9.503/97 a Lei 11.719/08

O novo CTB (Lei 9.503/97) foi o primeiro diploma legal, posterior à Lei 9.099/95, a dispor sobre a aplicação dos institutos da justiça consensual. Determinou, expressamente, no *caput* do art. 291, a aplicação da legislação de 1995, no que couber, aos delitos cometidos na direção de veículos automotores. O parágrafo único do mesmo artigo, ao estabelecer a incidência dos arts. 74 – composição civil, 76 – transação criminal e 88 – condicionamento à representação – da Lei 9.099/95 aos crimes de lesão corporal culposa (art. 303 CTB), de embriaguez ao volante (art. 306 CTB) e de participação em competição não autorizada (art. 308 CTB), permitiu a composição civil e a transação penal nessas hipóteses, embora a pena máxima cominada fosse superior a um ano, ou seja, de dois anos nos casos dos arts. 303 e 308 e de três anos no caso do art. 306.

A polêmica da época dizia respeito à competência para aplicar a composição civil e a transação criminal, mais precisamente se teria havido ampliação ou não do conceito de infração penal de menor potencial ofensivo. Prevaleceu a aplicação desses institutos no juízo comum, sem ampliação do conceito de infração penal de menor potencial ofensivo. Outra problemática surgida cingia-se à natureza da ação penal nos crimes de embriaguez ao volante e do "racha", na medida em que um setor doutrinário passou a entender que o parágrafo único do art. 291 do CTB havia condicionado à representação esses dois delitos; e outra que não se aplica tal disposição, em face do conteúdo do *caput* do art. 291 do CTB.

A Lei dos Crimes Ambientais (Lei 9.605/98) condicionou a aplicação imediata das medidas alternativas à pena privativa de liberdade – restrição de direitos ou multa – à prévia composição do dano ambiental – composição civil –, sempre que possível, nos termos do art. 27. Também estipulou dependerem a suspensão condicional do processo e a extinção da punibilidade da efetiva reparação do dano ambiental, possibilitando-se a prorrogação do prazo da suspensão do processo, conforme disposições do art. 28, *caput* e seus incisos.

A principal e mais abrangente modificação, em termos de justiça consensual, adveio com a Lei 10.259, de 12 de julho de 2001 (instituição dos Juizados Especiais Cíveis e Criminais no âmbito da Justiça Federal), ao ampliar o conceito de infração penal de menor potencial aos crimes a que a lei comine pena máxima não superior a dois anos, ou multa. Embora com algumas opiniões contrárias, o novo marco penal passou a ser aplicado na Justiça Estadual. Com esta alteração, polemizou-se acerca do marco temporal mínimo de um ano de privação de liberdade ao cabimento da suspensão condicional do processo. A doutrina e os Tribunais, de forma majoritária, restringiram a ampliação de um para dois anos somente às infrações de menor potencial ofensivo, por ser esta a previsão legal, sem reflexos nas infrações de médio potencial ofensivo. A matéria comportou a Súmula 243 do STJ, a qual limitou o cabimento da suspensão condicional do processo aos crimes cuja pena mínima não superar a um ano de privação de liberdade.[12]

O Estatuto do Idoso (Lei 10.741/03), em seu art. 94, determinou a aplicação do procedimento da Lei 9.099/95 aos crimes nele previstos, quando a pena privativa de liberdade máxima não ultrapassr quatro anos. A corrente que passou a sustentar a ampliação do conceito de infração criminal de menor potencial ofensivo para todos os crimes cuja pena máxima não excedesse aos quatro anos restou vencida.[13] Preponderou o entendimento da interpretação restritiva à especialidade e ao teor literal, em razão do enunciado maior rigor a ser aplicado aos autores dos crimes praticados contra pessoas idosas, incompatível com as alternativas penais da composição criminal e civil. Assim, passou-se a aplicar o rito sumariíssimo aos crimes cuja pena privativa de liberdade não fosse superior aos quatro anos, no juízo comum, ressalvadas a competência do JECrim e a aplicação integral da Lei 9.099/95, quando a pena privativa de liberdade máxima não superasse os dois anos.

A Lei 11.313/06, modificou os arts. 60 e 61 da Lei 9.099/95, bem como o art. 2º da Lei 10.259/01. A nova redação dos arts. 60 e 2º, das leis retroenunciadas, respectivamente, determinou a observância das regras da conexão e da continência na competência do JECrim. Tais regras foram adicionadas ao parágrafo único dos referidos artigos, pela nova lei, de modo a afastar o entendimento da cisão processual. A nova sistemática determinou a aplicação da regra geral da reunião dos processos e dos julgamentos nas hipóteses de conexão ou de continência entre infrações de menor potencial ofensivo e outras de competência do juízo comum ou do Tribunal do Júri. Entretanto, determinou a observância da composição civil e da transação penal no juízo comum ou

---

[12] Vid também STF, no HC nº 86452/RS, Rel. Min. Joaquim Barbosa, DJ de 03-03-2006, onde refere que "... A Lei dos Juizados Especiais Federais, ao estipular que são infrações de menor potencial ofensivo aquelas cuja pena máxima não seja superior a dois anos, não produziu o efeito de ampliar o limite, de um para dois anos, para o fim da suspensão condicional do processo".

[13] Vid. STF, HC 86.452/RS, Rel. Min. Joaquim Barbosa, DJ 03-03-2006, quando refere que "a Lei dos Juizados Especiais Federais, ao estipular que são infrações de menor potencial ofensivo aquelas cuja pena máxima não seja superior a dois anos, não produziu o efeito de ampliar o limite, de um para dois anos, para o fim da suspensão condicional do processo".

no do Tribunal do Júri (parágrafo único acrescentado ao art. 60 da Lei 9.099/95 e ao art. 2º da Lei 10.259/01). Com a nova redação dada ao art. 61, o conceito de infração penal de menor potencial ofensivo passou a abarcar todas as contravenções penais e os crimes cuja pena privativa de liberdade máxima cominada não fosse superior a dois anos. Com isso, eliminou-se a restrição aos ritos especiais e o norte passou a ser a pena privativa de liberdade, independentemente da cominação ou não da pena de multa ou outras espécies de pena. Após esta lei, cabe a pergunta: não é possível aplicar a suspensão condicional do processo nas hipóteses de reunião de processos? E, novamente, emerge o problema do aumento do limite da pena privativa de liberdade mínima de um para dois anos ao cabimento da suspensão condicional do processo.

O maior retrocesso em termos de alternativas ao processo penal tradicional adveio com a Lei Maria da Penha (Lei 11.340/06), na medida em que vedou as soluções penais e processuais penais consensuais justamente nas situações onde este é a melhor solução, pois a verticalização das soluções penais, nessas espécies de processos aumenta a litigiosidade. O art. 41, expressamente, determinou a exclusão da aplicação da Lei 9.099/95 aos crimes praticados com violência doméstica e familiar contra a mulher, inclusive vedando, categoricamente, a aplicação de pena de cesta básica, situação peculiar nos LECrims. Várias perguntas passaram a ser feitas a partir dessa lei. Há aderência constitucional na vedação do consenso? Em razão dos arts. 16 e 41, a ação processual penal, nos casos de lesão corporal leve e culposa nas situações preconizadas pela nova lei, passou a ser pública incondicionada, sem aplicação do art. 88 da Lei 9.099/95? A suspensão condicional do processo, prevista no art. 89 da Lei 9.099/95, está compeendida na restrição do art. 41 da Lei 11.340/06? Evidente a afronta ao art. 98, I, da CF.

A nova Lei Antidrogas (Lei 11.343/06), em seu art. 48, § 1º, determinou a aplicação da Lei 9.099/95 aos acusados incursos no art. 28. Justifica-se a previsão expressa, na medida em que ao usuário, cuja conduta estiver tipificada no art. 28 da Lei 11.343/06, não mais se aplica a pena privativa de liberdade. As penas previstas no art. 28 (advertência, prestação de serviços à comunidade e comparecimento a programa ou curso educativo) poderão ser utilizadas também na transação criminal, diante da autorização expressa no art. 48, § 5º, da referida lei. A todas as infrações penais, mesmo previstas na lei especial, cuja pena privativa de liberdade máxima não superar dois anos, continuam sendo infrações criminais de menor potencial ofensivo, ademais do art. 48

da Lei 11.343/06. Evidente a aplicação da suspensão condicional do processo, nos termos do art. 89 da Lei 9.099/95.

A Lei 11.705, de 19 de junho de 2008, além de outras alterações, deu nova redação ao parágrafo único do art. 291 do Código de Trânsito, o qual passou a contar com dois parágrafos. Houve uma restrição à aplicação da Lei 9.099/95 nas hipóteses de os crimes de lesão corporal culposa, embriaguez ao volante e de participação em competição não autorizada, quando o agente estiver sob a influência de álcool ou qualquer outra substância psicoativa que determine dependência; quando tiver participando, em via pública, de corrida, disputa ou competição automobilística, de exibição ou demonstração de perícia em manobra de veículo automotor, não autorizada pela autoridade competente; ou tiver transitando em velocidade superior à máxima permitida para a via em 50 km/h (cinqüenta quilômetros por hora). Nessas hipóteses deverá ser instaurado inquérito policial para a investigação da infração penal. Com isso, raras serão as hipóteses de aplicação da Lei 9.099/95 nos crimes previstos no CTB. Não há restrição à suspensão condicional do processo, mas o delito do art. 306 – conduzir veículo automotor com a concentração de álcool por litro de sangue igual ou superior a 6 (seis) decigramas – passou a exigir prova pericial e comprovação específica.

A reforma do CPP de 2008 operou uma verdadeira deformação ritualística, afastou-se da base constitucional e não desvinculou-se de sua plataforma inquisitorial. Especificamente no que tange à Lei 9.099/95, o art. 538 da Lei 11.719/08 explicitou o conteúdo do art. 66, parágrafo único. Nas hipóteses de deslocamento da competência do JECrim ao juízo comum, o rito a ser obedecido neste é o sumário. Nas hipóteses de *emendatio libelli*, nos termos do art. 383, § 1º, do CPP, com a nova redação dada pela Lei 11.719/08, se em conseqüência de nova definição jurídica for cabível à suspensão condicional do processo, o juiz deverá instar o Ministério Público para que se manifeste acerca do direito do acusado e, tratando-se de infração de competência do JECrim, a ele, deverá remeter os autos (art. 383, § 2º), salvo hipótese de aplicação dos arts. 60, parágrafo único, da Lei 9.099/95, e 2º, parágrafo único, da Lei 10.259/01. Isso se aplica também nos casos de *mutatio libelli*, conforme art. 384, § 3º, do CPP. Aliás, acerca da obrigatoriedade da manifestação da suspensão condicional do processo nos casos de procedência em parte da pretensão acusatória e da desclassificação, a questão é pacífica no STJ e foi objeto de sua Súmula 337. A Lei 11.689/08, modificativa da ritualística do Tribunal do Júri, também poderá envolver questionamentos acerca da aplicação das leis dos JECrims, mormente quando à infração residual forem aplicáveis os benefícios da Lei 9.099/95, na fase do *judicium accusationis* (no momento da decisória monocrática) ou do *judicium causae*. Nas hipóteses desclassificatórias, após a votação dos quesitos, há previsão expressa no art. 492, II, §§ 1º e 2º: cabe ao Juiz-Presidente do Tribunal do Júri aplicar os benefícios ao delito resultante e ao conexo.

2 – Composição, Competência e Regras da Conexão e Continência

Art. 60. O Juizado Especial Criminal, provido por juízes togados ou togados e leigos, tem competência para a conciliação, o julgamento e a execução das infrações penais de menor potencial ofensivo, respeitadas as regras de conexão e continência
Parágrafo único. Na reunião de processos, perante o juízo comum ou o tribunal do júri, decorrentes da aplicação das regras de conexão e continência, observar-se-ão os institutos da transação penal e da composição dos danos civis.

• redação do *caput* e do parágrafo dada pela Lei 11.313/06;
• vid. art. 98, I, CF;
• vid. art. 2º e parágrafo único, da Lei 10.259/01.

2.1 – Composição: juiz togado, juiz leigo, conciliador, turma recursal, promotor de justiça, advogados

A CF (art. 98, I) determina que os Juizados Especiais Criminais serão providos por juízes togados ou togados e leigos. Portanto, obrigatoriamente, o JECrim será provido por juiz togado e todos os atos estarão sob seu controle e responsabilidade. Poderá, também, sem caráter de obrigatoriedade, ser composto por juiz togado e juiz leigo.

O conciliador, no JECrim, não é referido na CF. A Lei 9.099/95, em seu art. 73 admite a sua atuação. A Lei 10.259/01, em seu art. 18 estabelece que o Juiz-Presidente do Juizado Especial Federal poderá designar conciliadores por um período de dois anos, admitindo-se a recondução. A lei não restringe sua atuação à composição civil, motivo por que poderá praticar também os demais atos não-privativos do juiz togado, podendo, *v.g.*, além de tentar o acerto patrimonial, colher a manifestação de vontade do ofendido acerca da desistência e renúncia da representação e da queixa-crime, propor alternativas conciliatórias criminais com o intuito de evitar a possível aplicação da pena privativa de liberdade. Sua atuação será sempre coordenada e/ou supervisionada pelo juiz togado, quem detém o poder jurisdicional.

Portanto, os juízes leigos e conciliadores poderão funcionar nos Juizados Especiais Criminais, dependendo da organização dada em cada Estado da Federação.[14]

A própria CF, ao estabelecer regras a respeito do juiz de paz, possibilita que este exerça atribuições conciliatórias, sem caráter jurisdicional (art. 98, II, *in fine*). Essas atribuições conciliatórias poderão ser exercidas no JECrim, assim como nas Varas de Família, Varas Cíveis, em qualquer grau jurisdicional, sempre sob a supervisão de um magistrado. Junto às Comarcas/Varas/Tribunais podem atuar conciliadores, sob a supervisão de um magistrado, mesmo nas causas que fogem da competência do Juizado Especial Cível, como alternativa à efetiva prestação jurisdicional. Porém, qualquer ato praticado deverá ser supervisionado pelo magistrado, quem detém o poder jurisdicional.

A atuação dos juízes leigos e/ou conciliadores não poderá ir além da consignação dos termos da proposta, da aceitação, ou de qualquer manifestação volitiva que tenha reflexos na esfera civil e criminal. Caberá ao juiz togado homologar o consenso civil e criminal, bem como julgar as propostas do juiz leigo ou do conciliador – extinção da punibilidade, *v.g.*

Embora seja a audiência conduzida somente por um juiz togado, o êxito das formas alternativas ao processo penal tradicional dependerá do espírito conciliador e da compreensão dos novos critérios: diálogo, horizontalidade, consenso, concessões mútuas, persão, paz, restabelecimento da harmonia social e jurídica entre os envolvidos.

A legislação de cada unidade da Federação disciplinará a forma de recrutamento dos juízes leigos e/ou conciliadores, bem como a remuneração ou não destes. Obrigatoriamente, serão escolhidos dentre bacharéis em Direito, excluídos os que exercem funções na administração da Justiça Criminal. Dispondo a estrutura do JECrim de juiz leigo e de conciliador, aplica-se o art. 7º da Lei 9.099/95, que trata do recrutamento destes.

Embora tenha havido recomendação pela não-remuneração dos juízes leigos e conciliadores, o trabalho ou serviço desses profissionais não integra a obrigação cívica normal (art. 6º, 3, *d*, da CADH) devendo

---

[14] Vid. Lei 4.578/05, sobre Conciliadores e Juízes Leigos nos JECrims do Rio de Janeiro.

haver uma contraprestação, ainda que simbólica, como forma de incentivo à participação leiga na prestação jurisdicional.[15]

O recrutamento dos juízes leigos e conciliadores dependerá de legislação estadual. Na parte criminal da Lei 9.099/95 somente há referência à forma de seleção do conciliador. A linha mestra é a seleção preferencial dentre bacharéis em direito. Nada impede dispor a lei local de outro modo. As situações são multifacetárias e variáveis de Comarca a Comarca e de Estado a Estado, motivo pelo qual se admite uma certa flexibilidade na regulamentação das atividades dos juízes leigos e dos conciliadores e na forma de seu recrutamento. O disposto no art. 7º da Lei 9.099/95 foi repisado, na parte criminal (art. 73, parágrafo único), a respeito do conciliador, com algumas particularidades. Porém, a lei silenciou quanto à atuação do juiz leigo na área criminal. Por isso, é de ser aplicado o disposto no art. 7º da Lei 9.099/95, no que tange ao juiz leigo, mantendo-se a harmonia do sistema do Juizado Especial. O juiz leigo haverá de ser advogado.

De qualquer sorte, os bacharéis ficam impedidos de exercer a advocacia perante ao JECrim, enquanto juízes leigos ou conciliadores da respectiva unidade do Juizado, garantindo-se, assim, uma atuação jurídica imparcial. A atuação do juiz togado, do juiz leigo ou o conciliador, de forma direcionada macula a prestação jurisdicional concreta com a excepcionalidade (art. 5º, XXXVII, CF), provocando uma discriminação atentatória aos direitos e às liberdades fundamentais (art. 5º, XLI, CF). Por isso, pensamos que os juízes leigos e os conciliadores estão sujeitos às mesmas causas de suspeição e/ou impedimento dos magistrados.

A estruturação do juizado, com juízes leigos e/ou conciliadores, representa uma forma de participação da cidadania na administração da justiça, no restabelecimento da harmonia jurídica. Ademais, é uma maneira de viabilizar a inserção dos novos paradigmas de solução dos processos criminais, na medida em que recebem a colaboração de sujeitos desvinculados com as práticas clássicas de solução criminal. Embora tímida, temos em nosso ordenamento jurídico a participação popular na solução dos casos criminais nos julgamentos do Tribunal do Júri.

O JECrim itinerante ainda não é uma realidade em todo o território nacional. Isto permitiria a aproximação da "justiça" ao local dos fatos, decidindo-se com imediatidade e presteza, não só nas Comarcas de grande extensão territorial. A Lei 10.259/01, no art. 22, parágrafo

---

[15] A Lei 10.259/01, em seu art. 18 refere que as funções dos conciliadores são gratuitas, asseguradas as prerrogativas dos jurados (art. 439 do CPP, com a redação dada pela Lei 11.689/08).

único, permite ao juiz federal, quando exigirem as circunstâncias, determinar o funcionamento do Juizado Especial em caráter itinerante. As delegacias especializadas na constatação das infrações penais de menor potencial ofensivo ainda não são uma realidade efetiva.

> Apesar disso, em algumas comarcas do Estado do Rio Grande do Sul, a autoridade policial é quem procede a intimação para a audiência preliminar. No momento da constatação do fato, as partes ficam cientes do dia e da hora em que deverão comparecer no Juizado Especial Criminal. Isso reduz a burocratização do sistema escritural e propicia uma agilização na prestação jurisdicional.

Estas são algumas das alternativas possíveis ao sistema tradicional das decisões ditadas de forma coativa e verticalizada somente pelo órgão jurisdicional estatal, oficial, sem a participação cidadã na solução do problema criminal.

As Turmas Recursais Criminais integram o sistema dos Juizados Especiais, nos termos do art. 98, I, da CF, a qual permite o julgamento dos recursos por turmas de juízes de primeiro grau. Portanto, uma vez instituídas, detêm a competência constitucional para julgar os recursos e as ações constitucionais autônomas, originárias das infrações criminais de menor potencial ofensivo, quando a autoridade coatora for o magistrado do JECrim. Embora os componentes da Turma Recursal Criminal sejam juízes com jurisdição ordinária de 1º grau, em relação aos magistrados do JECrim se colocam numa posição jurídica hierarquicamente superior. Atuam como juízo *ad quem*.

No JECrim atuarão, obrigatoriamente, dependendo da situação concretizada, o Ministério Público e o Defensor. A composição civil é realizada entre o autor do fato e a vítima, quem deverão estar acompanhados de advogado. Por outro lado, o consenso acerca da medida criminal, envolve diretamente o Ministério Público, o autor do fato, quem deverá estar acompanhado e assistido, eficazmente, por um defensor.

2.2 – Competência: conciliação, julgamento, execução

Praticada uma infração penal de menor potencial ofensivo, o termo circunstanciado ou o inquérito policial (dispensado) é distribuído ao JECrim. Neste é que serão viabilizados todos os atos processuais previstos na Lei 9.099/95: composição civil, aplicação de medidas alternativas à pena privativa de liberdade, processo criminal, julgamento e execução das medidas nele aplicadas. O art. 98, I, da CF dispõe claramente de que o Juizado Especial é o competente para a conciliação, o julgamento e a execução de causas cíveis de menor complexidade e das infrações penais de menor potencial ofensivo. Nessa perspectiva se insere a regra geral do art.60 da Lei 9.099/95.

Aos Juizados Especiais Criminais, segundo a CF, não poderá ser atribuída outra competência. Entretanto, isso não inviabiliza a realização do consenso civil e criminal no juízo comum, em infrações criminais específicas, cuja pena privativa de liberdade seja superior ao limite estabelecido pela Lei 9.099/95, sempre que previsto em lei (princípio da legalidade). Isso estava previsto no art. 291, parágrafo único, do CTB. Nessa mesma perspectiva, também poderá ser previsto em lei a aplicação do rito sumariíssimo a infrações cuja pena privativa de liberdade seja superior aos dois anos, como ocorre no art. 94 da Lei 10.741/03.

A competência à execução não se restringe à multa, como parece inferir-se pela simples leitura dos arts. 84 a 86 da Lei 9.099/95. Entretanto, os arts. 1º e 60 dizem ser o JECrim competente para execução de seus julgados.

Da mesma forma, embora não tenha o legislador feito referência à competência ao processo, no art. 60, como o fez no art. 1º, sendo competente ao julgamento, o é também para o processo.

2.3 – Conexão e continência

Há critérios secundários definidores da competência, além da prevenção: distribuição, conexão e continência. A conexão pressupõe pluralidade de condutas delituosas, ou seja, a ocorrência de duas ou mais infrações criminais, com liame objetivo ou subjetivo. Existe quando as infrações estiverem unidas por algum liame evidenciado pelos fatos e circunstâncias emergentes da prática delitiva. Podem ser enunciadas várias espécies de conexão: inter-subjetiva (art. 76, "i", do CPP); objetiva (art. 76, II, do CPP); instrumental ou probatória (art. 76, III, do CPP), e duas espécies de continência: cumulação subjetiva (art. 77, I, CPP) e cumulação objetiva (art. 77, II, do CPP).

A continência ocorre quando uma causa está contida dentro da outra, pressupondo só uma conduta criminosa, uma só infração criminal, com mais de um resultado.

A conexão e a continência, na realidade, são regras modificadoras da competência, na medida em que há *prorrogatio fori* e unidade em *simultaneus processus*. Portanto, não são regras absolutas. No próprio CPP há exceções ao princípio do *simultaneus processus*, aventadas no art. 79, nos casos de concurso entre a jurisdição comum e a militar e entre aquela e a do juízo da infância e juventude. Também, quando se verificar que a doença mental do co-réu sobreveio à infração (arts. 79, § 1º, e 152). Ainda, não haverá unidade de processo e julgamento nas hipóteses de co-réu citado por edital, que permanecer em lugar incerto e desconhecido e nem constituir defensor para apresentar a resposta à acusação (art. 366 do CPP, alterado pela Lei 11.719/08); na prática de infrações em circunstâncias de tempo e lugar diferentes (art. 80 do CPP); pelo excessivo número de acusados, havendo réus presos (art. 80 do CPP); bem como nos casos em que o juiz entender conveniente (art. 80 do CPP). A instauração de processos diferentes, mesmo quando deveriam ter sidos reunidos, não implica nulidade, pois haverá a unificação das penas no juízo da execução (art. 82 do CPP).

A Lei 9.099/95, em sua redação original, não fazia referência às hipóteses de conexão e continência. A Lei 11.313/06, acrescentou a parte final ao art. 60 e um parágrafo único ao mesmo dispositivo. Manteve-se a competência do JECrim para o processo, a conciliação e o julgamento das infrações penais de menor potencial ofensivo, mas adicionou-se "respeitadas as regras de conexão e de continência". Um dos nortes é a unidade de processo e julgamento, salvo algumas exceções (art. 79 do CPP).

Portanto, quando a conexão ou a continência se der com um delito de competência do Tribunal do Júri, nele reunir-se-ão as infrações (art. 79, I, CPP) e quando o juízo, por força da prevalência, é o comum, nele reunir-se-ão as infrações. Assim, segundo o legislador, não haverá, nesses casos, cisão processual pela separação da competência. Porém, no juízo comum e no juízo do Júri deverão ser garantidos os direitos do autor do fato à composição dos danos de natureza cível e a aplicação da pena alternativa de multa ou de prestação de serviços à comunidade (arts. 74 e 76 da Lei 9.099/95). E isso deverá ocorrer antes de ser recebida a acusação, pois a composição civil e a transação criminal são prejudiciais a ela.

Para efeitos da composição civil e da transação penal, considerase-á a infração individualizada, sem a soma pelo concurso material ou qualquer aumento pelo concurso formal ou crime continuado. Após o advento desta lei, o critério a ser considerado, pelo menos na conexão e na continência no juízo comum e no Júri, na composição civil e na transação penal, não é mais o da cumulação das penas (concurso material) e nem o da exasperação (crime continuado e concurso formal).[16]

Sempre defendi a separação dos processos, de modo a privilegiar a competência constitucioal do JECrim e a aplicação dos institutos despenalizadores ou descarceirizantes no JECrim, mas esta não foi a opção de política legislativa, a qual preferiu manter a reunião dos processos no juízo prevalente, com aplicação dos benefícios à infração penal de menor potencial ofensivo, mas no juízo comum, fora do JECrim.

Mesmo com o advento da Lei 11.313/06, penso que o norte constitucional aponta para a cisão do processo nos casos de conexão e continência e para a consideração de forma individualizada das infrações para ser estipulada a competência do JECrim, o cabimento da composição civil, da transação criminal e da suspensão condicional do processo (posicionamento defendido nas edições anteriores desta obra). Entretanto, não foi esta a opção de política criminal e nem legislativa; tampouco os entendimentos majoritários da doutrina e da jurisprudência.

O questionamento que passa a ser feito após o advento da Lei 11.313/06 diz respeito à consideração individualizada das infrações penais ao cabimento da composição civil e da transação penal nas hipóteses do concurso material, do concurso formal e do crime continuado, e em todas as modalidades de reunião das infrações, inclusive nos casos de suspensão condicional do processo, não contempladas na Lei 11.313/06. Observe-se que nas hipóteses de uma infração de menor potencial ofensivo conexa com um crime de roubo ou de homicídio, é possível, em tese, a composição civil e a aplicação das medidas altenativas à pena privativa de liberdade, situação que deverá ser aplicável às hipóteses de conexão entre infrações menores.

Acerca das situações resultantes da desclassificação após a votação dos quesitos, pelos jurados, a situação será tratada em item separado (5.5).

---

[16] Vid. TOURINHO FILHO, *Manual de Processo Penal*. São Paulo: Saraiva, 2009, p. 690, nesse sentido.

3 – Conceito de Infração Penal de Menor Potencial Ofensivo: pena cominada, causas especiais de aumento e diminuição de pena e concurso de crimes

> *Art. 61. Consideram-se infrações penais de menor potencial ofensivo, para os efeitos desta Lei, as contravenções penais e os crimes a que a lei comine pena máxima não superior a 2 (dois) anos, cumulada ou não com multa.*
> • redação dada pela Lei 11.313/06

3.1 – Considerações críticas

A CF, no art. 98, I, não definiu o que seja infração penal de menor potencial ofensivo. Refere ser do JECrim a competência para apreciar as infrações penais de menor lesividade.

O Projeto do Deputado Nelson Jobim incluía, na competência do JECrim, além das contravenções penais e dos crimes culposos, os delitos dolosos punidos com pena de reclusão até um ano, ou detenção até dois anos, bem como o furto simples (art. 61). O Deputado Manoel Moreira, em seu projeto, considerava como sendo de menor potencial ofensivo as infrações puníveis com detenção de até um ano, prisão simples e multa, bem como o crime de furto de pequeno valor (art. 3º). O projeto abrangia tanto as infrações previstas na legislação ordinária, quanto as de leis extravagantes. O Projeto do Deputado Gonzaga Patriota considerava como sendo de menor potencial ofensivo, além das contravenções penais, os crimes com pena até um ano de detenção, a lesão corporal culposa e o homicídio culposo. Excetuava, entretanto, os crimes falimentares, os de responsabilidade dos funcionários públicos, imprensa, propriedade imaterial e os da competência das Justiças

Federal, Eleitoral e Militar, bem como as infrações de competência originária dos Tribunais.

Na Câmara dos Deputados, o Projeto de Lei 91/90, no art. 61, considerava como sendo infração de menor potencial ofensivo as contravenções penais, os crimes cominados com pena máxima não superior a um ano, excetuados os casos de rito especial.

A Lei 9.099/95, no art. 61, definia como sendo de menor potencial ofensivo as contravenções penais, independentemente da pena cominada, e os crimes a que a lei cominasse pena máxima não superior a um ano, independentemente da espécie de prisão: reclusão, detenção ou prisão simples. Excetuavam-se os casos em que a lei previa procedimento especial. Com o advento da Lei 10.259/01, o conceito de infração penal de menor potencial ofensivo atingiu os crimes cuja pena máxima cominada não fosse superior aos dois anos. A Lei 11.313/06 sepultou, definitivamente, a discussão acerca do conceito de infração penal de menor potencial ofensivo e as limitações dos ritos especiais. A partir dessa lei, consideram-se infrações penais de menor potencial ofensivo as contravenções penais e os crimes cuja pena privativa de liberdade máxima cominada não seja superior a dois anos, independentemente do rito processual previsto e da cominação ou não da pena de multa ou de outra sanção criminal. A limitação ocorre pelo máximo da pena privativa de liberdade. Esse é o norte a ser seguido.

Já na edição anterior, antes da modificação do art. 61, afirmava não haver justificativa plausível para se excluir do rol das infrações penais de menor potencial ofensivo as infrações que se processavam pelos ritos especiais, pois estes não foram instituídos em razão do menor ou maior dano, mas por apresentarem peculiaridades em razão do bem jurídico atingido – honra, funcionários públicos –, da forma de persecução – propriedade imaterial –, forma de agir – imprensa –, etc. Ao abrigo de ritos especiais, há inúmeras infrações de baixa lesividade.

O melhor critério para definir o que é uma infração de menor potencial ofensivo não é a quantidade de pena cominada no tipo legal, conforme a opção de política criminal brasileira, mas o bem jurídico atingido. Ademais, não podemos ignorar o desequilíbrio entre a gravidade da ofensa a um bem jurídico e a sanção criminal, em nosso sistema criminal. O legislador, no processo de tipificação criminal, atribuiu maior gravidade aos delitos de furto simples (pena de reclusão de 1 a 4 anos, mais multa), de estelionato (pena de reclusão de 1 a 5 anos, mais multa), que atingem a propriedade, do que as ofensas à vida (homicídio culposo – pena de 1 a 3 anos de detenção), à integridade física (lesões corporais leves – pena de 3 meses a 1 ano de detenção; lesões culposas – pena de 2 meses a 1 ano de detenção), e até ao abandono de recém-nascido para ocultar desonra própria, cuja pena varia de 6 meses a 2 anos de detenção. Em face desse desequilíbrio na proteção dos bens jurídicos, poderia o legislador, mantendo o critério da pena, excluir, expressamente, do rol das infrações de menor potencial ofensivo as que atingem bens jurídicos de maior relevância.

Assim, para definir se uma infração é de menor potencial ofensivo ou não, o que interessa é a pena privativa de liberdade cominada ao tipo penal básico ou derivado (qualificado), independentemente da previsão típica de outras espécies de sanção ou da estipulação de penas alternativas (art. 28 da Lei 11. 343/06). Não interessa a sanção resultante da dosimetria. Por isso, importa a definição do tipo básico, das qualificadoras e das causas especiais de aumento e de diminuição de pena , mas não de circunstâncias agravantes, atenuantes e nem as previstas no art. 59 do CP.

3.2 – Ampliação do conceito de infração penal de menor potencial ofensivo e reflexos na suspensão condicional do processo

Embora exista uma estreita relação entre os princípios[17] de igualdade e de proporcionalidade, a estrutura e a eficácia jurídica são diferentes. Enquanto a igualdade atua equilibrando e unindo, a proporcionalidade o faz isolando e individualizando,[18] ou, no dizer de Larenz, a parcial desigualdade valorativa se soluciona pela proporcionalidade.[19] Nem sempre a utilização do princípio da igualdade é suficiente à proteção dos direitos e das liberdades fundamentais, na medida em que pode ou não exigir uma análise estrita de constitucionalidade, como por exemplo, na incidência específica de causas de discriminação do art. 5º da CF, assim como na afetação de outro direito fundamental. Nesses dois casos, o controle da constitucionalidade

---

[17] Segundo ALEXY, Robert. *Teoría de los Derechos Fundamentales*. Madrid: Centro de Estudios Políticos y Constitucionales, 2001, p. 112, os princípios são mandatos de otimização referentes às possibilidades jurídicas e fáticas.

[18] Vid. GONZÁLEZ-CUELLAR SERRANO, Nicolás. *Proporcionalidad y Derechos Fundamentales en el Proceso Penal*. Madrid: Colex, 1990, p. 59.

[19] *Derecho Justo. Fundamentos de Ética Jurídica*. Madrid: Civitas, 1985, p. 138.

exige um exame mais acurado da objetividade e da razoabilidade da desigualdade, na direção da proporcionalidade.[20] Assim também pode ocorrer quando não existirem elementos de comparação, ocasião em que se garante o razoável pela proporcionalidade.

Metodologicamente, podem-se utilizar, isolada ou cumulativamente, os critérios da comparação de casos e da valoração da situação fática concretizada para auferir-se a violação ou não da igualdade e da proporcionalidade.[21]

A literalidade de uma disposição normativa não é válida quando impõe uma restrição a um direito fundamental, constitucionalmente garantido, como o é o de igualdade de todos ante a lei. Montero Aroca refere que o princípio da igualdade resta violado tanto quando a lei outorga um tratamento diferenciado a certas pessoas, no momento de serem julgadas, independentemente de haver benefício ou prejuízo – igualdade dos cidadãos diante da lei –, como também no reconhecimento diferenciado de meios de ataque e de defesa processuais.[22] Segundo Canotilho, existe observância da igualdade quando indivíduos ou situações iguais não são arbitrariamente tratados como desiguais, ou seja, o princípio da igualdade é violado quando a desigualdade de tratamento surge como arbitrária. Existe uma violação arbitrária da igualdade jurídica quando a disciplina jurídica não se basear num fundamento sério, não tiver um sentido legítimo, ou estabelecer uma diferenciação jurídica sem um fundamento razoável.[23]

A determinação legal da aplicação da composição civil e da transação penal às infrações penais de menor potencial ofensivo, mesmo conexas ou continentes com infrações penais mais graves, inclusive crimes dolosos contra a vida, é só aparentemente clara, pois não está isolada, mas inserida no universo do ordenamento jurídico, ao qual é integrado pelos direitos fundamentais e pelos princípios jurídicos inseridos na CF.

Uma interpretação literal do art. 60, parágrafo único, da Lei 9.099/95 e do art. 2°, parágrafo único, da Lei 10.259/01, na reunião dos processos, quando a pena privativa de liberdade mínima cominada, pela soma (concurso material) ou exasperação (concurso formal e crime continuado), for superior a um ano, afastaria a possibilidade

---

[20] Vid. GONZÁLEZ-CUELLAR SERRANO, N., *op. cit.*, p. 59.

[21] Critérios de HIRSCHBERG, em GONZÁLEZ-CUELLAR SERRANO, N., *op. cit.*, p. 61.

[22] *Principios del Proceso Penal. Una Explicação Basada en la Razón*. Valência: Tirant lo Blanch Alternativa, 1997, p. 146.

[23] *Em Direito Constitucional e Teoria da Constituição*. Coimbra: Almedina, 1998, p. 401.

da suspensão condicional do processo (art. 89 da Lei 9.099/95). Entretanto, a interpretação literal e/ou genética[24] – vontade do legislador –, não induz(em) segurança e certeza, mas se presta(m) à manutenção de uma ilusão protetiva, capaz de justificar a violação das garantias individuais, como sói acontecer nos modelos políticos autoritários. Ademais, a criação legislativa, no momento em que tem aplicação ao mundo dos fatos, desvincula-se de seu criador e pertence ao universo jurídico.

> A literalidade legal se constitui, sem o espírito do intérprete, num manjar insípido e inodoro. Esta pedra bruta, extraída do penhasco legislativo, se converterá em pedra polida desde que o escultor – intérprete – saiba manejar o cinzel – CF. O "jurídico" – que não é jurídico –, o "direito" – que não é direito –, se transforma em monstro pela pedra bruta que não é trabalhada por mãos e cérebros constitucionais.

O princípio da proporcionalidade, que se extrai do princípio do Estado de Direito (art. 1º da CF),[25] bem como da essência dos direitos fundamentais[26] (arts. 1º e 5º, CF), encontra fundamento na proteção desses direitos e das liberdades públicas. Com sua integração hermenêutica, obter-se-á uma aplicação do direito de forma racional, coerente, razoável e idônea. Informa este princípio que desde a elaboração da norma, passando por sua interpretação, aplicação a um caso concreto e sua execução, deve ser buscado o equilíbrio entre os valores e os interesses em conflito, com a proibição do excesso.[27] A desvirtuação da igualdade e/ou da proporcionalidade no processo de criação da disposição legal pode e deve ser corrigido através de um processo hermenêutico constitucional, na prestação jurisdicional, nos termos do art. 5º, XXXV, da CF, propiciando uma tutela judicial efetiva.

---

[24] Vid. em ALEXI, R. *Teoría del Discurso y Derechos Humanos*. Bogotá: Universidad Externado de Colômbia, 1995, p. 54 a 57, as classes de argumentação jurídica: lingüística, genética e sistemáticos (de garantia de consciência, conceitual-sistemático, principiológico, específicos – analogia –, prejudiciais, históricos e comparativos).

[25] O Tribunal Constitucional Federal alemão, já em decisão de 16.06.59, Tomo 8, p. 346, o considerou como um princípio constitucional. Segundo o Tribunal Constitucional Espanhol, nas decisões 55/1996, 161/1997 e 49/1999, este princípio pode ser inferido de diversos preceitos constitucionais, mormente da adoção, pela Constituição, do Estado de Direito. Sobre o princípio da proporcionalidade, podem-se ver ainda, do mesmo Tribunal, as decisões 69/1999, 136/1999, 166/1999, 187/1999.

[26] Segundo o Tribunal Constitucional Espanhol, decisões 55/1996, 141/1999, 166/1999 e 187/1999, o princípio da proporcionalidade também se presta como limitador da ingerência estatal no limite dos direitos fundamentais.

[27] Segundo LARENZ, Karl. *Op. cit.*, p. 144, a proporcionalidade, num sentido de proibição do excesso, é um princípio de direito justo, que deriva imediatamente de uma idéia de justiça, conectando-se com a idéia de moderação, de medida justa, no sentido de equilíbrio.

A possibilidade da suspensão condicional do processo, considerando-se cada infração, individualmente, mesmo na conexão ou continência pressupõe, além da legalidade, uma justificação teleológica, tendo, como requisitos extrínsecos, a judicialidade e a motivação e, como requisitos intrínsecos, a adequação da medida a sua finalidade – idoneidade – a intervenção mínima – necessidade –, a ponderação dos interesses – proporcionalidade em sentido estrito.[28] Porém, tanto o STJ, na *Súmula 243* (O benefício da suspensão condicional do processo não é aplicável em relação às infrações penais cometidas em concurso material, formal ou continuidade delitiva, quando a pena mínima cominada, seja pelo somatório, seja pela incidência da majorante, ultrapassar o limite de um ano), quanto o STF, na *Súmula 723* (Não se admite a suspensão condicional do processo por crime continuado, se a soma da pena mínima da infração mais grave com o aumento mínimo de 1/6 não for superior a um ano), não admitem a consideração em separado e nem a ampliação da base mínima para dois anos. Entretanto, tais entendimentos foram forjados antes da Lei 11.313/06.

O sério gravame que impõe a ameaça da pena privativa de liberdade, principalmente por seus efeitos, ainda que se trate de infração de médio potencial ofensivo, e que dificilmente conduza ao recolhimento carcerário, justifica o emprego de meios menos gravosos ao autor do fato, com o deferimento da suspensão condicional do processo.

A suspensão condicional do processo se insere dentro de um modelo constitucional-garantista de intervenção mínima do sistema criminal, isto é, de aplicação das medidas criminais quando necessárias e na medida da necessidade – idoneidade. No momento em que a suspensão condicional do processo trunca o seguimento do processo tradicional, com reflexos no *ius puniendi* do Estado, há que ser buscada uma interpretação ampliativa e razoável. Ademais, a aplicação de medidas alternativas à pena privativa de liberdade e ao desenvolvimento regular do processo, sem os efeitos da sanção criminal advinda de um decreto condenatório, delimita a eficácia do direito de punir do Estado.

3.3 – Causas especiais de aumento e de diminuição da pena

O nosso sistema criminal, além das elementares típicas, prevê tipos derivados qualificados por certas circunstâncias. Tanto as elemen-

---
[28] Vid. GONZÁLEZ-CUELLAR SERRANO, N. *Op. cit.*, p. 17 e 25.

tares típicas quanto as circunstâncias qualificadoras informam uma cominação mínima e máxima abstratas. Por outro lado, as circunstâncias atenuantes e agravantes permitem uma valoração judicial compensável de modo a modificar ou não a pena-base aplicada. Ademais, o nosso ordenamento jurídico está dotado de circunstâncias modificadoras especiais previstas tanto na parte geral do CP – tentativa, semi-imputabilidade, *v.g.* –, quanto na parte especial – privilégio da violenta emoção, repouso noturno, *v.g.* Essas causas especiais afetam os parâmetros mínimos e máximos da cominação abstrata, motivo por que incidem sobre o máximo da pena cominada para estabelecer se a infração pode ser considerada de menor potencial ofensivo. O próprio legislador fixa os parâmetros mínimo e máximo da sanção criminal para que possa ser medido o grau de reprovabilidade da conduta. As causas especiais informam uma modificação necessária do grau de reprovabilidade. Assim, sobre o agente que pratica um delito tentado incide um grau de reprovação menor do que pratica o mesmo delito na forma consumada; quem age sob o domínio de violenta emoção recebe uma reprovação menor do que aquele que não o comete nesse estado. Por isso as causas especiais incidem sobre a pena cominada.

Já que incidem sobre o máximo da pena *in abstrato*, como efetuar o cálculo quando a previsão é de um aumento ou de uma diminuição variável – diminuição de um a dois terços, aumento de um terço até a metade, *v.g.*? Não há regra específica. É indubitável incidirem o aumento ou a diminuição sobre a pena máxima abstrata, pois o conceito de infração penal de menor potencial ofensivo é dado pela pena máxima cominada. Podem ser adotados dois critérios: a) diminuição mínima e aumento máximo, pois a resultante seria o máximo da pena que poderia ser aplicada ao autor do fato; b) cálculo da forma mais favorável ao autor do fato, ou seja, aumento em grau mínimo e diminuição em grau máximo. Pensamos ser a segunda a melhor opção, pois ainda não há elementos à determinção do *quantum* de aumento ou de diminuição da pena, situação dependente de dilação probatória. Ademais, um dos objetivos do novo sistema é a solução dialogada.

O STF, no que tange à suspensão condicional do processo sumulou o entendimento pela incidência do aumento mínimo, em se tratanto de crime continuado. Diz a Súmula *723 do STF*: "Não se admite a suspensão condicional do processo por crime continuado, se a soma da pena mínima da infração mais grave com o aumento mínimo de 1/6 (um sexto) for superior a 1 (um) ano".[29] Esse entendimento, favorável ao consenso, é de ser aplicado também na determinação da infração penal de menor potencial ofensivo e a todos os efeitos daí derivados: competência, cabimento da composição civil e da transação penal, rito processual, por exemplo.

Por não se tratar de medição de uma sanção criminal, não incidem as circunstâncias do art. 59 do CP, as agravantes e as atenuantes.

3.4 – Concurso de crimes

A pluralidade de infrações criminais pode resultar de uma só conduta do agente – concurso formal –, ou de mais de uma conduta – concurso material. Ainda, a pluralidade de resultados pode, por uma ficção jurídica, ser considerada um delito – crime continuado. Nesses casos aplica-se a pena pelo sistema da cumulação material ou da exasperação, sem que haja absorção de tipicidade. A Súmula 243 do STJ determina a aplicação as regras do concurso material, do concurso formal e do crime continuado nas hipóteses da suspensão condicional do processo,[30] sendo esta a orientação também para a hipótese da competência do JECrim[31] Portanto, são regras de aplicação de pena, as quais não alteram a tipicidade e a ilicitude da conduta. Não havendo alteração do fato infracional, os benefícios legais devem incidir sobre cada unidade fática, sempre que isso for mais favorável ao acusado, na medida em que as normas do concurso foram instituídas com o intuito de beneficiar o autor do fato, e uma interpretação pela soma das penas prejudica e limita o conceito de infração de menor potencial ofensivo e o cabimento da suspensão condicional do processo. O próprio legislador, no concurso de crimes, para afastar o interesse de punir do Estado, considera cada unidade fática, de forma isolada. É o que se infere do art. 119 do CP. A consideração das infrações, de forma isolada, foi adotada pela Lei 11.313/06, quando determinou, nas hipóteses de conexão e de continência, no juízo comum ou no Tribunal do Júri, a

---

[29] Vid. Súmula 243 do STJ, segundo a qual incidem as causas de aumento da pena do crime continuado e do concurso formal.

[30] O STJ, no Resp. 747.033, Rel. Min. Gilson Dipp, DJ de 01.02.2006, afastou a consideração individual da infração, no concurso formal. O STF, no HC 85.427, Rel. Min. Ellen Gracie, DJ de15.04.2005, também afastou a consideração individual da infração.

[31] Vid. HC 80.773, Rel. Min. Félix Fischer, DJ de 19.11.2007; HC 66.312, Rel. Maria Thereza de Assis Moura, DJ de 08.10.2007.

aplicação da composição civil e da transação penal à infração criminal de menor potencial ofensivo (art. 60, parágrafo único, da Lei 9.099/95 e art. 2º, parágrafo único, da Lei 10.259/01).

Portanto, defendemos que, em se tratando de uma infração, incidem as causas especiais de aumento e de diminuição de pena, sobre a pena máxima cominada, de modo a favorecer o consenso: aumento mínimo e diminuição máxima. Na pluralidade de infrações (concurso formal, material e crime continuado), aplica-se a regra da consideração em separado de cada infração para definir se é uma infração de menor potencial ofensivo, por se tratar de uma alternativa à aplicação da pena privativa de liberdade, a *ultima ratio* (critério, inclusive, reforçado pela Lei 11.313/06).

3.5 – Hipóteses de desclassificação

Iniciado o processo fora do JECrim, por não se tratar de infração penal de menor potencial ofensivo (tráfico de entorpecentes, v.g.), na decisão de primeiro grau ou de segundo grau poderá haver a desclassificação para uma infração onde caibam os benefícios da Lei 9.099/95, situação a ser assegurada pelo juízo, no momento em que proferir a decisão desclassificatória, após o trânsito em julgado desta, pois poderá haver recurso. Quando a decisão for do Tribunal, após o trânsito em julgado, os autos deverão retornar ao juízo *a quo*, não sendo ele o competente à aplicação do benefício, com o intuito de evitar a supressão de um grau jurisdicional. A mesma situação deverá ser observada quando a pretensão acusatória for procedente em parte e a infração residual for uma de menor potencial ofensivo (denúncia por furto e violação de domicílio, com absolvição pelo furto e manutenção do segundo delito, cuja pena privativa de liberdade máxima não supera os dois anos).

Nessa linha, mas especificamente à suspensão condicional do processo, o STJ editou a Súmula 337: "É cabível a suspensão condicional do processo na desclassificação do crime e na procedência parcial da pretensão punitiva". Tal entendimento tem aplicação também aos demais institutos da Lei 9.099/95. Caberá aos magistrados de primeiro ou de segundo graus emitir um juízo fundamentado acerca da tipicidade, prejudicial ao provimento condenatório, possibilitando a aplicação dos institutos da Lei 9.099/95, após o trânsito em julgado da referida decisão. Inviabilizado o consenso, prossegue o julgamento pela infração residual. Há um juízo acerca da tipicidade, mas não da ilicitude e nem da culpabilidade.

Modificada a tipicidade pelo juízo *a quo* ou pelo juízo *ad quem*, ao ser desconstituído o juízo condenatório de modo a restar uma infração penal de menor potencial ofensivo, após o trânsito em julgado, o feito deverá ser remetido ao JECrim, pois este limite não poderá ser ultrapassado, mesmo que o consenso seja recusado e o feito deva prosseguir com o julgamento, nos termos do art. 98, I, da CF e do artigo ora em comento. Nos casos de restar uma infração de médio potencial ofensivo, ou seja, onde caiba a suspensão condicional do processo, esta, após o trânsito em julgado, deverá ser viabilizada, no juízo de origem. Inviabilizado o consenso processual ou descumpridas as condições, sem justificativa, o processo prossegue, com remessa ao Tribunal quando ele foi o órgão emissor do juízo desclassificatório ou do julgamento em parte da pretensão desclassificatória.

O entendimento inicial de que a composição civil e a transação penal somente poderiam ser tentados na audiência preliminar (art. 72 da Lei 9.099/95) ou no início da audiência de instrução e julgamento, desde que na audiência preliminar não tivesse havido possibilidade de tentativa de conciliação e de oferecimento das propostas (art. 79 da Lei 9.099/95), bem como de que a suspensão condicional do processo somente poderia ser oferecida logo após ter sido recebida a peça incoativa (art. 89, § 1º, da Lei 9.099/95), foi sendo, gradativamente ultrapassado pela doutrina e pela jurisprudência. A tipicidade reconhecida na decisão no juízo de primeiro ou de segundo graus é a tipicidade adequada, isto é, no momento em que o magistrado ou o Tribunal declaram determinado tipo penal, este é o tipo processualmente válido e existente desde o início da situação processual. O *decisum* delimita o *ius puniendi* e a incidência deste ocorre no âmbito do devido processo legal, vinculado à CF e ao Direito Humanitário Supranacional, motivo por que, antes do recolhimento ao cárcere, antes da aplicação da pena privativa de liberdade, aplicam-se as alternativas penológicas expressamente previstas em lei: composição civil, transação penal e suspensão condicional do processo.

Nos casos de *mutatio libeli* (art. 383 do CPP) e *emendatio libeli* (art. 384 do CPP), tratando-se de infração de competência de outro juízo, a ele deverão ser remetidos os autos, aplicando-se, também, nas hipóteses das infrações penais de menor potencial ofensivo, salvo a necessidade de permanência, por força do art. 60, parágrafo único, da Lei 9.099/95 e art. 2º, parágrafo único, da Lei 10.259/01. Não havendo remessa a outro juízo, a suspensão condicional do processo se realiza no juízo incial (§ 1º).

No juízo do Tribunal do Júri, aplicam-se os arts. 419 e 492, § 1º, do CPP, cujo aprofundamento será realizado em apartado.[32]

---

[32] Vid. item 5.5.

4 – Princípios e Critérios Orientadores do Juizado Especial Criminal

Art. 62. O processo perante o Juizado Especial orientar-se-á pelos critérios da oralidade, informalidade, economia processual e celeridade, objetivando, sempre que possível, a reparação dos danos sofridos pela vítima e a aplicação de pena não privativa de liberdade.

• vid. arts. 147 a 155, 164 a 170 da LEP;
• vid. arts. 186 e 927 do CC.

Os princípios orientadores dos JECrims estão situados na esfera constitucional e na base legal ordinária. A nova lei expressamente enuncia os *critérios* orientadores dos Juizados Especiais: economia processual, celeridade, conciliação, informalidade, oralidade e simplicidade (art. 2º). Nas disposições gerais da Lei 9.099/95, aplicáveis tanto aos Juizados Especiais Cíveis, quanto aos Criminais, está inserido o "critério" da simplicidade, o que não aparece no art. 62, quando a lei trata, especificamente, do JECrim, acrescentando, porém, a proteção da pessoa da vítima e a aplicação de pena não-privativa de liberdade.

Outros princípios e critérios se inferem da Lei 9.099/95, não expressos nos arts. 2º e 62: aproveitamento dos atos processuais, contraditório prévio, divisão de responsabilidades, finalidade, identidade física do juiz e mitigada disponibilidade da ação penal.

4.1 – Princípios constitucionais fundamentais

Segundo Hart e Kelsen, o sistema jurídico é aberto, devido à linguagem vaga do direito e à possibilidade do conflito de normas – incidentes aos casos concretos. Esse sistema se funda em regras baseadas na validade e/ou eficácia, podendo o juiz, ante à ausência de regras aplicáveis, socorrer-se nos fundamentos extrajurídicos. Dworkin se opõe a essa concepção, pois, segundo ele, além de regras, o sistema jurídico é integrado por princípios jurídicos, os quais informam a existência de uma única resposta correta nas hipóteses em que as regras não possam determiná-la. Esta resposta correta é a que melhor possa justificar-se. Essa justificação ocorre através de uma teoria substantiva que contenha os princípios e as ponderações principiológicas que melhor vinculem as regras do direito e os precedentes à CF.[33]

Para Dworkin, as regras são aplicáveis na forma "tudo-ou-nada", isto é, a regra é válida e, portanto, aplicável ao caso concreto, ou não conta para nada na decisão, devendo ser excluída, nos casos de conflito, a norma inválida. Por outro lado, os princípios não determinam, necessariamente, a decisão, mas proporcionam as razões para que se adote uma ou outra decisão, numa dimensão de peso – *dimension weight* – que as regras não possuem, adotando-se a dimensão de maior peso sem que isso invalide o princípio que não foi considerado.[34]

Entretanto, para Alexy, os critérios de Dworkin afetam pontos importantes, mas não o núcleo, porque entram em choque os princípios – direito fundamental à vida e o princípio do estado de direito, com aplicação, por exemplo, do direito penal, no caso da realização de uma audiência de um acusado de ameaça de infarto. Por isto, conceitua os princípios como "normas que ordenam que se faça algo na maior medida possível, em relação com as possibilidades jurídicas e fáticas", que se constituem em "mandados de otimização que se caracterizam porque podem ser cumpridos em diversos graus e porque a medida ordenada de seu cumprimento não só depende das possibilidades fáticas, mas também das possibilidades jurídicas". E este campo de possibilidades jurídicas está determinado por regras e princípios que jogam em sentido contrário.[35]

Por outro lado, as regras "são normas que exigem um cumprimento pleno e, nessa medida, podem sempre ser somente cumpridas ou não cumpridas. Se uma regra é válida, então é obrigatório fazer precisamente o que ela ordena, nem mais nem menos. As regras contêm, por isso, determinações no campo do possível fática e juridicamente", exigindo unicamente uma determinada medida de cumprimento, o que não ocorre com o princípio; o qual pode exigir a maior medida possível de cumprimento no campo das possibilidades.[36]

---

[33] ALEXY, R. "Sistema jurídico, princípios jurídicos y razón practica", em *Cuadernos de Filosofía del Derecho*, 1988, n°. 5, p. 140 e 141.

[34] Idem, p. 141 e 142.

[35] Idem, p. 139, 142 e 143.

[36] Idem, p. 139, 143 e 144.

Esses mandados de otimização vão além do mero aspecto metodológico, e definem o próprio direito, caracterizando um sistema jurídico.[37] Sempre que dois princípios se chocam, ocorre uma colisão de valores e vice-versa. A diferença consiste em que "a colisão entre princípios se refere a uma questão do que é devido de forma definitiva, enquanto que a solução de uma colisão entre valores responde ao que é de maneira definitiva melhor", o que evidencia uma hierarquia de valores na relação de prioridade entre os princípios.[38]

Insofismavelmente, a Lei 9.099/95 deve ser vista pelo prisma dos princípios constitucionais, pois, como bem diz Bonavides, "princípios valem, normas vigem".[39] Aliás, as normas constitucionais compõem tanto a base como o teto e as paredes do edifício hermenêutico, ou a esfera dentro da qual gravitam os demais textos legais e toda a tecitura social.

O objetivo deste trabalho não é esgotar a análise dos princípios processuais penais previstos na CF, mas os que são mais questionados em face da denominada justiça consensual. Por isso, analisaremos, ainda que de maneira sucinta, o devido processo legal, a ampla defesa, o contraditório e a presunção de inocência.

4.1.1 – Devido processo constitucional

A CF informa no art. 5º, LIV, que ninguém será privado de sua liberdade ou de seus bens sem o devido processo legal. Desse princípio/garantia fundamental emanam os demais princípios e garantias fundamentais do processo penal democrático. Porém, em razão da baixa valoração constitucional que perpassa as esferas de todos os poderes e setores nacionais, justifica-se a repetição e o laudatório. O processo legal e devido, a ser seguido, é o constitucionalmente válido. A atividade estatal na apuração das infrações criminais, prevista em lei ordinária, será observada sempre que não afrontar a Lei Maior. Qualquer incongruência há de ser amoldada à CF. Por isso é que o devido processo legal é o que tem aderência constitucional.

---

[37] Segundo LUHMANN, Niklas. *Procedimenti Giuridici e Legitimazione Sociale*. Milão: Giuffrè, 1995, p. 34, todo sistema tem como característica importante a sua complexidade, como a totalidade das possibilidades que se distinguem para a vivência real – complexidade do mundo –, e do próprio sistema. Por sistema jurídico entendemos o conjunto de regras e princípios, cujos elementos internos, ainda que se diferenciem, se unificam por objetivos comuns.

[38] Segundo ALEXY, R. "Sistema jurídico...", *cit.*, p. 145, um sistema jurídico adequado se compõe de regras, princípios e de argumentação jurídica, a qual diz como, sobre a base de regras e de princípios, é possível uma decisão racionalmente fundamentada.

[39] BONAVIDES, Paulo. *Curso de Direito Constitucional*. São Paulo: Malheiros, 1996, p. 260.

A própria CF, no art. 98, I, estabelece os rumos a serem observados no processamento das infrações criminais de menor potencial ofensivo: oralidade, rito sumariíssimo, consenso, e segundo grau especial (TRCrims). E a Lei 9.099/95 foi concebida dentro de um paradigma de tratamento diferenciado dessas infrações de menor lesividade.

A realização do consenso em um juízo público, com a presença ou supervisão de um órgão oficial estatal, desvinculado dos interesses próprios das partes, além da previsão dos arts. 5º, LX, e 93, IX, ambos da CF, é um consectário lógico do processo devido.

> Criticáveis são os acordos realizados nos corredores dos Tribunais ou nos gabinetes dos órgãos acusadores, como ocorre no sistema americano; os acordos realizados sem a presença do órgão judicial, como ocorre no arquivo condicional ou incondicional da fase preliminar do sistema alemão, ou na conformidade consensual espanhola. Os vícios do nosso sistema pragmático são a realização de audiências coletivas, a ausência de explicação suficiente e eficaz do que ocorre na audiência aos autores dos fatos e aos ofendidos, as suspensões de processos criminais sem qualquer referência à reparação da vítima, a ausência de controle no cumprimento das condições da suspensão condicional do processo, dentre outras.

O devido processo exige a oportunização da defesa pessoal e a obrigatoriedade da defesa técnica; uma decisão motivada em circunstâncias fáticas e jurídicas, devidamente fundamentada; uma citação válida; a presença nos atos processuais; a imediata apresentação do réu a juízo; a possibilidade de entrevistar-se com advogado antes de ser interrogado; a presença de advogado no interrogatório e em todos os demais atos processuais; não ser compelido a produzir prova contra si mesmo, bem como ser acusado pelo representante estatal destinado na respectiva unidade judiciária, e não pela conveniência administrativa e/ou casuística.

Ademais do aspecto processual, o princípio do devido processo abarca concepções materiais tais como a proibição da retroatividade *in malam partem*, a edição de leis razoáveis e do *non bis in idem*.

4.1.2 – Ampla defesa

A ampla defesa abrange tanto a defesa pessoal quanto a técnica. O exercício da autodefesa não é obrigatório, pois o acusado possui o direito ao silêncio (art. 5º, LXIII, CF), o qual também é uma forma de defesa. Ademais, ao acusado não é lícito produzir provas para se incriminar. Imprescindível é a oportunização da defesa pessoal. O silêncio ou a ausência do acusado, não podem induzir, por si só, a quebra da inocência ou outras conseqüências desfavoráveis ao autor do fato. Por outro lado, a defesa técnica é obrigatória, tanto no plano formal quanto no plano substancial (efetiva), pois nenhum acusado, mesmo ausente ou foragido será processado ou julgado sem defensor. Cabe ao magistrado nomear defensor ao autor do fato que não o indicar, independentemente de apresentar condições financeiras. A opção primeira é a livre indicação do autor do fato. Inclusive, diante da renúncia do defensor ou na inércia de sua atuação, antes da nomeação de outro defensor pelo juiz, o autor do fato deverá ser intimado para constituir outro defensor, antes da nomeação de um advogado dativo. Necessariamente, no processo penal, o autor do fato deverá ser defendido por profissional com habilitação técnica – inscrito na OAB –, e científica – conhecimento. Por isso, a efetividade da defesa técnica há de resultar dos autos, inclusive através de fundamentação, não só quando patrocinada por defensor dativo ou público (art. 261, parágrafo único, do CPP), sob pena de resultar viciado o ato processual e todos os demais que dele dependerem.

Assim, é imprescindível não só a presença do defensor do autor do fato na audiência preliminar ou na de instrução e julgamento, mas também a realização efetiva da defesa: resposta preliminar, requerimento de provas, atividade probatória – pergunta às testemunhas –, participação adequada nos debates e exercício do direito ao recurso, ainda que voluntária.

A aceitação de uma medida alternativa à sanção criminal, ou o cumprimento de determinadas condições, de forma antecipada, somente encontram supedâneo e justificativa no exercício da ampla defesa. Ao autor se garante, nas infrações de menor entidade, a possibilidade de aceitar uma sanção criminal diferenciada, menos gravosa do que a comum. Não se trata de uma imposição, mas de uma alternativa posta à disposição da defesa. No momento em que o autor do fato aceita a medida – restritiva de direitos ou multa –, o faz no exercício de seu direito de defesa, constitucionalmente assegurado.

A simples nomeação ou constituição de um defensor não garante o exercício da ampla defesa. A mesma há de ser efetiva, isto é, há de produzir uma antítese firme e consistente à tese acusatória, com utilização dos meios disponíveis para rebatê-la. Ademais, exige-se conhecimento das possibilidades fáticas e jurídicas emergentes dos autos. Meras alegações, abstratas e genéricas, sem exame do conteúdo dos autos, não implicam reconhecimento de que houve defesa, apesar de existirem do ponto de vista formal.[40]

---

[40] A reforma do CPP acrescenta um parágrafo ao art. 261, exigindo defesa técnica efetiva e fundamentada.

Além do aspecto positivo da ampla defesa, podemos agregar-lhe o negativo, ou seja, o da proibição da falta de defesa. Isso ocorre quando não se permite o exercício da defesa.

A ausência de defesa ou a defesa deficiente, afetam a garantia fundamental e, o que há de ser verificado são os efeitos desta vulneração. Sempre que o defeito impedir a produção do resultado próprio do ato, em prejuízo do réu, houve violação deste princípio basilar do processo penal, instituído não só como garantia individual, mas da própria sociedade.

> Mesmo que não tenha sido observado o rito sumariíssimo, ou seja, da defesa anteceder o recebimento da acusação, e do interrogatório ser realizado após a oitiva das testemunhas, o decreto absolutório produz os mesmos efeitos, como regra, da observância correta dos ditames legais. Portanto, a absolvição supera a nulidade.

Cumpre ao órgão judicial esclarecer aos autores dos fatos, as possibilidades – condenação ou absolvição –, e as alternativas que possuem – pena comum ou pena alternativa especial –, bem como as estratégias disponíveis de aceitarem ou não as medidas despenalizadoras.

No sistema recursal, na divergência entre réu e defensor prevalece a vontade daquele que deseja recorrer, o direito ao duplo grau jurisdicional, em face do direito ao recurso e da proibição da *reformatio in pejus*.

4.1.3 – *Contraditório prévio*

Segundo o art. 5º, LV, da CF, aos acusados em geral são assegurados o contraditório e a ampla defesa, com os meios e os recursos a ela inerentes. Este princípio é um reflexo da ampla defesa no processo, a ser garantido pelo legislador, de forma geral, e também pelo juiz, no caso concreto. Quando o contraditório é violado pelo legislador, a norma é inconstitucional; entretanto, quando a vulneração resulta de ato judicial, é o próprio processo que resta viciado.

O contraditório é a essência do processo jurisdicional, a marca diferenciadora dos demais procedimentos. Por isso é que se afirma ser o processo judicial um procedimento em contraditório (Fazzalari). Mais precisamente, um procedimento em contraditório judicial. Tese e antítese, voz ativa e voz passiva, pedido e contrapedido, ataque e defesa, culpado ou inocente, igualdade de meios de acusar e de se defender. Essa é a essência do contraditório, cujo equilíbrio dever ser garantido pelo juiz.

O autor do fato não está obrigado a aceitar as medidas alternativas à sanção comum, nem a concordar com a suspensão condicional do processo. Ao admiti-las, o faz no exercício do seu direito de defesa. Portanto, não está sendo suprimido, de forma arbitrária e unilateral, o direito do autor do fato de contraditar uma futura pretensão acusatória.

Em condições excepcionais, como é o da escuta telefônica e o da prisão processual, a doutrina e a jurisprudência admitem o contraditório diferido, ou seja, após a produção do ato. Entretanto, outros procedimentos deverão ser propiciados para garantir a duração da escuta, a fidelidade da transcrição dos dados, ou seja, um contraditório possível de ser exercído, mesmo que seja por um órgão independente, desvinculado dos envolvidos no procedimento.

Não sendo possível a conciliação, uma vez oferecida a peça acusatória, a rejeição ou o recebimento da acusação somente ocorrerão após ter sido oportunizada a defesa ao acusado. É a defesa prévia em sua essência. O Anteprojeto Frederico Marques, de reforma do CPP, vinculava qualquer procedimento penal condenatório ao contraditório prévio. Não foi a opção legislativa de 2008 ao aprovar alguns projetos que deformaram a ritualística processual, mantendo o contraditório após o recebimento da peça acusatória,[41] apesar da divergência doutrinária acerca do tema.

4.1.4 – Inocência

Prima facie, cabe sublinhar não ser a presunção uma ficção, pois o autor do fato sempre será inocente, até que o detentor do *ius puniendi*, de modo definitivo, demonstre não sê-lo, através de um processo judicial, isto é, com todas as garantias. A nossa Carta Magna exige mais, ou seja, uma sentença penal condenatória. Por isso é que o consenso não quebra a inocência.

O princípio da inocência se refere tanto ao conteúdo da sentença, como aos atos processuais indutores deste – atos probatórios, motivação judicial, *v.g.* –, incumbindo à parte acusadora o ônus probatório da quebra da inocência.

O princípio da inocência destina-se ao legislador e também ao juiz. Serve de limite ao legislador, na medida em que este não pode criar regras que façam presumir a culpabilidade, ou que transfiram ao acusado o ônus de provar o que ele é, ou seja, inocente.

No desenvolvimento dos atos processuais, ao juiz é vedado transferir este ônus ao acusado ou tomar medidas restritivas da liberdade sem uma razoável necessidade, devidamente demonstrada.

---

[41] VID. GIACOMOLLI, Nereu José. *Reformas (?) do Processo Penal: considerações críticas*. Rio de Janeiro: Lumen Juris, 2008, p. 59 e ss.

> É de ser questionada a quebra da inocência, com o consequente direito a uma justa reparação nas declarações públicas e antecipatórias de culpabilidade, principalmente na mídia. Observamos autênticas condenações antecipadas, sem investigação oficial, sem acusação formalizada, sem processo, sem sentença, sem recurso.

O princípio da inocência somente pode ser quebrado com prova séria, legítima, isto é, produzida sob as garantias constitucionais. A prisão processual, o recebimento da acusação, não induzem culpabilidade e nem quebra da inocência.

O autor do fato, ao aceitar as medidas alternativas, não está reconhecendo sua culpabilidade, como acontece no sistema da *plea bargaining*, mas defende-se, com o intuito de manter seu estado de inocência. A própria Lei 9.099/95 refere não produzirem a aceitação das medidas alternativas efeitos de natureza civil e nem reincidência, conseqüências típicas da sentença condenatória.

Ademais, o juiz aplica a medida alternativa sem que tenha havido exercício de uma pretensão acusatória, ou um juízo condenatório. O autor do fato continua inocente.

> As concepções de que o autor do fato reconhece sua culpa e/ou que as medidas alternativas são sanções criminais comuns, não encontram justificação constitucional, mormente diante do princípio da inocência.

Por não haver confissão de culpa pelo autor do fato e nem declaração dessa pelo juiz; por inexistir provimento condenatório ou eficácia plena de sanção criminal, na aceitação da proposta de transação criminal não há violação ao princípio constitucional da inocência.

A multa ou a restrição de direitos, aplicadas ao autor do fato, estão previstas no ordenamento jurídico (art. 5º, XLVI, "c" e "d", da CF, e art. 76 da Lei 9.099/95).

Há que se distingüir o tratamento dispensado à pequena criminalidade e à grande criminalidade. Aquela tem pouca repercussão e baixa lesividade social, podendo ser tratada dentro dos "espaços de consenso". Esta última, ao contrário, produz grande repercussão social, motivo por que exige maior controle – situada dentro dos "espaços de conflito". Segundo Figueiredo Dias, "abundam, no processo penal, as situações em que a busca do consenso, da pacificação e da reafirmação estabilizadora das normas, assente na reconciliação, valem como imperativo ético-jurídico".[42]

---

[42] DIAS, Jorge Figueiredo. *Código de Processo Penal e Outra Legislação Processual Penal*. Lisboa: Aequitas, 1992, p. 32 e 33.

4.2 – Outros critérios e princípios

Além dos princípios constitucionais fundamentais, podemos destacar outros princípios processuais, tais como: aproveitamento dos atos processuais, celeridade, consenso, divisão de responsabilidades, economia processual, evitabilidade da pena privativa de liberdade, finalidade, informalidade, mitigada disponibilidade da ação processual penal, oralidade, proteção da vítima e simplicidade.

4.2.1 – Oralidade

A documentação dos atos processuais no processo penal brasileiro segue o sistema escritural, forjado na concepção da validade mediante carimbos e autenticações, precedidos, via de regra, de relatórios introdutórios e repetitivos de decisões carentes de fundamentação. O microssistema do JECrim não abandonou o sistema escritural, pois a acusação, a defesa, os depoimentos das testemunhas, o interrogatório do acusado, a sentença, o recurso, as decisões dos Tribunais Superiores são reduzidos por escrito. Pouco se avançou na utilização dos meios eletrônicos na escrituração dos atos processuais, apesar de o art. 65, § 2º, da Lei 9.099/95 autorizar a prática de atos processuais, em outras comarcas, por qualquer meio hábil de comunicação e o § 3º do mesmo dispositivo autorizar a gravação em fita magnética ou equivalente dos atos realizados na audiência de instrução e julgamento. Mesmo assim, admiti-se o pedido de transcrição da gravação (art. 82, § 3º, da Lei 9.099/95).

A Lei 11.719/08, ao modificar o art. 405 do CPP, autorizou a documentação eletrônica dos atos processuais, inclusive audiovisual, sem necessidade de transcrição. No rito comum ordinário, não havendo diligências ou sendo estas indeferidas, as alegações poderão ser orais, na audiência, onde também poderá ser proferida a sentença (art. 403 do CPP). No rito comum sumário, as alegações são orais e a sentença deverá ser proferida em audiência. Entretanto, não houve opção pela oralidade pura, pois, pelo menos, o essencial deverá receber a escrituração.

Ademais, a opção pela oralidade pura implica alteração na estrutura processual e na administração da justiça, inclusive em termos de elevação de investimentos. Políticas internas e externas, ao âmbito da administração da justiça, no aspecto objetivo e dos sujeitos serão necessárias à alteração da cultura escritural, a qual afastou as nesgas de oralidade, introduzidas pela Lei 9.099/95.

Tanto a representação, quanto a peça acusatória – denúncia ou queixa –, poderão ser ofertadas oralmente, na audiência preliminar, mas reduzindo-se a termo o essencial (arts. 75, 77, § 3º, e 78). A práxis forense revelou a adoção do arcaico sistema escritural, inclusive com distribuições prévias de queixas-crime e oferecimentos de denúncias fora das audiências preliminares. A defesa preliminar, oferecida antes do recebimento da peça incoativa, as alegações das partes, bem como a sentença, poderão ser orais (art. 81).

A adoção do princípio da oralidade tem como consequências: a concentração dos atos em audiência única, o contato pessoal do julgador com o acusado, com as testemunhas, e com o conjunto probatório – imediatidade –, e a vinculação do juiz nos processos em que colheu a prova – identidade física. A impressão direta e imediata – não resta consignada no termo –, de quem está presidindo a colheita da prova é importante à formação do juízo condenatório ou absolutório.

Em audiência única, após a fase preliminar, ocorre o oferecimento da resposta do acusado, a rejeição, o recebimento ou não da peça acusatória, a oitiva da vítima, a inquirição das testemunhas, o interrogatório do réu, os debates e a sentença. Assim, a Justiça Criminal deveria libertar-se das amarras dos atos e dos termos processuais; em suma, da cultura burocratizante do carimbo, do papel, do escrito. O que não está nos autos também participa da realidade da vida e as decisões judiciais comportam questionamento interno e externo.

O julgador que conheceu a produção da prova irá valorá-la na sentença. É um reforço ao livre convencimento motivado, tanto na formação do juízo condenatório ou absolutório, quanto na escolha da sanção e na sua dosimetria – suficiência e necessidade à prevenção e à reprovação. Espínola Filho já preconizava que no rito sumário "a sentença há de ser prolatada pelo magistrado que presidiu a audiência, e, aí, colheu a prova".[43] No mesmo sentido, Magalhães Noronha, ao referir-se ao art. 538, § 2º, do CPP, ensina que "o juiz prolator há de ser o mesmo que presidiu a audiência, sob pena de nulidade da sentença, pois os debates são orais e, conseqüentemente, se outro for o juiz, não os ouviu e nem sabe qual a defesa".[44] Também, o Anteprojeto do CPP, de autoria de Frederico Marques, publicado em suplemento no DOU

---
[43] *Código de Processo Penal Brasileiro Anotado*, 3ª ed. Rio de Janeiro: Borsoi, 1961, v. 5, p. 359.
[44] *Curso de Direito Processual Penal*. São Paulo: Saraiva, 1984, p. 419.

de 26.06.70, em seu art. 75, consagrava o princípio da identidade física do juiz, ressalvados os casos de transferência, licença, promoção, convocação ou aposentadoria do julgador. Este princípio permaneceu no Projeto de CPP 633/75 (art. 73), no Projeto de Lei Complementar 5/78 (art. 70), no Projeto de Lei 1.268/79 (art. 70) e no Projeto de Lei 1.655/83 (art. 62).

Entretanto debater a causa não é ditar. Na prática forense se observa mais ditados que debates, desvirtuando o princípio da oralidade e afastando a necessidade da identidade física do juiz. Ademais, a realidade social e processual brasileira transformou a possibilidade de inquirir todas as pessoas em uma única audiência em uma utopia, embora não impossível, em alguns casos.

4.2.2 – Informalidade

A nova sistemática adotada tem por escopo agilizar a investigação, o processamento, o julgamento e a execução das infrações penais de menor potencial ofensivo, bem como solver o caso penal, definitivamente, através da composição civil e da aplicação de medidas alternativas à pena privativa de liberdade (multa ou restritivas de direitos). A dinâmica social, a evolução do homem e de seus inventos mostram ser vetusto e burocratizante o sistema escritural adotado pelo processo penal brasileiro.

Somente os atos essenciais serão registrados através da gravação ou de outros meios adequados – estenotipia manual, eletrônica, filmagem, *v.g.* Com isso, mais audiências serão realizadas, mais testemunhas poderão ser ouvidas no ato, menos tempo durará uma audiência, sempre com fidelidade entre a expressão e o registro (art. 65, § 3º). O resumo dos fatos relevantes ocorridos na audiência e a sentença, com dispensa de relatório, é que constarão no termo (art. 81, § 2º). As intimações serão efetuadas pelo correio, com aviso de recebimento. A prática de atos processuais em outras comarcas poderá ser solicitada por qualquer meio hábil de comunicação (arts. 65, § 2º, e 67).

A implementação e execução, com eficiência, dessas novas alternativas poderia influir em uma prestação jurisdicional mais ágil e célere, sem autos, livre dos grilhões do formalismo processual, o qual somente se justifica para garantir os direitos fundamentais do acusado. O escopo é a racionalização do trabalho forense na documentação dos atos processuais e na prestação jurisdicional.

4.2.3 – Economia processual

Segundo este critério, diante de múltiplas alternativas processuais, opta-se por aquela que for menos gravosa ou onerosa às partes. Dependendo da resposta do imputado, o julgador poderá receber ou rejeitar a peça incoativa.

Nem sempre a solução menos onerosa é a que melhor garante os direitos fundamentais do autor do fato. A forma está a serviço das garantias processuais, e não do utilitarismo esvaziador de prateleiras e gavetas. O julgador não é uma máquina reprodutora de sentenças, exterminadora de processos. A produção em série é incompatível com o julgamento.

Nenhuma nulidade será pronunciada sem que tenha havido prejuízo, segundo o art. 65, parágrafo primeiro, da Lei 9.099/95. Então, para que o ato processual seja viciado exige-se a incidência de incontestável prejuízo, independentemente da natureza do defeito. A legislação específica faz referência a qualquer nulidade, não fazendo distinção entre nuliades relativas e absolutas.

Desrespeitados os direitos fundamentais, evidente a mácula. Porém, havendo provimento absolutório, sem prejuízo ao autor do fato, sob qualquer ângulo, não encontra justificativa plausível à repetição do ato, dos atos processuais e do processo.

Diante da ausência de manifestação acerca das medidas despenalizadoras, não se faz mister anular todo o processado. É suficiente a oportunização desses atos, com a homologação ou não, mas sempre aproveitando-se os atos processuais que já foram realizados. Assim, resta sanada a omissão, com a conversão do processo em diligência. O aproveitamento dos atos processuais já realizados encontra limite nos direitos fundamentais do autor do fato. Por isso, o recebimento da acusação antes da oportunização da resposta e o interrogatório antes da escuta das testemunhas não induz o aproveitamento dos atos realizados.

4.2.4 – Celeridade

A morosidade e a celeridade processual se vinculam ao tempo e este possui diversas dimensões. A sociedade contemporânea exige respostas cada vez mais rápidas. As transformações sociais, as novas técnicas de comunicação aumentam a velocidade do tempo e o volume de informações. Estamos cientes do que acontece em qualquer parte do mundo no momento em que o fato está emergindo.

Reduzem-se os horizontes e as fronteiras. A metamorfose social pode alterar a situação do objeto em um segundo. Exigem-se respostas imediatas, instantâneas. Porém, o tempo no processo não tem a mesma velocidade e nem a mesma dimensão. A sociedade se transforma, age, interage, numa velocidade diferenciada, exigindo que a solução do caso penal a acompanhe nessa senda; que siga essa velocidade. Mas é impossível contra-atacar a demanda judicial com símbolos equivalentes.

Ao mesmo tempo em que a morosidade do processo transfere à cidadania um sentir de insegurança, de falta de efetividade e de ausência de proteção, a velocidade no processo judicial representa a efemeridade, a fragilidade e a metamorfose superficial. A ciência está em buscar o justo equilíbrio, a razoabilidade entre a velocidade e a efetividade, com o respeito aos direitos e às garantias fundamentais.

Segundo a Convenção Européia dos Direitos do Homem, em seu art. sexto, "qualquer pessoa tem o direito que sua causa seja examinada, eqüitativamente e publicamente, num prazo razoável, por um Tribunal independente e imparcial...". A Emenda Constitucional 45, de 8 de dezembro de 2004, acrescentou ao art. 5º da CF, o inciso LXXVIII, que prevê o direito de ser julgado em um prazo razoável; "a todos, no âmbito judicial e administrativo, são assegurados a razoável duração do processo e os meios que garantam a celeridade de sua tramitação". O Brasil havia subscrito a Convenção Americana de Direitos do Homem, a qual possui previsão expressa acerca do direito ao julgamento em um prazo razoável (art. 8.1: "toda pessoa tem direito a ser ouvida com as devidas garantias e dentro de um prazo razoável, por um juiz ou tribunal competente, independente e imparcial, estabelecido anteriormente por lei, na apuração de qualquer acusação penal formulada contra ela, ou para que se determinem seus direitos ou obrigações de natureza civil, trabalhista, fiscal ou de qualquer outra natureza"), já inserido no ordenamento jurídico brasileiro por força do art. 5º, parágrafo 2º, da CF: "os direitos e garantias expressos nesta Constituição não excluem outros decorrentes do regime e dos princípios por ela adotados, ou dos tratados internacionais em que a República Federativa do Brasil seja parte". Através da inclusão do § 3º, os tratados e as convenções internacionais sobre direitos humanos receberam *status* constitucional, sendo equivalentes às emendas constitucionais, pois exigem o mesmo *quorum* e forma de votação destas (art. 60, § 2º, CF). Ademais, o julgamento do processo penal num prazo razoável, sem dilações indevidas pode ser extraído da garantia do devido processo legal, estampado no art. 5º, LIV, da CF.[45]

Num primeiro momento, a adoção do critério da celeridade, pelo legislador, parece ser a conseqüência lógica da dispensabilidade do inquérito policial, da simplificação da ritualística processual, da adoção da oralidade (denúncia ou queixa orais, defesa prévia oral, sentença em audiência, embargos declaratórios orais), com todos os seus consectários legais. Nessa perspectiva, não há citação por edital, os casos complexos são remetidos ao juízo comum, os recursos serão interpostos já com as razões, diferentemente do que dispunha o CPP da década de quarenta, e serão julgados por uma Turma Recursal composta por três juízes com jurisdição ordinária de primeiro grau.

Não havendo vítima a ser indenizada, segundo o critério da celeridade, o Ministério Público pode oferecer a proposta de transação criminal por escrito. Desta, intima-se o envolvido para comparecer na secretaria do JECrim, com a advertência de que se não se fizer acompanhar de advogado, ser-lhe-á nomeado defensor público, ou dizer se aceita a proposta, por escrito, também subscrita por advogado. Havendo aceitação, o magistrado homologa a transação. Entretanto, havendo vítima a ser indenizada, a marcação de audiência é um imperativo, pois a composição civil será tentada antes da transação criminal ou do exercício da pretensão acusatória, em razão de seus efeitos no direito de queixa-crime e no direito de representação. Constitui-se em prejudicial em relação à trasação penal e ao oferecimento da acusação.

A celeridade, tão propalada com o advento da Lei 9.099/95 e com a instalação dos Juizados Especiais Criminais não reduziu a demanda criminal e não foi operacionalizado com mecanismos eficazes para atender a expectativa de sua criação e funcionamento.

A resposta célere da Justiça Criminal não pode servir unicamente ao fim produtivo, numérico, utilitário, mas destinar-se à busca do fim precípuo do processo penal, qual seja, a harmonia das relações sociais e/ou jurídicas, através da igualitária proteção dos bens jurídicos. Presta-se, também, para abreviar o tempo de duração do feito, o estigma de processado e a incerteza da solução final do processo ou conteúdo da decisão final.

---

[45] Vid. LOPES Jr, Aury e BADARÓ, Gustavo Henrique. *Direito ao Processo Penal no Prazo Razoável*. Rio de Janeiro. Lumen Juris, 2006, p. 16 a 19, acerca da recepção, em nosso sistema jurídico, da duração razoável do processo.

4.2.5 – Reparação dos danos sofridos pela vítima

O momento em que a doutrina brasileira passa a discutir a constitucionalidade da atuação do assistente da acusação no processo penal, em face do art. 129, I, da CF, a vítima vem recebendo grande atenção da política legislativa e criminal brasileira, na senda globalizante da expansão do direito criminal, cuja identificação das pessoas com a vítima e não com o imputado é uma das causas do expansionismo (Silva Sánchez). Assim ocorreu com o advento da Lei 9.099/95 e com a reformas processuais de 2008, as quais incrementaram a atuação da vítima no processo penal. Tal política vincula-se ao movimento internacional de proteção da pessoa da vítima, em todas as esferas do poder público, inclusive no âmbito criminal. Em nosso sistema processual, a vítima poderá habilitar-se como assistente da acusação, tendo atividade de parte facultativa, subsidiária, tendo por objetivo primordial a busca da definição do *an debeatur* através da sentença penal condenatória e, após as reformas de 2008, também a fixação de uma valor mínimo reparatório dos danos causados pela infração, sem prejuízo da liquidação da sentença penal condenatória (arts. 63, parágrafo único e 387, IV, do CPP). A prestação pecuniária, substitutiva da pena privativa de liberdade, segundo art. 45, § 1º, do CP, poderá ser destinada à vítima, cujo valor será deduzido do montante de eventual condenação em ação de reparação cível.

A política internacional de proteção da vítima encontra respaldo em vários diplomas internacionais. As conclusões da Reunião de Helsinque de 1986, a Resolução (75)11, de 21 de maio de 1975, e a Recomendação (87)18, de 17 de setembro de 1987, do Comitê de Ministros do Conselho Europeu estabeleceram formas de proteção da pessoa da vítima, inclusive a reparação desta no processo penal e acordos extrajudiciais. Merecem destaque, também, a Resolução (77) 27, de 28 de setembro de 1977, do Conselho de Europa, sobre a indenização das vítimas de infrações criminais, através da adoção de uma política uniforme; a Convenção Européia de 24 de novembro de 1983, acerca da indenização pelo Estado às vítimas de crimes violentos; a Recomendação (85) 11, de 28 de junho de 1985, a respeito da posição da vítima no Direito Penal e no Direito Processual Penal; a Resolução 40/34, de dezembro de 1985, da ONU, a qual estabeleceu os postulados básicos em prol das vítimas; a Recomendação (87) 21, de 17 de setembro de 1987, recomendando a utilização dos recursos de mediação e conciliação como forma de resolver a problemática das vítimas; bem como as conclusões do 7º Congresso das Nações Unidas, para a Prevenção da

Criminalidade e o Tratamento dos Autores dos Delitos, realizado em Milão, em agosto de 1985.

A reparação do ilícito, em nosso sistema, possui vasos comunicantes entre as esferas criminal e civil. Não há uma separação total e nem uma dependência absoluta. A sitematização passa pelas regras do CC, do CP, do CPP, do CPC, das Leis esparsas e pela Lei 9.099/95, objeto deste estudo.

A Lei 9.099/95 pretende dar uma atenção maior à vítima, pelo menos nas infrações de menor potencial ofensivo. Através de uma nova proposta de intervenção penal, desvinculada da penologia clássica, através de JECrims, o fito é dar uma resposta mais humana à vítima (art. 1°, III, da CF), dando-lhe a oportunidade de obter um título executivo no primeiro comparecimento a juízo, na própria esfera criminal. Ademais, a extinção da punibilidade do réu, na suspensão condicional do processo, depende da indenização à vítima e, sua concessão, com a declaração do dever de indenizar. No primeiro comparecimento em juízo, a vítima tem a possibilidade de ver reparado o dano de natureza patrimonial através da composição civil, bem como de resolver o problema na esfera criminal, na perspectiva da tutela efetiva do Poder Judiciário (art. 5°, XXXV, da CF). Participa ativamente da Justiça Consensual. Mesmo não obtendo êxito na composição civil, a vítima poderá deixar de representar ou não ajuizar a queixa-crime.

A vítima, na Lei 9.099/95, passou a receber uma certa proteção processual; aumentaram as suas probabilidades de receber imediata indenização, mormente em se tratando de infração de ação processual penal privada ou pública condicionada à representação. Por isso, a composição civil há de ser tentada mesmo que não mais se justifique qualquer medida criminal – decadência, *v.g.* –, como antecedente obrigatório e prejudicial à transação criminal na ação processual penal pública condicionada à representação e na queixa-crime. Também, na suspensão condicional do processo, é possível a estipulação do *an debeatur* e/ou do *quantum debeatur*.

Excepcionalmente, a vítima se interessa pelo destino criminal do ofensor, por uma condenação criminal, mormente nas infrações menores; o que deseja é a reparação do dano, a satisfação de seu patrimônio material e moral. É claro que ainda não chegamos ao estágio da legislação portuguesa, segundo a qual (Decreto-Lei 423, de 30 de outubro de 1991) o Estado tem o dever de indenizar as vítimas de crimes violentos – lesões corporais graves ou morte. A nossa CF, no art. 245 prevê expressamente o dever do poder público em dar assistência aos herdeiros e parentes das vítimas de crimes dolosos. Tal dever não é somente do Poder Judiciário, do processo judicial, do processo penal, através da tutela judicial efetiva (art. 5º, XXXV, CF), mas também das demais esferas de poder.

Dar proteção jurídica à vítima na esfera criminal não significa onerar o acusado, restringir os direitos e as garantias individuais do réu ou do autor do fato, mas apenas compensar juridicamente a vítima da infração. Sob o argumento de dar proteção à pessoa da vítima não se pode onerar criminalmente o réu. Tratar dignamente a vítima no processo penal (art. 1º, III, CF) não significa desequilibrar os pólos processuais em favor da acusação, desvirtuar as garantias processuais dos acusados.

4.2.6 – Evitabilidade da pena privativa de liberdade

Sempre que possível, refere a lei, o julgador deve evitar a aplicação da pena privativa de liberdade (art. 62). Somente na Idade Moderna, com o aumento dos núcleos urbanos, com o crescimento da miséria, do desemprego em massa – legiões de mendigos e delinqüentes –, é que a privação da liberdade passou a ter conteúdo de sanção criminal, na medida em que as penas aplicadas não tinham sido eficazes na garantia da segurança e do controle social; antes, as prisões serviam para custodiar os delinqüentes, os quais aguardavam no cárcere somente até a execução da pena, exceção encontrada nas prisões eclesiásticas.[46]

A aplicação da pena privativa de liberdade também não tem demonstrado eficácia na diminuição da criminalidade, na prevenção geral ou especial, representando tão-somente uma retribuição jurídica ao fato delituoso praticado. O Projeto Alternativo Alemão do CP refere ser a pena uma amarga necessidade de uma comunidade de seres imperfeitos, como são os homens. Sendo assim, a solução menos amarga, menos gravosa deve ser buscada.

> O descaso, o abandono dos apenados, a transgressão dos direitos de sobrevivência, impingidos oficialmente, continuam a envergonhar – pelo menos os que conseguem pensar –, a sociedade contemporânea.

Não se pode olvidar o jogo dialético existente entre a Soberania do Estado e os Direitos Humanos. Nesse sentido, a aplicação de uma sanção está intimamente ligada ao exercício da soberania do Estado e à vivificação do interesse fundamental protegido pela norma. Sem po-

---
[46] Vid. nesse sentido, BITENCOURT, Cezar Roberto *Falência da Pena de Prisão, Causas e Alternativas*. São Paulo: RT, 1993, p. 23 a 27.

der coativo, o preceito será inútil. O juízo de culpabilidade resulta na sanção – consequência legal de um juízo condenatório. O equilíbrio há de ser buscado na aplicação de uma sanção justa, adequada e proporcional ao fato cometido, adotando-se a privação de liberdade como *ultima ratio*, isto é, quando as demais penas, menos gravosas, não forem suficientes à manutenção da paz jurídica e social.

Evita-se a pena privativa de liberdade pela descriminalização, isto é, retirando da esfera criminal determinada conduta típica, ou até mesmo passando esta conduta para um ilícito civil ou administrativo (*funneling effect, criminal case mortality*, etc.), e pela despenalização, através da redução da pena ou das conseqüências desta – substituir a pena privativa de liberdade por outra medida criminal, aplicação de penas alternativas, privatizar a iniciativa da ação processual criminal ou condicioná-la à representação nas infrações de baixa gravidade, transação criminal, acordo civil vedatório do início da ação criminal, suspensão condicional do processo, dispensa ou renúncia da pena, tratamento médico, etc.[47]

Hulsman, por outro lado, prega a abolição do sistema criminal, e que o controle social se dê por outras formas, sem a tradicional idéia de crime e sanção criminal. Substitui o conceito de crime por "situação-problema", "comportamento indesejável", "ato lamentável", a serem resolvidos por outras formas de controle que não a idéia tradicional de sanção criminal.[48]

A privação da liberdade, segundo a lei, decorrente do estado de flagrância, da mesma forma, resta vedada desde que o envolvido assuma o encargo de comparecer no JECrim. Assim, na Justiça Consensual, a prisão processual também situa-se no plano da *ultima ratio*.

Refere a lei que a pena privativa de liberdade deve ser evitada, sempre que possível. Então, o magistrado e o Ministério Público deverão buscar e propor ao descumpridor do acordo criminal (transação penal ou suspensão condicional do processo) outras medidas, outras alternativas às acordadas. A revogação do acordo, a denúncia, a continuação do processo representa a possibilidade de encarceramento, o que deve ser evitado.

---

[47] Vid. FIGUEIREDO DIAS, Jorge. e COSTA ANDRADE, Manuel *Criminologia, o Homem Delinquente e a Sociedade Criminógena*. Coimbra: Coimbra Editora, 1997, p. 400. Enfatizamos que a justiça terapêutica, o tratamento consentido, em determinados delitos, e em determinadas situações – tratamento ao usuário de drogas, v.g. –, é a resposta mais humana e proporcional ao delito. Aliás, a reunião Helsinki de 1986 preconiza a possibilidade do tratamento em caso de infrações relacionadas com o uso de álcool ou drogas.

[48] Vid. BATISTA, Nilo. *Introdução Crítica ao Direito Penal Brasileiro*. Rio de Janeiro: Renavan, 1990, p. 87.

A multa, nos termos da Lei 9.268, de 1º de abril de 1996, não mais poderá ser convertida em pena privativa de liberdade. A medida restritiva de direitos, uma vez descumprida, não poderá ser convertida em privação de liberdade, diante do disposto no art. 45, *caput*, do CP. Contempla o nosso sistema, como regra, a pena restritiva de direitos como substitutiva da pena privativa de liberdade (art. 44 do CP). No descumprimento da pena restritiva substituta, haverá conversão em privação de liberdade, pelo tempo de pena aplicada – pena privativa de liberdade. Porém, na transação criminal, não há aplicação de pena privativa de liberdade. Assim, não há parâmetro legal à conversão e, via de consequência, impedimento legal à restrição da liberdade na hipótese de transação criminal.

Portanto, o consenso, na esfera penal, restringe-se às hipóteses previstas em lei, ou seja, às infrações penais de menor potencial ofensivo, como medida alternativa à pena privativa de liberdade, consistente em multa ou restrição de direitos, sem possibilidade de conversão destas em pena carcerária. Não há possibilidade de ser acordado o cumprimento de determinada pena detentiva, como ocorre em outros ordenamentos jurídicos (sistema da *plea bargaining*, *v.g.*).

4.2.7 – *Consenso*

A origem da palavra "consenso" está em *consensus*, termo latino que significa ação ou efeito de consentir, de dar o consentimento. Assim, o consenso pressupõe a existência de mais de uma parte em polos antagônicos, em dissenso,[49] as quais aceitam determinadas soluções, com emissão volitiva num mesmo sentido, de um "encontro de vontades".[50]

Considera-se, como afirmou Schreiber, que uma decisão de consenso surge como resultado de uma interpretação de posições contrapostas e, por isso, aceitável pelas partes. Quando se possibilita uma discussão do problema por meio do diálogo, ganha-se em informação e se alargam os horizontes. Ainda, aumenta-se a possibilidade de en-

---

[49] Segundo BRUNO, Accarino. *Le Figure del Consenso. Soggetto Morale e Instituzione Politiche nella Filosofia Moderna*. Lecce: Milella, 1989, p. 5, no contexto filosófico que analisa – sujeito moral e indivíduo titular da cidadania –, a palavra "consenso" tem um sentido negativo, pois este se constitui, provavelmente, numa sociedade complexa, num mínimo de racionalismo onde se abre o campo das diferenças e do dissenso, mais ou menos latentes.

[50] Vid. CHIAVARIO, Mário, "La justice negociée: une problematique à construire", em *Archives de Politique Criminelle*, 1993, nº 15, p. 28.

contrar uma decisão mais acertada, suscetível de superar a situação real subjacente e aceita por quem cumprirá a sanção.[51]

Consenso não significa imposição da vontade de um sujeito sobre o outro, por exemplo, do interesse da acusação em livrar-se do procedimento investigatório ou do juiz em terminar logo o processo penal, mas de uma discussão horizontal, não hierarquizada da solução do problema criminal, isto é, com mais comunicação entre os sujeitos processuais.

Luhmann nega ao consenso qualquer relevância processual, pois entende o processo como um sistema de ação que tem por função tornar as decisões judiciais aceitáveis aos destinatários, os quais, através de um processo de aprendizagem, reorientam suas expectativas, legitimando a decisão judicial. Por isso o consenso não representa um fim para o processo, pois sua função não reside na prevenção de frustrações, mas em imprimir-lhe a forma definitiva de um ressentimento privado e difuso, não suscetível de converter-se numa instituição. Em síntese, a função do processo é a especialização do descontentamento, a pulverização e a absorção dos protestos. O consenso unicamente assumiria relevância autônoma como "consenso fundamental", generalizado e anterior a cada processo em concreto, isto é, sempre que se oriente para a aceitação das decisões judiciais como vinculante, como ocorre com as demais decisões judiciais. Por outro lado, Rottleuthner, na linha da teoria da ação comunicativa de Habermas – diálogo de todos com todos, sem coerção, ainda que advirta que não é de se esperar que um processo judicial se ajuste a este modelo, pois está sujeito ao jogo das partes, as quais não têm como objetivo a busca da verdade, senão a busca de uma decisão favorável. Mesmo assim, o juiz está compelido institucionalmente a sobrepor à finalidade da busca da verdade, a necessidade de sentenciar dentro de prazos razoáveis –, defende um modelo alternativo ao processo vigente, o qual se caracteriza por uma intersubjetividade das normas jurídicas, que se constituem num processo assimétrico – distribuição desigual das oportunidades de comunicação entre os diversos sujeitos processuais – ou patológico – rupturas de comunicação e de adulterações da interação. Esse modelo alternativo seria um processo concebido como ação comunicativa, sem coerção e aberto à racionalidade. Callies aponta para a necessária "estrutura dialógica" de reconhecimento recíproco entre os sujeitos do processo, ainda que não isenta de toda a repressão e domínio.[52]

---
[51] Em COSTA ANDRADE, Manuel. *O Novo...*, *cit.*, p. 336.
[52] Idem, p. 336.

Embora finalística, a conciliação se erige num verdadeiro princípio orientador da atuação dos sujeitos envolvidos no JECrim, a qual abrange os danos de natureza civil, da solução do problema na esfera criminal e a suspensão condicional do processo.

O consenso poderá solver o caso tanto na esfera criminal, quanto no âmbito reparatório. Previne-se a formação de dois processos ordinários, a oitiva da mesma pessoa na fase investigatória, no juízo criminal e no juízo cível. A composição dos danos é homologada através de sentença irrecorrível e tem eficácia de título executivo, a ser cobrado, via processo de execução, no juízo próprio. Portanto, em relação às infrações criminais de baixa lesividade, optou-se pela mitigação do princípio da obrigatoriedade da ação penal.

Paulatinamente, o sistema tradicional passou a admitir soluções consensuadas, como forma alternativa de solução dos casos criminais, "ficando a resolução clássica, mais morosa, para as causas de maior complexidade ou relevância".[53] Os perigos são as derivações à privatização da jurisdição no âmbito criminal, após penosa conquista da exclusividade da jurisdição estatal criminal. Além de políticas públicas eficazes, outras soluções alternativas processuais podem ser gestadas e planejadas dentro da própria jurisdição oficial (segundo grau por um, dois ou três componentes, dependendo da espécie de delito e pena; busca de alternativas penais e processuais oficiais, *v.g.*), além do consenso. Esta é apenas uma das ferramentas disponíveis à alternativa processual.

4.2.8 – Simplicidade

Na fundamentação que originou a Resolução (75)11, de 21.05.1975, o Comitê de Ministros do Conselho de Europa deixou lapidada a possibilidade do recurso a processos simplificados nos casos de infrações de menor potencial ofensivo. No mesmo sentido é a Recomendação (85)18, de 17.09.1987, do mesmo órgão, a qual aconselha uma flexibilização da fase preliminar investigatória do processo penal, principalmente quando o fato não seja grave ou complexo. Ademais, a fase judicial e a própria sentença devem ser simplificadas, evitando-se os formalismos inúteis.

O sistema da justiça conflitiva prima pela escrituração, burocratização e formalização da busca da decisão adequada ao fato. Os envol-

---

[53] SCARANCE FERNANDES, Antônio. "O consenso na justiça penal", em *Boletim do IBCCrim*, 83, p. 14 e 15.

vidos entram numa estrutura desconhecida, ritualística, canonizada, fora de seus padrões de convivência social.

O gigantismo do Estado, das leis e da burocracia foi denunciado por Cappelletti em conferência proferida em 26.11.94 na Assembléia Legislativa do Estado do Rio Grande do Sul. Acentuou que "o gigantismo do Judiciário é, certamente, um mal, uma nova forma de burocracia. Mal que é nova causa de atraso na prestação jurisdicional. Mas o remédio para isso não pode ser a denegação da justiça", mas a "transformação da justiça".[54] A duração do processo, não raras vezes, é mais danosa que a própria sanção prevista, contribuindo ao descrédito da prestação jurisdicional.

Toda vez que o caso se mostrar complexo, haverá encaminhamento ao juízo comum (art. 77, § 2º). Também, em razão do critério da simplicidade, quando o autor do fato não for encontrado para ser citado, o processo é encaminhado ao juízo comum, onde ocorrerá a citação por edital. A cobrança da multa poderá ocorrer mediante intimação simples, expedida pela secretaria do juizado, nos termos do art. 84. Entretanto, simplicidade não pode ser confundida com superficialidade, com ausência de motivação das decisões, com flexibilização ou supressão de direitos e garantias individuais.

4.2.9 – Mitigada disponibilidade da ação processual penal

Segundo a Reunião de Helsinki de 1986, na conclusão 3.a, ao Ministério Público deve ser conferida a possibilidade de se abster de acusar, mediante condições vinculativas.

Nas infrações atingidas pela Lei 9.099/95, o princípio da obrigatoriedade da ação penal restou mitigado. O nosso sistema processual penal contempla o princípio da legalidade processual em relação à obrigatoriedade da denúncia e da *persecutio criminis*. O regramento de um certo poder de disposição do Ministério Público, cinge-se aos pedidos de arquivamento, aos pedidos de desclassificação, de absolvição, bem como ao fato de não recorrer, por exemplo. A Lei 9.099/95 possibilita ao Ministério Público transacionar antes de oferecer a denúncia; que proponha a suspensão condicional do processo ao invés de acusar alguém. É claro que isso mitiga a obrigatoriedade, mas não torna a ação processual penal totalmente disponível ao Ministério Público – critério de oportunidade. Assim, a atuação do acusador é pautada por uma obrigatoriedade mitigada. Como bem acentua Figueiredo Dias,

---

[54] "Acesso à justiça", em *Separata da Revista do Ministério Público do RGS*, 1995, v. 1, nº 18, p. 22.

o princípio da legalidade "não mais se liga à igualdade formal típica dos Estados liberais; antes se deixa comandar pelas intenções político-criminais básicas do sistema", sendo que o consenso processual – suspensão provisória do processo – também valida a norma perante a comunidade jurídica.[55] Mesmo assim, não se pode esquecer a lição de Jung, de que, num estado de direito, a decisão do Ministério Público unicamente encontra justificação na motivação legal.[56]

A discricionariedade da autoridade policial passou ao Ministério Público, à outra instância formalizada, mas sob controle jurisdicional, sem ser adotado o princípio da oportunidade, regra no sistema da *plea bargaining*.

---

[55] *Código de Processo Penal...*, cit., p. 15 e 16.
[56] "Le ministere public: portrait d'une institución", em *Archives de Politique Criminelle*, 1993, n° 15, p. 18 e 19.

5 – Da Competência

Art. 63. A competência do Juizado será determinada pelo lugar em que foi praticada a infração penal.
Art. 66 ...
Parágrafo único. Não encontrado o acusado para ser citado, o juiz encaminhará as peças existentes ao Juízo comum para adoção do procedimento previsto em lei.
Art. 77 ...
§ 2º Se a complexidade ou circunstâncias do caso não permitirem a formulação da denúncia, o Ministério Público poderá requerer ao juiz o encaminhamento das peças existentes, na forma do parágrafo único do artigo 66 desta Lei.
§ 3º Na ação penal de iniciativa do ofendido poderá ser oferecida queixa oral, cabendo ao juiz verificar se a complexidade e as circunstâncias do caso determinaram a adoção das providências previstas no parágrafo único do art.igo 66 desta Lei

- vid. art. 6º do CP;
- vid. art. 69, I, 70 e 71 do CPP;
- vid. art. 2º da Lei 10.259/01.

5.1 – Considerações iniciais

A competência é um dos limites, determinada pela lei, da *jurisdictio*. Esta representa o poder-dever do Estado, exercido pelo Poder Judiciário, através dos magistrados, mediante aplicação das sanções e medidas possíveis, como garantia dos princípios fundamentais da cidadania. Uma vez investido no cargo, o magistrado tem jurisdição, isto é, pode dizer o direito aplicável ao caso penal concretizado.

A doutrina equaciona a jurisdição quanto: a) à categoria – superior e inferior; b) à matéria – cível, criminal, eleitoral e militar; c) ao organismo – Federal e Estadual; d) ao objeto – contenciosa e voluntária; e) à função – comum e especial; f) à competência – plena e limitada.

Em razão das inúmeras ações, das variadas espécies de pretensões deduzidas, diversos são os critérios que foram estabelecidos para definir a competência, no âmbito do Poder Judiciário. O Direito Processual Penal contempla três planos básicos delimitadores da jurisdição: o lugar – *ratione loci* –, a matéria – *ratione materiae* – e a pessoa – *ratione personae*.

No sistema do JECrim, encontramos a competência delimitada através da matéria – infrações de menor potencial ofensivo, art. 60 –, e em razão do lugar – foro onde foi praticada a infração criminal, art. 63 –, bem como hipóteses de deslocamento da competência – não-localização do acusado para ser citado – art. 66, parágrafo único -, quando a complexidade do caso ou as circunstâncias não permitirem a formulação da denúncia – art. 77, § 2º.

O CP, no art. 6º, adotou a Teoria da Ubiqüidade, isto é, considera praticado o crime tanto no lugar em que ocorreu a conduta, no todo ou em parte, como onde se produziu ou deveria produzir-se o resultado. Segundo o art. 70 do CPP, a competência para processar e julgar uma infração criminal é do lugar onde se consumar a infração. Na tentativa, a competência é do lugar em que for praticado o último ato de execução. A Lei 9.099/95 não faz qualquer referência à consumação do delito ou ao resultado da infração, e nem em atos de execução. Diz que a competência é do lugar da prática da infração criminal. Adotou, assim, a Teoria da Atividade.

Então, será competente o JECrim onde ocorreu a conduta comissiva ou omissiva, independentemente do local onde se deu a execução ou a prática de atos executórios.

Aplicável o critério da prevenção no JECrim, nas hipóteses dos arts. 70, § 3º, e 71 do CPP.

5.2 – Deslocamento da competência: réu não encontrado para ser citado, casos complexos e inimputabilidade

A Lei 9.099/95 prevê duas hipóteses em que o processo e o julgamento das infrações de menor potencial ofensivo, originariamente da competência do JECrim são deslocados ao juízo comum. A primeira situação está prevista no art. 66, § 1º, ou seja, nos casos em que o autor do fato não for encontrado para ser citado.[57] A vedação da citação por edital encontra justificativa nos princípios do consenso – inviável sem a presença do réu –, e na simplificação do processo perante os JECrims – incompatibilidade com a publicação de editais de citação.

> Antes de o réu ser citado, via editalícia, o juízo deve esgotar todas as possibilidades à obtenção da localização do réu. Estas diligências deverão ser realizadas no juízo de origem, evitando-se a demora processual. Cabe ao JECrim demonstrar que o réu foi procurado e não localizado. Só após é de ser remetido o feito ao juízo comum.

É a lei quem determina o rito a ser seguido no juízo comum. E a Lei 11.719, de 20 de junho de 2008, uma das três leis modificadoras de parte do CPP, estabeleceu no art. 538 que nas infrações penais de menor potencial ofensivo, quando o JECrim encaminhar ao juízo comum as peças existentes para a adoção de outro procedimento, observar-se-á o rito sumário.

A remessa ao juízo comum não é causa excludente da aplicação das medidas despenalizadoras (composição civil, transação penal e suspensão condicional do processo), sempre que desaparecerem os óbices legais ou procedimentais, no próprio juízo comum, sem a necessidade de retorno ao JECrim. A necessidade é de serem garantidos todos os direitos que o autor do fato teria no âmbito do JECrim na esfera do juízo comum, não havendo prejuízo com a observância de rito processual mais solene.[58]

A segunda hipótese de deslocamento da competência está prevista no art. 77, § 2º, da Lei 9.099/95, ou seja, quando a complexidade ou as circunstâncias do caso concreto não permitirem a formulação da acusação.

Observe-se que na hipótese do art. 66, parágrafo único, o Ministério Público já deduziu a pretensão acusatória no JECrim. Aqui, estão presentes determinadas circunstâncias que impossibilitam o oferecimento da acusação. O intuito é evitar as perícias, as acareações, as reconstituições dos fatos, os levantamentos pormenorizados, *v.g.*, em face da celeridade e da simplicidade que orientam os JECrims. Este juízo de complexidade, manifestado pelo órgão acusador, refere-se à viabilidade acusatória, e não ao processo ou ao provimento jurisdicional.

O Ministério Público é o titular da ação penal (art. 129, I, CF). Ao magistrado, em princípio, é defeso negar o encaminhamento ao juízo comum, pois o juízo da complexidade e de conveniência da remessa de

---

[57] Segundo o STJ, HC nº 10.476, Rel. Min. Fernando Gonçalves, DJ de 05.03.01, o feito também deve ser remetido ao juízo comum quando o autor do fato residir no exterior.

[58] Vid., nesse sentido, STJ, HC 56.681, Rel. Min. Félix Fischer, DJ de 04.09.2006.

peças à vala comum é do presentante do Ministério Público. Somente nos casos manifestamente improcedentes é que poderá ser negado, com fundamento no exercício exclusivo da potestade jurisdicional.

Quando o autor do fato não é encontrado, resta impossibilitado o consenso civil ou o criminal. Sua descoberta posterior faz com que sejam retomados seus direitos. Já no que diz respeito à complexidade impeditiva da dedução da pretensão acusatória não tem o condão de obstaculizar, por si só, o cabimento das medidas despenalizadoras. O que a lei prevê é o deslocamento da competência e a alteração do rito processual, mas não a vedação da composição civil e da transação criminal. Portanto, no juízo comum será observado o rito sumário (art. 538 do CPP, com a redação dada pela Lei 11.719/08), mas com a possibilidade da composição civil e da aplicação das medidas alternativas à pena privativa de liberdade prevista no art. 76 da Lei 9.099/95.

Existe uma terceira hipótese de deslocamento da competência do JECrim ao juízo comum: quando houver dúvida sobre a validade da manifestação volitiva do autor do fato. Nesses casos, a instauração do incidente de insanidade mental, com a realização da perícia, é uma necessidade à determinação do grau de capacidade de entendimento e/ou determinação. Além disto, as medidas despenalizadoras dependem, essencialmente, da manifestação volitiva de um sujeito plenamente capaz. No juízo comum, nas hipóteses de semi-imputabilidade com recomendação de aplicação de pena, e não da medida de segurança, deverão ser propiciadas as medidas despenalizadoras, pois evitam a sanção criminal comum.

Por outro lado, em se tratando de ação penal privada, o juízo da complexidade ou conveniência da remessa ao Juízo Comum é do magistrado, conforme se infere do art. 77, § 3º, da Lei 9.099/95. Assim se procede diante dos interesses particulares preponderantes. Inclusive, há casos em que o magistrado, no momento do recebimento da queixa-crime deverá delimitar a tipicidade, de modo a definir a competência do juízo comum ou do JECrim.

5.3 – Competência para os remédios jurídicos: recursos, *habeas corpus*, mandado de segurança, revisão criminal

O art. 98, I, da Lei Maior, criou o Sistema do Juizado Criminal, um paradigma de Justiça Consensual, com princípios e regras próprias:

composição por juízes togados ou togados e leigos, com possibilidade de conciliadores, acordo civil, transação criminal, procedimento sumariíssimo e julgamento de recursos por turmas de juízes com jurisdição de primeiro grau.

A TRCrim é o órgão jurisdicional hierarquicamente superior aos Juizados Especiais Criminais. Portanto, as impugnações dos magistrados dos JECrims submetem-se à TRCrim (apelações, *habeas corpus*, mandados de segurança, *v.g.*). Para os que admitem o cabimento de remédios jurídicos correicionais contra atos de magistrados, a competência é da TRCrim. Os magistrados dos JECrims também são competentes para apreciar os hábeas corpus e os mandados de segurança.

A interpretação das regras de competência não foge da exegese das demais: partem da CF. O STF é competente para julgar, originariamente, o *habeas corpus* quando o coator ou o paciente for Tribunal, autoridade ou funcionário, cujos atos estejam sujeitos diretamente à jurisdição do Supremo Tribunal Federal, ou se trate de crime sujeito à mesma jurisdição em uma única instância (art. 102, I, "i", da CF). Não há nenhuma vinculação com os atos do juiz especial ou da Turma Recursal. Também é o competente para julgar, originariamente, a revisão criminal, mas de seus julgados (art. 102, I, "j", da CF). A competência recursal ordinária do STF, a respeito do *habeas corpus* e do Mandado de Segurança restringe-se às decisões denegatórias de Tribunais Superiores, em única instância (art. 102, II, "a", da CF). A competência originária do STJ está estampada no art. 105, I, "b", "c" e "e", da CF; a ordinária, no inciso II, e a especial, no inciso III. Ao fazer referência a Tribunal, a norma constitucional exclui a Turma Recursal. Os Tribunais Superiores não reconhecem às Turmas Recursais a estrutura e nem a essência de Tribunal Superior. Portanto, o STF e o STJ não têm competência para apreciar o Mandado de Segurança e *Habeas Corpus* contra ato da TRCrim.[59]

Quando a TRCrim foi a autoridade coatora, o STF passou a afastar a competência dos Tribunais Superiores (STF e STJ), passando a competência aos Tribunais Estaduais e aos Tribunais Regionais Federais. Isso aumentou a possibilidade recursal, na medida em que, com a não-aplicação da Súmula 690 do STF (Compete ao STF, originariamente o julgamento do habeas corpus contra decisão da TRCrim), abriu-se mais uma via recusal, pois das decisões denegatórias do *habeas corpus* e

---

[59] Segundo a Súmula 690 do STF, cabe ao STF, originariamente, o julgamento do *Habeas Corpus* contra decisão da TRCrim. Entretanto, a referida Súmula não está mais sendo aplicada pelo STF, que vem entendendo ser de competência dos Tribunais Estaduais e Regionais Federais a competência ao julgamento do *habeas corpus* contra atos da TRCrim.

do mandado de segurança dos Tribunais cabe recurso ordinário constitucional ao STF e ao STJ, nos termos dos arts. 102, II, e 105, II, da CF. Além disso, possibilitou-se um controle jurisdicional das TRCrim pelos Tribunais Estaduais e Regionais, desvirtuando o sistema dos Juizados Especiais Criminais. Ademais disso, o entendimento dos Tribunais é da admissibilidade do Recurso ordinário constitucional nas situações em que não houve o conhecimento, por se equiparar à denegação e quando o recurso for julgado prejudicado. Não é demasia consignar a utilização prioritária, na esfera criminal, do hábeas corpus substitutivo do recurso ordinário constitucional, por ser remédio jurídico cabível e mais expedito. Porém, como o STF e o STJ não equiparam as TRCrims aos Tribunais Superiores, das decisões denegatórias de *habeas corpus* e de mandado de segurança pelas TRCrims não cabe Recurso Ordinário Constitucional.[60]

As decisões das TRCrims não são impugnáveis mediante Recurso Especial ao STJ porque não são consideradas Tribunais. Porém, cabe Recurso Extraordinário, por ofensa à CF, na forma do art. 102, III, da CF.

A possibilidade de reparar o erro judiciário, através da revisão criminal, não foi afastado pela Lei 9.099/95. O problema surgido diz respeito à competência ao processo e julgamento da revisão criminal: TRCrim ou Tribunais? Da mesma sorte, a competência dos Tribunais de Justiça é para processar e julgar os pedidos de revisão e reabilitação relativos às condenações que houverem proferido. Podendo a TRCrim revisar uma decisão de mérito do juiz especial – condenar quando houve absolvição; absolver quando houve condenação –, com mais razão é de se permitir que aprecie demandas sem natureza recursal.

Assim, a TRCrim, uma vez criada e instalada, é a competente para julgar a correição parcial, o *Habeas Corpus*, o Mandado de Segurança, mesmo contra ato de magistrado do JECrim e a Revisão Criminal de seus julgados. Já, contra atos da TRCrim, a competência para apreciar o *habeas corpus* é do Tribunal Estadual ou do Tribunal Regional Federal (superação da da Súmula 690 do STF),[61] e da própria TRCrim para apreciar o Mandado de Segurança contra seus atos.[62]

---

[60] Vid. STF, RMS 26.058, Rel. Min. Sepúlveda Pertence, DJ de 16.03.2007.

[61] Vid. STF, HC 89.378, Rel. Min. Ricardo Lewandowski, DJ de 15.12.2006; HC n° 86.834/SP, Rel. Min Marco Aurélio, DJ de 09.03.2007; HC 86.009/DF, Rel. Min. Carlos Brito, DJ de 27.04.2007; HC 90.905, Rel. Min. Sepúlveda Pertence, DJ de 11.05.2007. Também no STJ, HC 77.798/RJ, Rel. Minª Laurita Vaz, DJ de 25.06.2007; HC 96.979/SP, Rel. Min. Hamilton Carvalhido, DJ 30.06.2008; HC 104.570/RS, Rel. Min. Jorge Mussi, DJ de 06.10.2008.

[62] Vid. STF, *leading case* no MS 24.691, Rel Min. Sepúlveda Pertence, j. em 04.12.2003, publicado no DJ de 24.06.2005; MS 25.258/MG, Rel. Min. Carlos Britto, DJ de 02.06.2006; AgR 25.279-1/

5.4 – Competência originária

Preenchidos os requisitos, os novos institutos da Lei 9.099/95 – composição civil, transação criminal, condicionamento à representação nos casos de lesões culposas e leves, suspensão condicional do processo – devem ser aplicados aos envolvidos ou acusados com foro por prerrogativa de função, pelo Tribunal competente.[63] Em razão da função e da categoria da jurisdição (art. 78, III, do CPP), a competência não é do JECrim, mas do órgão colegiado predeterminado. Porém, os institutos despenalizadores, garantias dos imputados, devem ser assegurados jurisdicionalmente

5.5 – Tribunal do Júri e infrações penais de menor potencial ofensivo conexas e/ou remanescentes

A CF, no capítulo referente aos Direitos e Deveres Individuais e Coletivos, no art. 5º, XXXVIII, ao reconhecer a Instituição do Júri, outorga-lhe competência para o julgamento dos crimes dolosos contra a vida. A definição do que seja infração de menor potencial ofensivo foi dada por lei infraconstitucional. Situação diversa ocorre em se tratando de infração de menor potencial ofensivo, ou passível da suspensão condicional do processo, conexa com delito doloso contra a vida. Às infrações conexas, a CF não assegurou a garantia do julgamento pelo Tribunal Popular. Havendo conexão ou continência entre uma infração penal de menor potencial ofensivo e um delito de competência do Tribunal do Júri, com o advento da Lei 11.313/06 deverão ser garantidas a composição civil e a transação criminal às infrações criminais conexas ou continentes com um crime de competência do Tribunal do Júri, no juízo prevalente do Tribunal do Júri, segundo a lei. E isso antes do recebimento da denúncia, em razão da prejudicialidade das medidas despenalizadoras. E, embora a lei não tenha feito referência, tal garantia há de ser aplicada, por simetria e proporcionalidade, às infrações de médio potencial ofensivo, de sorte a possibilitar a suspensão condicio-

---

SP, Rel. Min. Carlos Britto, DJ de 25.08.2006; Rcl 1.086/RS, Rel. Min. Sepúlveda Pertence, DJ de 19.11.2004.

[63] Vid. STF inq. nº 1.055-3, Rel. Min. Celso de Mello, DJ de 24.5.96 e HC nº 77.303, Rel. Min. Maurício Corrêa, DJ de 30.10.98.

nal do processo à infração conexa ao delito prevalente, preenchidos os demais requisitos legais.

Inviabilizado o consenso e processado o imputado pelo delito de competência do Tribunal do Júri e pela infração penal de menor potencial ofensivo, conexa, na fase do juízo singular, ou do *judicium accusationis*, poderão ocorrer a pronúncia, a impronúncia, a desclassificação e a absolvição sumária.[64] Tais decisões produzem efeitos no delito conexo e, especialmente em se tratando de infração de competência do JECrim. No caso da pronúncia, por já terem sido anteriormente inviabilizadas as medidas despenalizadoras, o juízo da viabilidade da submissão do julgamento pelos jurados também atinge a infração conexa.[65] Ocorrendo a impronúncia, o delito conexo não é apreciado pelo juízo singular do Tribunal do Júri, inclusive a infração penal de menor potencial ofensivo, cujo *locus* excepcional havia sido determinado pela existência ou autoria do crime doloso contra a vida, no momento, não demonstradas. Portanto, transitada em julgado a decisão de impronúncia, o processo, no que tange ao crime doloso contra a vida, é extinto, possibilitando-se nova denúncia ou queixa-crime, quando surgirem novas provas, enquanto não ocorrer a extinção da punibilidade (art. 414, parágrafo único, do CPP), com remessa de cópias do processo ao JECrim para a continuação do processo no que tange à infração criminal de menor potencial ofensivo, desde que seja a única remanescente, pois esxiste a possibilidade de ser aplicada a regra do art. 60, parágrafo único da Lei 9.099/95 e do art. 2º, parágrafo único, da Lei 10.259/01 (conexão ou continência no juízo comum). A remessa do feito ao JECrim também se faz necessária nos casos de absolvição sumária, e nas desclassificações operadas nesta fase, sempre que a infração remanescente única, for de competência exclusiva do JECrim, respeitadas as regras da conexão ou continência, como dito acima, por força da Lei 11.313/06. Havendo também outra infração conexa de competência do juízo comum, aplica-se o art. 60, *caput* e parágrafo único da Lei 9.099/95, alterado pela Lei 11.313/06 (nas hipóteses de conexão e continência entre uma infração penal de menor potencial ofensivo e outra, de competência do Tribunal do Júri ou do juízo comum, neles serão reunidos os crimes, com aplicação da composição civil e da transação criminal).

---

[64] Vid. STF, HC 87.614—5/SP, Rel. Min. Marco Aurélio, j. em 03.04.07, acerca do descabimento da absolvição sumária e aplicação da medida de segurança, diante da competência do Tribunal do Júri nos crimes dolosos contra a vida.

[65] Vid. NASSIF, Aramis. *O Novo Júri Brasileiro*. Porto Alegre: Livraria do Advogado, 2008, p. 55 a 76, as decisões do Juiz-Presidente nesta fase processual e seus reflexos sobre os delitos conexos.

Poderão ser enviadas ao Conselho de Sentença a apreciação de infrações penais de menor potencial ofensivo, em razão da inviabilização das alternativas consensuais cabíveis nas etapas processuais anteriores ou poderá restar, em razão da desclassificação, uma infração penal de competência do JECrim, tão-somente. O Conselho de Sentença poderá operar a desclassificação própria ou a imprópria.[66] Na primeira, a competência do Tribunal do Júri é afastada; há um juízo valorativo negativo sobre a tipicidade – não se trata de crime doloso contra a vida – e não há um juízo acerca da infração residual pelos jurados. Nessa hipótese, o julgamento é transferido ao Juiz-Presidente, sem votação do crime conexo (infração penal de menor potencial ofensivo, inclusive), salvo se este também for um crime doloso contra a vida. O magistrado poderá absolver o acusado ou condená-lo, fazendo ele o juízo acerca da tipicidade residual: lesões corporais graves ou leves, em se tratando de fato descrito como tentativa de homicídio; lesão corporal seguida de morte, homicídio culposo, nos casos de narração de morte, etc. Restando somente uma infração afeta ao JECrim – lesão corporal leve, *v.g.* –, a ele deverá encaminhar o processo. Entretanto, afastada a competência do JECrim, inclusive pela modificação introduzida pela Lei 11.313/06 ao art. 60, *caput* e parágrafo único, da Lei 9.099/95, ao Juiz-Presidente caberá apreciar o delito remanescente ou as infrações residuais, e as conexas sempre observando, no que tange à infração de menor potencial ofensivo, a aplicação dos institutos despenalizadores, inclusive a suspensão condicional do processo. A competência do juízo do Júri para processar, julgar e aplicar as alternativas penológicas, a ele foram destinadas por uma questão instrumental, em razão do liame da prevalência do juízo mais solene. Desaparecendo a causa do deslocamento da competência, o juízo legal deverá ser restabelecido e tem preponderância constitucional, sob pena de adentrar na exceção. Porém o art. 492, § 1°, do CPP determinou caber ao Juiz-Presidente do Tribunal do Júri proferir sentença e aplicar as medidas despenalizadoras, sem remessa ao JECrim.[67]

Ocorrendo a desclassificação imprópria, isto é, afastamento da tipicidade originária, mas com emissão de juízo acerca dessa, aliás, diversa da constante na pronúncia – condenação por homicídio culposo em virtude do excesso, participação em crime menos grave – le-

---

[66] A Lei n° 1.150/94, do Estado do Mato Grosso do Sul, acrescentou um parágrafo ao art. 69 da Lei n° 1.071/89, a qual disciplinou os JECrim a nível Estadual, excluindo os crimes desclassificados do Tribunal do Júri do JECrim.

[67] Vid. NASSIF, Aramis. *O Novo Júri Brasileiro*. Porto Alegre: Livraria do Advogado, 2008, p. 189 e 190, acerca dessas questões.

são corporal grave, *v.g.* (questões controversas em razão da Lei 11.689, de 9 de junho de 2008) -, o Conselho de Sentença manifestou-se sobre o mérito da acusação, motivo pelo qual as infrações conexas deverão ser quesitadas. Assim, a competência não poderá ser atribuída ao Juiz-Presidente, transferida ao juízo comum e nem ao JECrim. Preserva-se a soberania do veredicto, nos termos do art. 5º, XXXVIII, "c", da CF. Nessas hipóteses, os benefícios da Lei 9.099/95 já haviam restado infrutíferos acerca da infração conexa porventura existente. No que se refere ao delito remanescente da desclassificação imprópria, houve emissão do veredicto dos jurados, o qual está coberto pela soberania, já referida.

Havendo absolvição ou condenação pelos jurados, os delitos conexos, por ter sido firmada a competência, são votados, inclusive as infrações penais de menor potencial ofensivo que chegaram a esta fase processual.

5.6 – Lei Maria da Penha e Competência do Juizado Especial Criminal

A Lei 11.340/06, expressamente afastou do conceito de infração penal de menor potencial ofensivo as infrações penais abarcadas pela violência doméstica e familiar contra a mulher, nos termos nela delimitados. Em seu art. 41 refere, expresssamente, que aos crimes praticados com violência doméstica e familiar contra a mulher, independentemente da pena prevista, não se aplica a Lei 9.099, de 26 de setembro de 1995. E o art. 17 veda a aplicação, nos casos de violência doméstica e familiar contra a mulher, de penas de cesta básica ou outras de prestação pecuniária, bem como a substituição de pena que implique o pagamento isolado de multa. Portanto, a opção de política criminal e legislativa, embora incorreta, a meu sentir, exclui a aplicação da Lei 9.099/95 das hipóteses previstas na Lei 11.340/06. Esta opção de política criminal afasta, radicalmente, as soluções consensuais em todas as hipóteses da violência doméstica, relegando às falidas respostas do direito penal clássico a intervenção em casos onde o consenso seria uma das alternativas.

Em várias situações concretizadas, a solução consensual poderá ser a mais eficaz, inclusive a desejada pelos companheiros ou cônjuges. Com fundamento na efetividade da prestação jurisdicional, como recusar a homologação da renúncia de uma representação, feita em juízo?

Qual seria o destino de uma denúncia e de um processo iniciados nessas bases? Inclusive, o art. 16 da própria Lei Maria da Penha permite a renúncia da representação, em juízo! Segundo o art. 5º, XXXV, da CF, a lei não excluirá da apreciação do Poder Judiciário lesão ou ameaça a direito. Daí se infere o direito a uma prestação jurisdicional efetiva, suporte a admissibilidade do consenso na violência doméstica.

Mesmo para aqueles que entendem pela afastabilidade radical da Lei 9.099/95 em todas as hipóteses de violência doméstica, tratamento diferenciado há de ser dado às hipóteses de suspensão condicional do processo, pois seu cabimento ultrapassa as infrações penais de menor potencial ofensivo, o rito sumariíssimo e possui base legal diferenciada da composição civil e da transação criminal.

5.7 – Desclassificação no juízo comum e competência recursal

Ademais das hipóteses de deslocamento de competência do JECrim ao juízo comum (arts. 66, parágrafo único, e 77, § 2º, da Lei 9.099/95), o processo poderá ter iniciado no juízo comum ou no juízo do Tribunal do Júri e resultar, após julgamento de primeiro grau, em uma infração penal de menor potencial ofensivo. Discutiram a doutrina e a jurisprudência, a competência recursal. Em razão de a infração residual ser de menor potencial ofensivo, quando não houvesse possibilidade de, via recursal, ser alterada a tipicidade para outra infração, com pena privativa de liberdade máxima superior aos dois anos, uma corrente defendia a competência da TRCrim, mesmo tendo sido a decisão do juízo comum (acusação de tentativa de roubo e condenação por ameaça) ou do juízo do Tribunal do Júri (acusação por tentativa de homicídio e condenação lesão corporal leve), por ser o juiz predeterminado "natural" para apreciar o recurso. A outra corrente defendia a competência recursal do Tribunal, e razão do princípio da *perpetuatio jurisditionis*, na medida em que o *decisum* não havia sido proferido por um juiz do JECrim. Sempre defendi a primeira corrente, por encontrar nela o fundamento constitucional do juiz pré-determinado (art. 5º, XXXVII, CF). Entretanto, o posicionamento do STJ é pela competência dos Tribunais e não das TRCrims.[68]

---

[68] Vid. STJ, HC 65.512/SP, Relª. Minª Jane Silva (Desa. convocada do TJ/MG), DJ de 04.10.2007.

6 – Dos Atos Processuais

Art. 64. Os atos processuais serão públicos e poderão realizar-se em horário noturno e em qualquer dia da semana, conforme dispuserem as normas de organização judiciária.

Art. 65. Os atos processuais serão válidos sempre que preencherem as finalidades para as quais foram realizados, atendidos os critérios indicados no artigo 62 desta lei.

§ 1º Não se pronunciará qualquer nulidade sem que tenha havido prejuízo.

§ 2º A prática de atos processuais em outras comarcas poderá ser solicitada por qualquer meio hábil de comunicação.

§ 3º Serão objeto de registro escrito exclusivamente os atos havidos por essenciais. Os atos realizados em audiência de instrução e julgamento poderão ser gravados em fita magnética ou equivalente.

Art. 66. A citação será pessoal e far-se-á no próprio Juizado, sempre que possível, ou por mandado.

Parágrafo único. Não encontrado o acusado para ser citado, o juiz encaminhará as peças existentes ao Juízo comum para adoção do procedimento previsto em lei.

Art. 67. A intimação far-se-á por correspondência, com aviso de recebimento pessoal ou, tratando-se de pessoa jurídica ou firma individual, mediante entrega ao encarregado da recepção, que será obrigatoriamente identificado, ou, sendo necessário, por oficial de justiça independentemente de mandado ou carta precatória, ou ainda por qualquer meio idôneo de comunicação.

Parágrafo único. Dos atos praticados em audiência considerar-se-ão desde logo cientes as partes, os interessados e defensores.

Art. 68. Do ato de intimação do autor do fato e do mandado de citação do acusado, constará a necessidade de seu comparecimento acompanhado de advogado, com advertência de que, na sua falta, ser-lhe-á designado defensor público.

- vid. art. 5º, LV, CF
- vid. Arts. 363, 563, 564, III, 792 do CPP;
- vid. arts. Art. 1º da Lei 1.508/51 (contravenção do jogo do bixo);
- vid. Súmulas 352 e 523 do STF.

6.1 – Fatos, atos e termos processuais

Fato jurídico é qualquer acontecimento do mundo físico, considerado pelo mundo jurídico – morte, moléstia, calamidade pública, etc. Fazendo-se sentir no Direito Processual, chama-se de fato jurídico processual. Dentre os fatos jurídicos, há acontecimentos que são independentes da vontade das pessoas que atuam no processo – divisão do tempo em horas, dias, *v.g.*

Por outro lado, os atos processuais são atos dependentes da vontade das partes, mas sempre com relevância jurídica ao processo. O ato processual pode constituir – citação –, mover – intimação –, conservar, modificar ou desfazer – sentença – uma situação jurídica processual, dependendo da orientação doutrinária seguida.

Ainda, termo processual é todo escrito público destinado à documentação do ato processual – autuação, assentada, auto, ata, laudo, certidão, etc. A Lei 9.099/95 pretende documentar o essencial do ato processual, ou seja, somente o que for necessário a sua comprovação.

6.2 – Citação

A citação, por ser o ato processual que desencadeia o contraditório e forma o processo (art. 363 do CPP), é personalíssima, isto é, há que ser feita ao próprio acusado. No âmbito criminal, em face da entidade dos bens jurídicos envolvidos no processamento e das particularizações do *ius puniendi*, do *status libertatis* e da presunção de inocência, não cabe a citação na pessoa de procurador. Sempre que possível, será efetuada através de mandado. Comando semelhante está no art. 351 do CPP. No âmbito do JECrim, a citação poderá ser efetuada na própria audiência preliminar ou na secretaria do juizado, por mandado ou, ainda, com a entrega de cópia da peça acusatória, mediante as devidas cientificações. O ato não é privativo do Oficial de Justiça. O essencial é que o(a) citando(a) tenha efetiva ciência da acusação, e que a entenda, de modo a exercer a ampla defesa. Destarte, estará atingida a finalidade do ato.

Além da ciência inequívoca da acusação, faz-se mister cientificar o acusado do dia e da hora da audiência de instrução e julgamento, dos atos que ali se realizarão, com as advertências a respeito da necessidade da constituição de defensor e da possibilidade de arrolar testemunhas, pois serão ouvidas na próxima audiência e deverão ser indicadas e solicitada a intimação para garantir a oitiva destas.

Não se admite citação editalícia no JECrim, por expressa disposição legal. Quando não for encontrado o citando, as peças serão encaminhadas ao Juízo comum. Nesse ocorrerá o processamento e o julgamento do acusado, pelo rito sumário, nos termos do art. 538 do CPP, com a redação dada pela Lei 11.719/08. Este é o procedimento previsto em lei.[69] No juízo comum, o Ministério Público poderá ratificar a peça acusatória, aditá-la ou pedir diligências, na medida em que esta saiu do sistema da Justiça Consensual e trilhará a senda da Justiça Conflitiva. Antes da remessa do expediente ao juízo comum, no JECrim deverão ser realizadas todas as diligências à localização do citando, para evitar possíveis vícios com a citação direta por edital ou realização de diligências no juízo comum e discussão acerca da permanência dos autos no juízo comum ou o retorno destes ao JECrim.

Com o advento da Lei 11.719, de 20 de junho de 2008, o CPP passou a admitir a citação por mandado, por edital (citando não encontrado) e a citação por hora certa (citando se oculta). Diante disso, cabe a citação por hora certa no JECrim? A resposta, diante do que dispõe expressamente o art. 66 da Lei 9.099/95 é negativa. A permanência do processo no JECrim exige citação pessoal, e a citação por hora certa, além de duvidosa constitucionalidade no âmbito criminal, em razão do art. 8°, "b", da Convenção Americana dos Direitos do Homem (exigência de prévia e pormenorizada comunicação da acusação ao réu), também possui um grande conteúdo de ficção de ciência da acusação.[70]

Portanto, não encontrado o citando ou quando se ocultar para não ser citado, o processo deverá ser remetido ao juízo comum, o qual seguirá o rito sumário.

6.3 – Conteúdo

Tanto na intimação do autor do fato, quanto no ato citatório, deverá constar a advertência da necessidade de comparecimento acompanhado de advogado, na medida em que o envolvido poderá compor

---

[69] Ver item 5.5.

[70] Vid. CHOUKR, Fauzi Hassan. *CPP, Comentários Consolidados e Crítica Jurisprudencial*. Rio de Janeiro: Lumen Juris, 2009, p. 584, acerca da impropriedade da assimilação deste instituto de processo civil no processo penal. DAMÁSIO DE JESUS. *Lei dos Juizados Especiais Criminais Anotada*. São Paulo: Saraiva, 2009, p. 28, não admite a citação por hora certa no âmbito do JECrim.

civilmente e transacionar, ocasião em que a presença de defensor é indispensável.

O advogado, nos termos do art. 133 da CF, é indispensável à administração da justiça. O princípio da ampla defesa exige a obrigatoriedade da defesa técnica. A conciliação, a transação criminal ou qualquer ato processual essencial exige a presença e a atuação qualificada de advogado. Comparecendo o autor do fato ou a vítima, sem advogado, o magistrado deverá proceder a nomeação de um profissional habilitado e com conhecimento técnico suficiente, demonstrável durante sua atuação e não simplesmente presumido.

Para evitar o constrangimento do envolvido, e seu não-comparecimento perante o JECrim, não basta que o meio de comunicação do ato faça referência à necessidade de comparecimento acompanhado de advogado, mas que, comparecendo sem este, haverá a nomeação de defensor público, ou dativo. De qualquer sorte, a advertência deverá resultar clara, de modo que o receptor do ato possa entendê-la.

Além das citações e das intimações, encontramos atos processuais de iniciativa – queixa e denúncia –, de desenvolvimento do processo – interrogatório, inquirição, debates, despachos –, e de conclusão – sentença, transação penal e composição civil.

6.4 – Intimações

Via de regra, por se constituírem em atos processuais de ciência a alguém, dos atos e termos do processo, as intimações poderão ser efetuadas mediante correspondência, com aviso de recebimento, isto é, com o ciente do próprio intimando. Quando a intimação destinar-se à pessoa jurídica ou à empresa individual, o ato se perfectibiliza com a entrega ao encarregado da recepção, ou quem fizer deste, de documento intimatório do responsável legal, mediante assinatura. O documento intimatório conterá a essência do ato, de forma compreensível, e a identificação do destinatário.

Impossibilitada a intimação via correspondência, ou sendo necessário (não-localização do destinatário, endereço insuficiente, ou outros motivos), a intimação será feita através de Oficial de Justiça. Este cumprirá a determinação do juiz togado, verbal ou escrita, independentemente de mandado ou carta precatória, certificando a realização do ato.

A intimação através de Oficial de Justiça, em se tratando de pessoa jurídica, poderá ser efetuada ao encarregado da recepção. Perfectibilizando-se o ato, através do carteiro, com mais razão isto se aplica à intimação efetuada através do Oficial de Justiça, com fé pública.

Poderá, ainda, a intimação ser efetuada por qualquer meio idôneo de comunicação (art. 65, § 2º): imprensa oficial, fax, telefone, e-mail, etc., pela secretaria do juizado ou pelo próprio Oficial de Justiça. Ao contrário do que ocorre com a citação, não localizado o réu condenado, para ser intimado da sentença condenatória, o ato processual deverá ser praticado via editalícia, no próprio JECrim.

6.5 – Publicidade

De acordo com a CF, os julgamentos do Poder Judiciário serão públicos (art. 93, IX), e os atos processuais também se revestirão de publicidade, exceção feita somente quando a defesa da intimidade e o interesse social o exigirem (art. 5º, LX). O CPP, no art. 792, estipula a regra da publicidade. Beccaria já afirmava que a fraqueza da CF é que propicia as acusações secretas.[71]

A Revolução Francesa acolheu o dogma da publicidade, em razão da parcialidade e da corrupção judicial, em célebre discurso de Mirabeau na Assembléia Nacional. Também são dignos de nota os estudos de Benthan acerca da publicidade probatória – Tratado das Provas –, e dos demais atos processuais – organização judicial e codificação.

Nos diplomas internacionais, encontramos a garantia da publicidade nos arts. 10 e 11 da DUDH, no art. 8.5 da CADH – integra o nosso ordenamento jurídico nos termos do art. 5º, § 2º, da CF –, o qual preconiza que "o processo penal deve ser público, salvo quando seja necessário preservar os interesses da justiça".

O Tribunal Europeu de Direitos Humanos, em diversas vezes (Caso Pretto, de 08.12.1983; Caso Sutter, de 22.02.1984, e Caso Fejde, de 29.10.1991), proclamou a necessária publicidade como forma de manter a confiança nos Tribunais, constituindo-se numa garantia indispensável a um processo penal democrático. Admite a restrição em casos excepcionais.

---

[71] *De los Delitos y de las Penas*. Madrid: Alianza Editorial, 1998, p. 56.

O ato processual ou o próprio processo serão públicos quando forem entendidos pelos jurisdicionados. O emprego de uma linguagem ininteligível, exótica, para não dizer esdrúxula, equivale ao segredo.

Ademais da previsão expressa dos arts. 5º, LX, e 93, IX, da CF, é possível extrair-se a necessidade da publicização do processo e de todos os atos processuais do princípio do devido processo constitucional (art. 5º, LIV, CF). Entretanto, este princípio não é absoluto, devendo ser conciliado com outros princípios fundamentais da CF, numa perspectiva igualitária e otimizante (Alexy), mas, no processo penal, tendo a presunção de inocência como fundamento irrenunciável.

O art. 64 da Lei 9.099/95, além de recepcionar a regra da publicidade, possibilitou a prática dos atos em horário noturno e em qualquer dia da semana. Entretanto, a limitação da prática fora do horário e dos dias normais depende de disposições da Organização Judiciária de cada unidade da Federação. Inexistindo previsão específica a respeito, poderá o juiz togado autorizá-la, fora do horário ou do expediente forense, mediante regulamentação clara e publicizada.

Em Comarcas próximas, dependendo das peculiaridades locais, as citações poderão ser efetuadas por mandado, pelo meirinho do local da tramitação do termo circunstanciado ou do processo, independentemente da extração de carta precatória, racionalizando-se, simplificando-se e desburocratizando-se os procedimentos. Da mesma forma, as intimações poderão ser efetuadas por carta ou outro meio hábil de comunicação, sem expedição das precatórias: e-mail, fax, *v.g.*

6.6 – Registro

Somente o essencial deveria ser objeto de registro. O sistema escritural, além de não ter dado a propalada segurança jurídica, se mostra anacrônico, vetusto, dissociado da realidade social e do desenvolvimento das novas tecnologias. Consigna-se, segundo a lei, o essencial, isto é, o que for relevante ao objeto de discussão. Autoriza a lei a utilização de gravação em fita magnética ou equivalente – taquigrafia, estenotipia, filmagem, DVD, etc. Assim, todos os atos podem ser gravados, sem necessidade de degravação, desde que sejam tomadas as medidas necessárias à garantia da ampla defesa.

É essencial que a peça acusatória contenha a descrição, embora sucinta, da imputação, de tal maneira a possibilitar o exercício do devido processo constitucional, especialmente nos elementos da ampla defesa e do contraditório. Na defesa preliminar ou final, é essencial o contraditório, do ponto de vista fático e jurídico. Nos depoimentos, o essencial é o conteúdo sintético das afirmações num ou noutro sentido. Nos debates, o que de novo foi aduzido, a favor da tese acusatória ou absolutória, se reveste de essencialidade. Na sentença, a fundamentação dos provimentos jurisdicionais é essencial. O registro deve possibilitar o reexame da matéria em caso de recurso.

Mesmo o registro do essencial do ato processual é necessário, em razão da estrutura recursal do nosso sistema processual, no qual há possibilidade de reapreciação da prova.

6.7 – Defeitos

Os vícios ou defeitos dos atos processuais podem restringir-se unicamente ao ato processual ou contaminar um conjunto de atos ou todo o processado, dependendo da derivação da irradiação dos efeitos doentios. A teoria das nulidades, no processo penal tem nítida vinculação com a teoria das nulidades do processo civil, mormente em sua base principiológica do prejuízo (arts. 563 e 564 do CPP) e do interesse (art. 565 do CPP). De outra banda, é questionável a dicotomina entre nulidades absolutas e relativas; aquelas insanáveis e estas dependentes da prova do prejuízo; entre declaração de ofício ou não (não seria mais favorável deixar para o imputado alegar na revisão criminal?). São questões que comportam um aprofundamento mais acurado, a ser realizado em momento e lugar mais apropriado.

Sempre que preencher a finalidade, o ato processual será válido, segundo o art. 65 da Lei 9.099/95. É a finalidade do próprio ato. Assim, a finalidade da citação é formar o processo e cientificar o imputado do inteiro teor da acusação, de modo que possa, em tempo razoável, exercer a ampla defesa. Ademais dos critérios do art. 62, a serem agregados, conforme dispõe o art. 65, exige-se aderência constitucional também no que diz respeito à finalidade do ato processual, no aspecto formal e substancial.

Nenhuma nulidade será proferida sem que tenha havido prejuízo. Mas prejuízo para quem? Para a acusação, para a defesa, para o processo, para o ato processual? A quem cabe provar o prejuízo? É possível afastar o prejuízo quando há condenação e não são observadas as garantias constitucionais? A desobediência a garantias ou a princípios constitucionais induzem prejuízo implícito somente sanável com a decisão favorável à parte a quem o ato viciado prejudica, independentemente de ser acusação ou defesa. Portanto, em se tratando de transgressão à CF, basta a verificação do vício, independentemente de prova do prejuízo. Os defeitos que atingem regras infraconstitucionais, sem vinculação a direitos, princípios ou garantias constitucionais, podem receber um tratamento vinculado ao prejuízo, sempre dependentes de uma avaliação jurisdicional ao plano casuístico.

No plano da *law in action*, não raras vezes, o feito é remetido à segunda instância sem que tenham sido propiciadas todas as medidas despenalizadoras, situação em que o juízo *ad quem* deveria remeter o feito à origem para que fossem tentadas as referidas alternativas. Entretanto, se o provimento for pela inocência do recorrente, não se faz necessária tal medida. O próprio juízo *ad quem* poderá absolver o imputado. A inversão dos atos defensivos essenciais, embora induzam nulidade, por ofensa aos princípios da ampla defesa, contraditório e do devido processo constitucional, não maculam o processo se o juízo for absolutório.

Também, estando o feito em grau recursal, poderá ser concedido *habeas corpus* de ofício para anular todo o processado, observada a Súmula 160 do STF(é nula a decisão do tribunal que acolhe, contra o réu, nulidade não arguida no recurso da acusação, ressalvados os casos de recurso de ofício)

7 – Fase Pré-Processual

Art. 69. A autoridade policial que tomar conhecimento da ocorrência lavrará termo circunstanciado e o encaminhará imediatamente ao Juizado, com o autor do fato e a vítima, providenciando-se as requisições dos exames periciais necessários.

Parágrafo único. Ao autor do fato que, após a lavratura do termo, for imediatamente encaminhado ao juizado ou assumir o compromisso de a ele comparecer, não se imporá prisão em flagrante, nem se exigirá fiança. Em caso de violência doméstica, o juiz poderá determinar como medida de cautela, seu afastamento do lar, domicílio ou local de convivência com a vítima.

- redação final do parágrafo dada pela Lei 10.455/02;
- vid. arts. 5°, LXV, LXVI, e 144 da CF;
- vid. arts. 4°, 6°, 301 a 310, 321 a 350 do CPP;
- vid. art. 291, § 2º, da Lei 9.503/97 (Código de Trânsito), com a redação dada pela Lei 11.705/08;
- vid. art. 41 da Lei 11.340/06 acerca da violência doméstica;
- vid arts. 48, §§ 2° e 3°, da Lei 11.343/06 (Lei Antidrogas).

7.1 – Considerações iniciais

A atuação inicia com a lavratura do termo circunstanciado, com dispensa do inquérito policial. Segundo a lei, os envolvidos no evento serão encaminhados imediatamente ao JECrim. Isso pode ser feito no momento da ocorrência, uma vez colhidos os dados necessários, ou posteriormente. O que a lei pretende é a não-repetição do que acontecia com as ocorrências/inquéritos policiais – ausência de investigação, conclusão ou remessa tardias a juízo.

A autoridade policial, ao lavrar o termo circunstanciado, encaminhá-lo-á ao JECrim, juntamente com os envolvidos. Não sendo possível, e sendo caso de flagrante ou de pagamento de fiança, deverá tomar o compromisso do envolvido, na forma do art. 69, parágrafo único, evitando-se a restrição à liberdade. Sempre, deverá providenciar os exames imprescindíveis – grafotécnicos, levantamento de local, corpo de delito, etc.

A autoridade policial há que enviar o termo circunstanciado antes de obter o resultado de tais exames, pois poderá ser realizada audiência preliminar sem estes, obtendo-se a composição dos danos civis, a transação criminal, ou ser oferecida a incoação, sempre que houver aceitação. A situação concreta poderá exigir a exibição e presença do laudo pericial à composição civil, à aceitação das penas alternativas e, inclusive, à delimitação da pretensão acusatória através da denúncia.

Importante situação poderá surgir. Feita a transação criminal – lesão corporal leve –, poderá o laudo constatar ser a lesão de natureza grave ou gravíssima. Por isso, a prudência dos magistrados, do Ministério Público e dos envolvidos se reveste de fundamental importância. Havendo indícios de que se trata de fato mais grave, e que poderá ser afastada a competência do JECrim, o conveniente é aguardar-se a entrega do laudo, mesmo que a demora na realização das perícias possa inviabilizar a imediata realização da audiência preliminar.

Nada impede que a autoridade policial, previamente acertada com o magistrado responsável pelo Juizado, cientifique os envolvidos do dia e da hora do comparecimento. Isto evita a ida inútil dos envolvidos ao juizado quando não puder ser realizada a audiência na apresentação, bem como racionaliza o trabalho da secretaria do juizado.

O que não pode ocorrer é a apresentação dos envolvidos, pela autoridade policial, sem o termo. Só excepcionalmente, quando o intuito for a preservação da liberdade do envolvido e o respeito ao direito da vítima, poderão os envolvidos ser levados ao JECrim sem a lavratura do termo.

7.2 – Termo circunstanciado

No sistema do JECrim, a regra é a não-instauração de inquérito policial, de ausência de investigação, mas de realização de mera constatação do fato e de suas circunstâncias. A lei não veda a realização do inquérito policial, mas este somente encontra suporte constitucional legítimo em situações excepcionais, de comprovada necessidade, sob pena de constrangimento ilegal.

O que deve conter o termo circunstanciado? Em que difere do registro de ocorrência e do inquérito policial? A comunicação da existência de uma infração criminal recebe a denominação de registro de ocorrência. A partir dessa *notitia criminis* materializada, iniciam as investigações da autoridade encarregada do inquérito policial. Este procedimento, essencialmente inquisitorial, administrativo, vinculado ao Poder Executivo, se destina à apuração da infração criminal e de todas as suas circunstâncias, oferecendo elementos suficientes ao exercício da ação processual penal.

O que se pretende é que no inquérito policial se materializem todas as conclusões investigatórias. Por outro lado, o termo circunstanciado está num patamar intermediário entre o registro de ocorrência e o inquérito policial. Não é exigível uma investigação pormenorizada, uma apuração fática circunstanciada, mas sim a consignação fática da situação existente no momento da constatação ou da comunicação da infração.

Assim, é mister que o termo circunstanciado contenha, pelo menos, embora sinteticamente, os dados necessários à identificação, dos envolvidos, das testemunhas, a narração do fato com todas as suas circunstâncias. Basta a oitiva oral e a consignação somente do essencial, resumidamente[72].

É conveniente constar, também, as anotações acerca do local dos fatos, o que propiciará uma composição civil, ou uma transação criminal mais consistentes, bem como o exercício da pretensão acusatória, sem ulteriores diligências.

A lei faz referência a termo circunstanciado; então, tudo o que for relevante e cercar a ocorrência do fato deverá ser objeto de resumida anotação.

A autoridade policial poderá reunir os envolvidos e as testemunhas, ouvi-los informalmente num ato só e consignar o essencial, pois a Lei 9.099/95 quer evitar a feitura do inquérito policial e a investigação pormenorizada.

Concluído o termo circunstanciado, haverá remessa ao JECrim.

---

[72] O Projeto de Lei 4.209, de reforma da parte do CPP determina que o Termo Circustanciado deverá conter a narração sucinta do fato e de suas circunstâncias, com a indicação do autor, do ofendido e das testemunhas; nome, qualificação e endereço destas; ordem de requisição de exames periciais, quando necessários; determinação da sua imediata remessa ao órgão do Ministério Público oficiante no juizado criminal competente, com as informações colhidas, comunicando-as ao juiz; certificação da intimação do autuado e do ofendido, para comparecimento em juízo nos dias e hora designados.

Assim, o termo circunstanciado poderá ser elaborado e encaminhado ao JECrim por qualquer autoridade policial; poderá ser lavrado na própria secretaria do JECrim, não havendo óbice que o próprio Ministério Público tome essas providências. Na lavratura do termo circunstanciado na secretaria do Juizado ou pelo Ministério Público, o juiz responsável pelo JECrim ou o Ministério Público poderão requisitar a realização dos exames periciais necessários.

Mesmo em se tratando de infração que deixar vestígios – lesão corporal, *v.g.* –, o termo circunstanciado deverá ser imediatamente remetido a juízo, onde poderá ocorrer a composição civil, a transação criminal, e até o oferecimento de denúncia, sem o laudo oficial, na medida em que o art. 77, § 1º, da Lei 9.099/95 o dispensa para esta finalidade. Como já afirmado, há situações em que o laudo é necessário e indispensável à realização do consenso e ao exercício da pretensão acusatória.

O magistrado, assim como no inquérito policial, não poderá, *ex officio*, arquivar o termo circunstanciado, pois o Ministério Público é o titular da pretensão acusatória, em se tratando de infração sujeita à ação processual penal pública. A titularidade é do órgão acusador, sem prejuízo da análise da procedência ou não desta pelo órgão jurisdicional. O primeiro juízo acerca do fato incumbe ao Ministério Público. Mesmo diante da atipicidade da conduta, é dever do Magistrado encaminhar o termo circunstanciado ao órgão ministerial, para que requeira o que entender cabível. Somente após é que o magistrado decidirá se atende ou não o pedido do Ministério Público. Diferentemente é quando o magistrado julga, isto é, extingue a punibilidade pela prescrição, pela *abolitio criminis*, sem ter cientificado ao *parquet*. Nessas hipóteses não houve um arquivamento, mas um julgamento, passível de ser atacado por recurso. Porém, quando o magistrado atende o pedido de arquivamento do Ministério Público, em se tratando de ação processual penal pública incondicionada, a decisão é irrecorrível e a vítima carece de legitimidade recursal.[73]

Uma vez perfectibilizado o arquivamento do termo circunstanciado, a reativação do procedimento somente será viável com a descoberta de novos elementos probatórios. Embora a motivação do arquivamento não tenha sido correta, com o arquivamento, a situação jurídica consolidou-se, e o acusado não pode ser prejudicado – arquivamento de termo circunstanciado na audiência preliminar, referente à ação processual penal pública condicionada à representação, em face

---

[73] Vid. STJ, Resp. nº 819.992/BA, Rel. Min. Laurita Vaz, DJ de 02.10.2006.

da ausência da vítima que não havia representado, quando o correto teria sido a permanência do expediente em cartório até a fluência do prazo decadencial.

Nos termos do art. 92 da Lei 9.099/95, aplicam-se subsidiariamente as disposições do CP e do CPP quando não forem incompatíveis com a Lei 9.099/95. Esta silencia acerca da obrigatoriedade ou não da lavratura do termo circunstanciado, em face da espécie de ação processual penal. Desta forma, aplicam-se ao termo circunstanciado, nesse aspecto, as regras do CPP relativas ao inquérito policial.

Portanto, a autoridade encarregada da constatação ou do registro do fato será compelida a fazê-lo na ação processual penal pública incondicionada, na ação processual penal pública condicionada à representação, desde que haja expressa e legítima representação, ou manifestação volitiva inequívoca em processar criminalmente o autor do fato na ação penal privada. A possibilidade do exercício do direito de representação na audiência preliminar, não induz, obrigatoriamente à lavratura do termo circunstanciado.

7.3 – Autoridade policial: civil e militar

A primeira forma de controle social-formal é exercida pela polícia; é *a first-line enforcer* da lei penal, atuando dentro do princípio da *law and order*; mas, na práxis, com grande dose de discricionariedade – gravidade do fato, vontade da vítima, interesses dos envolvidos, por exemplo.

Segundo a CF, o conceito de polícia abrange tanto a atividade policial de investigação (art. 144, § 4º) – polícia civil, salvo os casos de competência da Justiça Militar e da União –, quanto à preventiva (art. 144, § 5º) ou impeditiva da prática de infrações criminais – polícia militar.

O CPP, em seu art. 4º, refere que a polícia judiciária, ou seja, a de investigação, tem por finalidade a apuração das infrações penais. Entretanto, o parágrafo único não exclui a possibilidade de que, através de lei, se outorgue competência investigatória a outras autoridades – inquérito policial militar, *v.g.*

Da interpretação desses dois dispositivos se infere que autoridade policial é quem está exercendo as funções de delegado de polícia. A ele incumbe dirigir o inquérito policial, cumprindo as tarefas investigatórias determinadas nos arts. 6º e 13 do CPP, não podendo arquivar ou mandar arquivar o inquérito policial (art. 17 do CPP), e nem deixar de deter em flagrante (art. 301 do CPP), bem como de conceder fiança (art. 322 do CPP).

Ocorre que nas infrações afetas à Justiça Consensual não haverá propriamente uma investigação policial, uma apuração pormenorizada, um inquérito policial, ou seja, uma atividade típica de polícia judiciária. Basta a lavratura de um termo circunstanciado, isto é, a materialização do fato e de suas circunstâncias, com a identificação dos envolvidos e das possíveis testemunhas, consignando-se uma sintética conclusão do que foi informado.

A infração de menor potencial ofensivo tanto pode chegar ao conhecimento da autoridade policial civil, da autoridade policial militar, ou do Ministério Público. O registro sumário do fato pela polícia militar, com o encaminhamento à polícia civil para lavratura do termo circunstanciado, e posterior remessa a juízo, vai de encontro ao princípio da celeridade preconizado na nova lei.

Já que para o oferecimento da peça acusatória, a qual altera a situação jurídica do autor do fato, que passa de cidadão comum para acusado, não se faz necessária uma investigação levada a cabo pela polícia judiciária, também nos fatos menos graves não é de se exigir que haja, necessariamente, a materialização das circunstâncias pelas polícia civil. Nem a investigação é exclusividade da autoridade policial judiciária.

A lei não veda o comparecimento pessoal da vítima ao JECrim. É de ser considerado, também, ter sido a Lei 9.099/95 concebida com o intuito de proteger a vítima, de propiciar uma prestação jurisdicional mas célere e simplificada, com alternativas penológicas. Por isso, é de se admitir que a vítima reclame diretamente no JECrim. Dessa forma, há que se admitir que a Polícia Militar possa lavrar o termo circunstanciado e apresentar os envolvidos ao Juizado, diretamente, ao invés de levá-los à Delegacia de Polícia. Assim, uma interpretação do art. 69 da Lei 9.099/95, conforme o art. 144, §§ 4º e 5º, da CF, e de acordo com os critérios da celeridade e da economia procedimental, preconizados pela própria Lei 9.099/95, nos leva a concluir que a polícia militar também pode lavrar o termo circunstanciado.[74]

---

[74] Vid. nesse sentido STJ, HC 7.199/PR, DJ de 28.09.1999 e STF, na ADI nº 2.618-PR, Rel. Min. Carlos Velloso, DJ de 31.03.2006. O órgão especial do TJRS, na Ação Direta de Inconstitucionalidade nº 70014426563, j. em 12.03.2007, foi pela improcedência do pedido da Associação dos Delegados de Polícia do RGS, os qual pretendia a declaração de inconstitucionalidade de Portaria do Secretário de Estado da Justiça e da Segurança que autorizava a Brigada Militar a lavrar

7.4 – Indiciamento

O indiciamento é o ato pelo qual a autoridade policial imputa a alguém, ainda que de forma inquisitorial, a responsabilidade criminal por um determinado fato criminal. A conseqüência é a inserção do nome do indiciado nos cadastros policiais. O sujeito não deveria deixar de ser mero suspeito, pois a imputação é tarefa do órgão acusador oficial. Em face do possível constrangimento ilegal – falta de tipicidade, prescrição, *v.g.* –, este ato deveria ser fundamentado e permitir-se o contraditório.

Portanto, somente se justifica o indiciamento após uma investigação pormenorizada. Como nas infrações penais de menor potencial ofensivo é dispensável o inquérito policial, mesmo quando realizado, não poderá haver o indiciamento, respeitando-se o tratamento isonômico entre os autores da infração de menor potencial ofensivo. Embora a realização de inquérito policial, em princípio, não gere constrangimento ilegal, o indiciamento do sujeito por uma infração de menor potencial ofensivo, sim, o produz, passível de ser remediado via *habeas corpus*.

Da mesma forma, a identificação criminal somente se justifica nas hipóteses previstas em lei.

7.5 – Prisão e fiança

Sempre que o autor do fato assumir o compromisso de comparecer no JECrim, não se imporá prisão em flagrante e nem se exigirá fiança. Aqui não interessam os requisitos da quantidade de delitos e nem a espécie destes.

Diante do compromisso, veda-se a lavratura do auto de prisão em flagrante e não haverá o recolhimento ao cárcere pelo cometimento da infração de menor potencial ofensivo. No entanto, se não houver o compromisso, o que dificilmente ocorrerá, deverão ser observadas

---

Termos Circunstanciados nas infrações penais de menor potencial ofensivo. Vid. CARVALHO, Luís Gustavo Grandinetti de e PRADO, Geraldo. *Lei dos Juizados Especiais Criminais Comentada e Anotada*. Rio de Janeiro: Lumen Juris, 2006, p. 62. Em sentido contrário, BITENCOURT, Cezar. *Juizados Especiais Criminais Federais*. São Paulo: Saraiva, 2003, p. 58; TOURINHO FILHO, Fernando. *Comentário à Lei dos Juizados Especiais Criminais*. São Paulo: Saraiva, 2002, p. 68 e 69. No Estado de São Paulo, a Polícia Militar também está autorizada, mediante resolução, a lavrar os Termos Circunstanciados.

todas as formalidades peculiares a esta espécie de prisão pré-cautelar. No momento seguinte, serão examinadas as hipóteses de o flagrado se livrar solto independentemente de fiança e do cabimento desta.

Observa-se que na hipótese do usuário de drogas (art. 28 da Lei 11.343/06), por este delito, não está mais prevista a pena privativa de liberdade, motivo pelo qual não cabe mais a lavratura do auto de prisão em flagrante e nem o seu recolhimento ao cárcere, mesmo diante da negativa do flagrado em assumir o compromisso de não comparecer a juízo. É o que se infere do art. 48, § 2°, da Lei Antidrogas.[75]

A Lei 9.099/95 não veda a captura do sujeito na situação de flagrância e sua condução à Delegacia de Polícia, se for o caso (primeiros momentos), mas os seguintes, ou seja, a lavratura do auto e o recolhimento ao cárcere.

A prisão processual é uma ato de coerção processual excepcional e facultativo, de interpretação restrita, justificável somente nos delitos graves e em situações extremas. Espera-se que a iniciativa, sempre injusta, e por vezes cruel (Carrara), da restrição formal da liberdade, seja substituída por outras medidas cautelares mais humanas e de igual eficácia – prisão domiciliar, comparecimento periódico ao juízo, restrições a frequência a determinados lugares, a circulação por determinados locais, ou a certos contatos pessoais, recolhimento domiciliar a partir de um certo horário, submissão de tratamento médico, prestação de fiança, retirada temporária de passaporte ou de outros documentos, v.g.[76]

7.6 – Violência Doméstica: Leis 10.455/02 e 11.340/06

A Lei 10.455, de 13 de maio de 2002, alterou o parágrafo único do art. 69 da Lei 9.099/95, introduzindo nos JECrim uma medida cautelar mais afeta ao processo civil, mas com efeitos próprios e específicos, ou seja, o afastamento temporário do cônjuge nos casos de violência doméstica, do domicílio ou local de convivência com a vítima.

Entretanto, a Lei 11.340/06, expressamente vedou a aplicação da Lei 9.099/95 às infrações penais abarcadas pela violência doméstica e familiar contra a mulher, nos termos nela delimitados. O art. 41 diz

---

[75] Vid. no item 26 as particularidades acerca da Lei 11.343/06.
[76] Vid. BARONA VILAR, Silvia. *Prisión Provisional y Medidas Alternativas*. Barcelona: Bosch, 1988, p. 210 e 211.

textualmente que nos crimes praticados com violência doméstica e familiar contra a mulher, independentemente da pena prevista, não se aplica a Lei 9.099, de 26 de setembro de 1995. Portanto, a modificação introduzida pela Lei 10.455/02 não se aplica nas situações abrangidas pela Lei Maria da Penha. Porém, nas outras espécies de violência doméstica, ou seja, naquela não contemplada na Lei 11.340/06, de competência do JECrim, aplica-se a referida medida cautelar.[77]

Ademais, o art. 17 da Lei Maria da Penha vedou a aplicação de cestas básicas, da pena pecuniária e da substituição da pena por multa, de forma isolada.

---
[77] Vid. itens 10.4 e 25.

8 – Audiência Preliminar

Art. 70. Comparecendo o autor do fato e a vítima, e não sendo possível a realização imediata da audiência preliminar, será designada data próxima, da qual ambos sairão cientes.

Art. 71. Na falta do comparecimento de qualquer dos envolvidos, a Secretaria providenciará sua intimação e, se for o caso, a do responsável civil, na forma dos artigos 67 e 68 desta Lei.

Art. 72. Na audiência preliminar, presente o representante do Ministério Público, o autor do fato e a vítima e, se possível, o responsável civil, acompanhados por seus advogados, o juiz esclarecerá sobre a possibilidade da composição dos danos e da aceitação da proposta de aplicação imediata de pena não privativa de liberdade.

Art. 73. A conciliação será conduzida pelo juiz ou conciliador, sob sua orientação.

Parágrafo único. Os conciliadores são auxiliares da Justiça, recrutados, na forma da lei local, preferentemente entre bacharéis em Direito, excluídos os que exerçam funções na administração da Justiça Criminal.

- vid. arts. 43 a 52 do CP;
- vid. arts. 269, 370 a 372, 564, III, "d" do CPP;
- vid. arts. 186, 927, 932 e 935 do CC;
- vid. arts. 125, IV e 278, § 1º, do CPC.

8.1 – Obrigatoriedade

Embora tenha ocorrido a decadência, ou outra causa extintiva da punibilidade, havendo danos indenizáveis, a designação de audiência preliminar é obrigatória. Isso porque um dos objetivos da Lei 9.099/95 é outorgar uma certa proteção à vítima, garantindo-lhe a possibilidade de obter um título executivo no primeiro comparecimento a juízo, inexistindo constrangimento ilegal com tal designação, pois o comparecimento não é obrigatório e a ausência não gera consequências jurídicas; apenas acarreta a perda de uma chance de compor os danos de natureza civil imediatamente. Com isso, num único ato poderá ser evitado um conflito de natureza patrimonial, ou seja, a dedução de uma pretensão reparatória.

Mesmo diante do oferecimento da multa ou da medida restritiva de direitos, substitutiva da pena privativa de liberdade (art. 76 da Lei 9.099/95), por escrito, é obrigatória a designação da audiência preliminar, por quatro motivos principais: a) garantir a prévia indenização dos danos de natureza reparatória; b) publicidade dos atos processuais; c) controle jurisdicional das alternativas penológicas; d) possibilidade de solução integral do problema.

Na audiência preliminar, além da composição civil, poderá ser exercido o direito de representação ou de queixa-crime, desde que não tenha ocorrido a decadência. Impossibilitada ou impossível a composição civil, a etapa processual seguinte é a aplicação das medidas alternativas da multa ou restrição de direitos. Inexitosa ou impossibilitada esta alternativa legal, a etapa seguinte é a do oferecimento da denúncia ou da queixa-crime. Na mesma audiência, possibilita-se a citação e as intimações, com lavratura de termo.

A dedução da pretensão acusatória comum se justifica após a tentativa da composição dos danos, em se tratando de infração que se processa por ação processual penal pública condicionada à representação ou por queixa-crime, sob pena de constrangimento ilegal ao autor do fato, em razão da prejudicialidade necessária e da possibilidade de ser extinta a punibilidade.

A audiência de instrução e julgamento somente pode ser designada após terem sido esgotadas as possibilidades de realização da audiência preliminar.

8.2 – Convocações obrigatórias e eventuais

Obrigatoriamente, deverão ser cientificados da audiência preliminar o Ministério Público, o autor do fato, a vítima e o responsável civil, nas hipóteses de incapacidade do ofendido (arts. 31, 33 e 34 do CPP).

Justifica-se a necessidade da intimação do Ministério Público, pois é o titular da ação penal pública, além de atuar como fiscal da lei na ação penal privada (art. 257, II, do CPP, com a redação dada pela Lei 11.719/08). Além disso, na audiência preliminar, o *parquet* possui quatro alternativas: deduzir a pretensão acusatória, requerer diligências (esclarecimentos acerca da espécie de infração e da autoria, por exemplo), pedir o arquivamento (ocorrência da prescrição, da decadência, aplicação do princípio da insignificância, por exemplo), ou propor a aplicação de medidas alternativas à pena privativa de liberdade: multa ou restritivas de direitos.

A ausência do autor do fato impossibilita, num primeiro momento, tanto a composição civil quanto a transação criminal, pois as duas medidas despenalizadoras dependem de sua aceitação pessoal.

Com a presença da vítima resta viabilizado o acordo civil, prejudicial necessária da transação criminal, ou a dedução da pretensão acusatória nos casos de ação processual penal pública condicionada à representação e da ação processual penal privada.

Embora a vítima não participe da transação criminal, é a interessada direta na composição civil, a qual, para ser válida, nas hipóteses dos arts. 33 e 34 do CPP, necessita da presença do responsável legal.

O advogado é parte essencial na administração da Justiça, conforme art. 133 da CF, e art. 1º, I, do Estatuto da Advocacia (Lei 8.906/94). Considerando os efeitos do acordo civil, tanto na esfera civil, quanto na criminal, o autor do fato e a vítima devem estar acompanhados de advogados, já na audiência preliminar[78]. Comparecendo qualquer deles desacompanhado de advogado, deverá haver nomeação de advogados distintos, garantindo-se o equilíbrio processual. Sendo isso impossível no momento, a audiência não poderá prosseguir. Tanto a composição civil como a transação criminal devem ser efetuadas na presença dos advogados, sob pena de vício irremediável.

Para os que defendem a corrente de que somente o Ministério Público pode propor a multa ou as restritivas de direito (STF e STJ), a presença deste é obrigatória, pois sua ausência a inviabilizaria, assim como o oferecimento da denúncia. Entretanto, sua ausência, para a corrente que entende ser a aplicação das medidas alternativas um direito público subjetivo do autor do fato, não prejudica a aplicação destas. Independentemente da corrente a ser adotada, a intimação do Ministério Público à audiência preliminar é obrigatória. A ausência do Ministério Público não afeta o acordo civil, na medida em que é realizado entre o autor do fato e a vítima, bastando sua intimação para o ato.

Além de evitar a lavratura do auto de prisão em flagrante e a própria medida pré-cautelar, quando assumir o compromisso de compa-

---

[78] Vid. STF, HC nº 88.797/RJ, Rel. Min. Eros Grau, DJ de 15.09.06, o qual proclamou a nulidade absoluta por inobservância da regra de o autor do fato estar acompanhado de advogado ou, na falta deste, de defensor nomeado.

recer ao JECrim, não poderá ser decretada a prisão processual do autor de uma infração penal de menor potencial ofensivo, na medida em que um dos escopos da lei é evitar a restrição da liberdade, a qual se justifica em casos especialíssimos, de extrema necessidade, após o recebimento da peça acusatória.

A composição civil e a transação criminal, alternativas consensuais, dialogadas e alternativas penológicas, devem ser buscadas incessantemente. Por isso, em prol desses institutos, se justificam os adiamentos das audiências preliminares, observada a duração razoável do processo (art. 5°, LXXVII, CF).

A condução coercitiva somente se justifica para a testemunha faltosa, desde que devidamente cientificada; jamais ao acusado, a quem é garantido o direito ao silêncio e de não produzir prova contra sua pessoa, em razão do direito constitucional ao silêncio (art. 5°, LXIII, CF) e do *nemo tenetur se detegere*.

Eventualmente estarão presentes o juiz leigo e o conciliador (art. 73), dependendo da organização dada ao JECrim em cada unidade da Federação.

A audiência preliminar poderá ser presidida pelo juiz togado, por conciliador (art. 73, parágrafo único) ou por juiz leigo, mas sempre sob orientação e supervisão de um magistrado.

8.3 – Os esclarecimentos e sua importância

No início da audiência preliminar, os envolvidos devem ser orientados acerca das consequências da aceitação da proposta de composição dos danos cíveis e da aceitação de pena não-privativa de liberdade: multa ou restritivas de direitos. Os esclarecimentos a respeito da conveniência e da oportunidade da aceitação devem ser expostos de forma clara e objetiva aos envolvidos, sem nenhuma coação, de forma que a aceitação ou a recusa seja um ato volitivo ciente de todas as possibilidades processuais. É fundamental que o juiz togado oriente a todos a respeito da natureza jurídica da aceitação da proposta do Ministério Público, das consequências, tanto na esfera civil, quanto criminal, pois os envolvidos devem ter ciência precisa do que está ocorrendo na audiência. Esse é um dos deveres do juiz togado. É uma orientação no sentido de estabelecer-se o rumo que cada alegação poderá tomar. Não se justifica qualquer forma de induzimento ou coação.

No sistema da Justiça consensual, o juiz togado não é um terceiro inerte, passivo, mas um arauto da conciliação, da pacificação e restauração dos envolvidos, sedentos por uma resposta imediata do aparelho estatal.

Inviabilizada a audiência no momento da apresentação, deverá ser aprazada uma data próxima, pois o objetivo é o atendimento e a resposta céleres aos envolvidos no fato.

8.4 – Funções do conciliador e do juiz leigo

Dos arts. 72 e 73 desta lei se infere a admissibilidade de conciliador também no JECrim, a exemplo do que ocorre no âmbito civil. A lei fez referência à conciliação (art. 73), não a limitando à composição civil. A atividade do conciliador é de aproximar o autor do fato e a vítima, de molde a propiciar a composição dos danos de natureza civil, propondo ao juiz togado a homologação ou não do acordo. Poderá também colher as manifestações acerca da representação, submetendo a manifestação de vontade à consideração judicial. Nessa mesma linha, consignará as solicitações das partes – Ministério Público, querelante, autor do fato, querelado, advogados –, sobre as medidas alternativas à pena privativa de liberdade, propondo ao juiz togado a homologação ou não do acordo.

Ao juiz leigo são conferidos os mesmos poderes do conciliador, dependendo da estrutura de cada juizado. Assim, poderá haver atribuição das mesmas tarefas aos conciliadores e aos juízes leigos, ou divisão destas entre os dois agentes, podendo o conciliador responsabilizar-se pela composição civil e o juiz leigo pelos demais atos.

Questão complexa, na esfera criminal diz respeito ao âmbito de atuação do juiz leigo. No que tange à composição civil e criminal e demais atos conciliatórios, há autorização legal à atuação do conciliador e do juiz leigo (art. 73). Porém, para que o juiz leigo possa praticar outros atos processuais há necessidade de autorização legal, mas sempre com supervisão do juiz togado. A prestação jurisdicional *stricto sensu* ou final é do magistrado togado, nos termos do art. 5º, XXXV, da CF.

A Lei 10.259/01 (Juizados Especiais Federais) determina que o juiz-presidente do juizado designará os conciliadores pelo período de dois anos, admitida a sua recondução, em caráter gratuito, mas assegurados os direitos e as prerrogativas dos jurados.

9 – Composição Civil

Art. 74. A composição dos danos civis será reduzida a escrito e, homologada pelo juiz mediante sentença irrecorrível, terá eficácia de título a ser executado no juízo cível competente.
Parágrafo único. Tratando-se de ação penal de iniciativa privada ou de ação penal pública condicionada à representação, o acordo homologado acarreta a renúncia ao direito de queixa ou representação.

- vid. arts. 10 e 11 da Lei 10.259/01;
- vid. art. 291, § 1º da Lei 9.503/97 (CTB);
- vid. art. 584, III, do CPC;
- vid. arts. 402 a 404 do CC;
- vid. arts. 24, 30, 31, 36 a 39, 49 e 57 do CPP.
- vid. arts. 100, 104, parágrafo único e 107, V, do CP.

9.1 – Sentença penal e seus efeitos na esfera cível

A composição pecuniária do delito representou uma evolução frente à vingança privada. Todavia, nesse período histórico, não havia uma concepção pública de delito, e dos interesses públicos envolvidos na aplicação do *ius puniendi*.

O legislador não se voltou à época da composição privada do delito, mas permitiu a autocomposição dos danos de natureza civil, na esfera da justiça criminal, inclusive com efeitos penais. É uma chance única à disposição dos interessados e da prestação jurisdicional para resolver o problema das pessoas que acorrem ao Judiciário. Por isso, a interpretação das possibilidades de composição civil há de ser ampla e ultrapassar a mera reparação material.

A responsabilidade civil, segundo nosso ordenamento jurídico, é relativamente independente da criminal. De acordo com o CC, não se pode questionar a existência do fato, ou quem foi seu autor, quando estas questões se acharem decididas no juízo criminal (art. 935 do CC). Ademais, não constituem atos ilícitos os praticados em legítima defesa ou no exercício regular de um direito reconhecido; a deterioração ou destruição da coisa alheia, ou a lesão a pessoa, a fim de remover perigo iminente. Porém neste último caso, o ato será legítimo somente quando as circunstâncias o tornarem absolutamente necessário, não excedendo os limites do indispensável à remoção do perigo (art. 188 do CC).

Na sentença penal condenatória, segundo o art. 387, IV, da Lei 11.719/08, havendo danos indenizáveis, de qualquer natureza, há necessidade de o magistrado fixar um valor mínimo a título de reparação. Esta determinação (fixará) haverá de ser feita sobre algum sustentáculo probatório carreado ao processo pela acusação, em face da prova criminal e não direcionada a este aspecto específico, sob pena de desvirtuamento do processo penal. Ademais, a vítima poderá manifestar interesse em que não haja o arbitramento na esfera criminal, pois poderá ter ingressado no juízo cível ou nele pretender discutir o *an debeatur* e o *quantum debeatur*. A indenização está na esfera de disponibilidade do interessado, motivo por que, diante da manifestação da vítima, ao magistrado é vedado arbitrar qualquer valor reparatório. Aplica-se o princípio dispositivo, o qual comporta renúncia e transação. O art. 63, parágrafo único, do CPP, com a redação dada pela Lei 11.719/08, estipula que uma vez transitada em julgado a sentença penal condenatória, a execução poderá ser efetuada pelo valor nela fixado, sem prejuízo da liquidação para apuração do dano efetivamente sofrido.

O interessado poderá ter deduzido, no juízo cível, uma pretensão indenizatória, independentemente da existência e andamento do processo penal. Nessas hipóteses, segundo art. 64 do CPP, sem prejuízo, posteriormente, de liquidar a sentença penal condenatória e de executar diretamente o valor fixado (art. 63 do CPP), poderá ser proposta no juízo cível a ação para ressarcimento dos danos, situação em que o juízo da ação civil suspenderá o seu andamento até o julgamento definitivo da ação penal, para evitar decisões conflitantes (art. 64, parágrafo único, do CPP).

A sentença penal absolutória, em princípio, não produz coisa julgada no cível. Entretanto, várias particularidades se consubstanciam no mundo dos fatos. Quando houver reconhecimento categórico, no juízo criminal, da inexistência do fato, não poderá ser proposta ação cível (arts. 66 e 386, I, CPP). Não havendo prova da existência do fato, este poderá ter existido e isso seria demonstrável no juízo cível (art. 386, II, do CPP). Evidentemente que quando o fato é atípico, o prejudicado poderá ajuizar ação cível (arts. 67, III e 386, III, do CPP). Nas hipóteses de concurso de pessoas, quando o juiz reconhece, de forma indubitável, não ter o sujeito concorrido para o evento, não cabe ação de natureza cível (art. 386, IV, do CPP), mas se a decisão for de inexistência de prova suficiente do concurso do réu para a infração penal, o prejudicado poderá demonstrar isto no cível (art. 386, V, do CPP). As excludentes de culpabilidade não impedem a ação cível, por terem sido vencidas as fases da tipicidade e da ilicitude.

Por outro lado, no que diz respeito às excludentes de ilicitude, segundo art. 65 do CPP, faz coisa julgada no cível a sentença penal que reconhecer ter sido o ato praticado em estado de necessidade, em legítima defesa, em estrito cumprimento de dever legal ou no exercício de direito (art. 188 do CC). A absolvição pela dúvida acerca das excludentes (art. 386, VI, *in fine*, redação dada pela Lei 11.690/08), pela aplicação do *in dubio pro reo*, não afasta a possibilidade jurídica da dedução da pretensão indenizatória no cível, na medida em que não houve um juízo afirmativo da presença da excludente. Na mesma perspectiva do cabimento da dedução da pretensão no cível está a absolvição pela insuficiência probatória (art. 386, VII, do CPP).

No âmbito da justiça criminal, segundo o nosso ordenamento jurídico, não se admite a dedução de uma pretensão de natureza civil (art. 64 do CPP). Exercida a ação penal, o juízo cível suspenderá o processo até decisão definitiva do processo criminal, como já afirmado. A existência de uma questão prejudicial civil se resolve, como regra, com a suspensão do processo criminal (arts. 92 a 94 do CPP).

No processo civil, a conciliação pode ocorrer através de concessões recíprocas – transação –, por renúncia parcial da pretensão, ou admissão da pretensão do autor. A transação poderá evitar o início de um processo declarativo, ou terminar o já iniciado. A composição endoprocessual pode nascer da manifestação volitiva de uma ou das duas partes, ou por iniciativa judicial.

Nas infrações que se processam através de ação processual penal pública condicionada à representação, ou por ação processual penal privada, já existe um prévio poder de disposição dos interessados, não do Ministério Público, justificáveis pela natureza dos fatos, conferido pelo legislador (opção de política criminal). Esses, exercitam ou não a ação – queixa-crime –, autorizam ou não o Ministério Público a deduzir uma pretensão acusatória – representação.[79]

---

[79] Segundo GARCÍA-PABLOS DE MOLINA, Antonio. *Derecho Penal, Introducción*. Madrid: Servicio de Publicaciones de La Facultad de Derecho de La Universidad Complutense, 2000, p. 13, a

O legislador não excluiu esse poder de disposição, mas acrescentou uma causa impeditiva do exercício da queixa-crime e do direito de representação, sempre que houver composição dos danos cíveis nas infrações de menor potencial ofensivo. A composição civil é uma forma autocompositiva facultativa aos interessados.

A Lei 9.099/95 não faz nenhuma ressalva, preenchidos os requisitos legais, ao cabimento da composição civil. Assim, pode ser efetuada mais de uma vez, sem restrição temporal e sem que isso impeça os efeitos de natureza criminal. Não veda, expressamente, a possibilidade do acordo civil na ação penal pública incondicionada. O que o regramento estabelece são os efeitos do acordo civil (art. 74, parágrafo único). A composição civil na ação processual penal pública incondicionada não obstaculiza o exercício do *ius persequendi in judicio* pelo Ministério Público, em face da titularidade da ação penal, podendo ser utilizada como causa especial de diminuição de pena (art. 16 do CP).

9.2 – Natureza jurídica: forma jurídica de solucionar o conflito de natureza privada

Tanto o autor do fato quanto o prejudicado não têm a obrigação de aceitar a composição dos danos. Está na esfera de disponibilidade própria do interessado a assunção do dever de indenizar ou não, bem como o de aceitar ou não o *quantum* oferecido pelo autor do fato. Não se verifica a existência de um interesse público na reparação, com todas as dimensões que possui a incidência do *ius puniendi*. Assim, a composição civil faz parte dos direitos processuais disponíveis. A forma bilateral da composição – transação – a insere na motivação altruísta, não egoísta de solucionar os conflitos, na concepção de Alcalá-Zamora y Castillo.[80]

Com a canalização do conflito de natureza civil, ainda que de forma não aparente e não delimitada ao âmbito criminal, surgem duas alternativas ao prejudicado e ao autor do fato: solucioná-lo de forma autocompositiva, ou relegar esta situação à esfera do juízo civil. A so-

---

existência de infrações cuja persecução requer a prévia interposição de queixa-crime ou de representação, não constitui exceção à natureza pública do direito penal, pois o fundamento está exclusivamente na política criminal não contraditória com a potestade punitiva do Estado. Trata-se de opção político-criminal, seja pela natureza personalíssima do bem jurídico lesionado (honra), pela sensibilidade do bem jurídico ameaçado ou lesionado (liberdade sexual).

[80] *Proceso, Autocomposición y Autodefensa*. Mexico: Imprenta Universitaria, 1947, p. 13 e 72.

lução imediata implicará, para sua eficácia, como regra, a existência de concessões recíprocas. Quiçá o mais interessado na autocomposição seja o autor do fato, em razão dos reflexos que a composição civil produz na esfera criminal: exclui a dedução de uma pretensão civil e a dedução de uma pretensão criminal acusatória.

Como ainda não foi deduzida a pretensão reparatória, a composição civil não se constitui em renúncia ou admissão dos fatos. Isso, como regra, pois não pode ser afastada a hipótese de que, antes do comparecimento no juízo criminal, o prejudicado já tenha deduzido uma pretensão indenizatória na esfera civil, o que não o impedirá de compor os danos também em forma de renúncia ou de admissão dos fatos. Assim, a composição civil, no âmbito da jurisdição criminal, se constitui em mais um meio de solucionar o conflito civil, do que um modo de terminar o processo.

Esta forma autocompositiva é de responsabilidade do juiz, sendo fiscalizada pelo Ministério Público, independentemente de o ato ser presidido por um conciliador ou por um juiz leigo. Por isso se diz que se trata de uma conciliação ou de uma forma autocompositiva processual de solução do conflito.

Portanto, a composição civil é uma forma jurídica de solucionar o conflito de natureza privada, situada na esfera de disposição subjetiva do interessado em indenizar ou em receber a indenização. Essa é a essência, ou a natureza jurídica do acordo civil realizado no âmbito do juízo criminal.

Uma vez homologada, constitui-se, tanto nas hipóteses em que a infração criminal seria processada por ação penal privada, quanto pública condicionada à representação, em ato impeditivo do exercício da ação criminal (renúncia do direito de queixa ou de representação, na dicção do art. 74, *in fine*, da Lei 9.099/95).

9.3 – Requisitos: atuação do juiz, participação do Ministério Público, necessidade de advogados, divergência entre o sujeito e o advogado, publicidade, ação processual pública incondicionada

A função do magistrado do JECrim não é a de mero homologador da composição dos danos, mas sim de um verdadeiro mediador, condutor do processo de aproximação do autor do fato e da vítima, para que esta obtenha a imediata reparação dos danos. O juiz não ocupa a posição ordinária processual de um terceiro acima das partes, que dita verticalmente uma decisão, mas de um sujeito que atua num plano horizontal, numa perpectiva dialogal, condutor do consenso.

Compete ao juiz manter o equilíbrio entre as partes, de tal modo a evitar a transformação da composição civil em uma rendição,[81] ou que os interesses do processualmente mais forte superem ao *boni iuris* de um dos sujeitos interessados em receber ou em pagar. Isso não significa transformar-se o juiz em um mero receptor da manifestação volitiva das partes, um simples homologador. Como detentor da potestade jurisdicional, deverá prestar a tutela judicial efetiva, analisando os pressupostos do acordo. Com isto não estará invadindo a esfera de disponibilidade do sujeitos, mas sim exercendo uma função constitucional sua (art. 5º, XXXV, da CF). A ausência ou não-demonstração dos pressupostos da pretensão penal acusatória não impede a homologação do acordo civil, pois o ilícito civil independe da existência ou afirmação de um ilícito criminal.

Ainda que a composição se realize entre o autor do fato e a vítima, diante de um terceiro (conciliador, juiz leigo ou juiz togado), e em juízo, devido aos efeitos produzidos pela homologação do acordo civil no exercício da ação criminal, é essencial a intimação do Ministério Público para o ato.

Segundo o art. 5º, LV, da CF, aos litigantes, em processo judicial ou administrativo, serão assegurados o contraditório e a ampla defesa, com os meios e os recursos a ela inerentes. A ciência das partes dos reais efeitos da composição civil, depende de uma orientação apropriada e eficiente, tanto pelo juiz, Ministério Público, quanto pelos advogados. Por isso, já nos mandados de intimação deverá constar a necessidade de comparecimento na audiência preliminar, acompanhados de advogado (art. 72). Compete ao juiz, diante do não-comparecimento de advogado, proceder a nomeação de um profissional habilitado para garantir a defesa técnica e o equilíbrio entre os sujeitos, mesmo restrito ao ato.

É certo não estarem a vítima e o autor do fato obrigados a conciliar. Também, é indubitável estar a reparação do dano na esfera de disponibilidade dos interessados. E isso se estende aos terceiros interessados, eventualmente intervenientes na composição civil – representantes legais, companhias seguradoras, *v.g.*

---

[81] *Proceso, Autocomposición y Autodefensa.* Mexico: Imprenta Universitaria, 1947, p. 73.

Poderá existir divergência entre o advogado e seu constituinte, devendo preponderar a manifestação volitiva pessoal deste frente a de seu advogado, pois a este compete orientar seu cliente e, havendo incompatibilidade na orientação, certamente ocorrerá revogação ou renúncia do mandato.

Também é de ser admitida a composição civil nas infrações criminais processáveis mediante ação penal pública incondicionada, pois um dos fundamentos da reparação dos danos é proteger a pessoa da vítima. Assim, é possível em todas as espécies de infrações de menor entidade, conexas ou não com outras mais graves. Entretanto, nesses casos, a composição dos danos não produzirá efeitos diretos na dedução da pretensão acusatória pelo Ministério Público, em razão do princípio da legalidade (obrigatoriedade da ação penal), embora possa haver perspectiva de aplicação do art. 16 do CP.

> Admitida a composição civil nas infrações criminais cuja iniciativa é do Ministério Público, nos delitos contra o meio ambiente, as pessoas legitimadas para demandar no juízo cível a condenação do autor do dano, ou seja, o Ministério Público, a União, o Distrito Federal os Estados, os Municípios, e os demais entes coletivos (art. 5º da Lei 7.347/85), tem a legitimidade para realizar o acordo civil.

A composição civil é realizada num processo público e reduzida à forma escrita, conseqüência natural de sua eficácia de título executivo. Entretanto, poderá ser realizada por procuradores com poderes especiais.

Pode ser realizada tanto na audiência preliminar, quanto na audiência de instrução e julgamento. A particularidade radica na prejudicialidade em face da transação criminal, quando se trata de ação processual penal privada ou pública condicionada à representação (art. 74, parágrafo único).[82] Viciada é a transação penal e a prática de atos processuais sem a prévia tentativa de composição de danos de natureza cível, sempre que presentes.

Uma interpretação literal do dispositivo legal evidencia beneficiar a homologação da reparação dos danos aos que têm condições econômicas para repará-los. Estes se eximiriam do processo criminal, enquanto os menos afortunados – maioria dos processados criminalmente –, sofreriam com o processo criminal. Entretanto, o que a lei exige é o acordo, e não que haja condições para reparar o dano. Assim, aquele sem condições financeiras também poderá acordar, prejudicando a ação penal. Trata-se de um problema de exigibilidade, o qual

---

[82] Vid. STF, HC 41.032, Rel. Min. Joaquim Barbosa, DJ de 06.03.2006, acerca da ausência de reclamação dos interessados, presentes na audiência preliminar.

existiria mesmo com a obtenção do título no juízo cível comum, após a tramitação do processo cognitivo. Pelo menos evita-se o processo. Este tratamento isonômico é mais uma motivação para não admitir a ação processual penal privada ou a representação nos casos de descumprimento do acordo.

9.4 – Efeitos cíveis: título executivo, decisão irrecorrível, complementação, indenização, coisa julgada, liquidação

A composição dos danos produz efeitos na esfera do direito civil e também na do direito criminal. O juiz, por tratar-se de direitos disponíveis, não poderá modificar a composição civil, tanto no plano dos fatos como da extensão indenizatória. A decisão é de homologação da manifestação volitiva das partes.

Na esteira do CPC, a Lei 9.099/95 outorgou à sentença homologatória da composição civil a natureza de título executivo, exigível no juízo cível competente, e não no juízo criminal onde foi realizado, sempre após o trânsito em julgado. Assim, uma vez homologado, independentemente do valor e da matéria – danos materiais ou morais, tudo o que for indenizável –, o acordo servirá como título a ser executado no juízo cível competente.

De posse do título, ao legitimado surgem duas possibilidades: executá-lo no Juizado Especial Cível, pois a composição ocorreu dentro do Sistema da Justiça Consensual, onde o acordo extrajudicial também vale como título executivo (art. 57, parágrafo único), aplicando-se o art. 3º da Lei 9.099/95, ou executá-lo no Juízo Cível comum. Na primeira hipótese, haverá limitação ao valor do juizado.

A indenização deverá ser a mais integradora possível, isto é, todos os danos sofridos deverão ser reparados, inexistindo qualquer vedação acerca da aceitação de garantias legais e lícitas à *restitutio in integrum*.

Não há regramento acerca de eventuais efeitos do acordo civil efetuado na esfera criminal, no juízo cível. Por sua natureza eminentemente de direito disponível, as partes não poderão discutir mais a responsabilidade civil e nem a sua quantia no juízo civil. A consequência é a extinção de eventuais processos em tramitação, com pretensão indenizatória pelos mesmos fatos, bem como a proibição de prosseguir a discussão civil acerca destes, exceto ressalvas expressas, devidamente acordadas e homologadas.

Transitada em julgado a decisão homologatória do acordo indenizatório, o ofendido não poderá mais discutir no juízo cível a complementação deste. A composição civil implica quitação recíproca. Entretanto, poderá ser partida a composição, isto é, serem indenizados os danos materiais, com quitação em relação a estes, ressalvando-se a discussão a respeito dos danos morais no juízo cível, em face do poder dispositivo, sem prejuízo dos reflexos na renúncia do direito de queixa e de representação.

Também, a *restitutio in integrum* dos danos, evidenciados no momento do acordo, com o agravamento da situação – lesão –, poderá não ser suficiente. Havendo modificação da situação fática existente no momento da composição (evolução de uma pequena lesão no olho para redução posterior da visão; evolução de uma ferida até amputação de um membro, v.g.), é de ser admitida a possibilidade de complementação da indenização no juízo cível. Isto limita a possibilidade da ação rescisória, e a ação anulatória para desconstituir a sentença homologatória por vícios comuns aos demais atos jurídicos – incapacidade da pessoa, ilicitude ou impossibilidade do objeto, não-observância de formalidade legal, ineficácia expressamente prevista ou declarada, bem como por vícios provenientes de coação, dolo, erro, fraude ou de simulação, *v.g.*

Evidentemente que há casos em que antes de ser promovida a execução, o acordo necessita de uma liquidação prévia. Também, as partes poderão estabelecer quais são os danos que estão sendo compostos, reservando-se uma eventual discussão de outros danos – danos morais, *v.g.* –, em outra oportunidade, no juízo cível. Isto não elimina a eficácia executiva do que foi homologado e nem os efeitos criminais. Via de regra, a sentença homologatória da sentença civil não é impugnável. Apesar da forma dispositiva do acordo civil, é possível que alguma decisão altere o acordo efetuado pelas partes, causando um gravame, um dos pressupostos do recurso. Também, nas hipóteses de não-homologação do acordo civil – ausência de requisitos legais, *v.g.* –, se produz um gravame, situação em que há de ser admitido um remédio jurídico impugnativo (apelação). Não pode ser afastada a possibilidade da interposição dos embargos declaratórios, nos termos da Lei 9.099/95, da ação típica para desconstituir o título, ou via embargos, mas sempre no juízo onde for proposta a execução do título.

9.5 – Efeitos criminais: renúncia do direito de queixa e de representação, ação penal pública incondicionada, prazo, terceiros, acordo extrajudicial

Na esfera criminal, a composição dos danos produz efeitos tanto de direito processual como de direito material. O legislador, nesse aspecto, foi claro. O acordo impede o exercício tanto da ação processual penal privada, quanto do exercício do direito de representação. Segundo a lei, trata-se de uma renúncia ao exercício da ação e ao direito de representação (art. 74, parágrafo único). Portanto, após o trânsito em julgado da sentença homologatória do acordo, não haverá ação, pretensão e nem incidência do *ius puniendi*. Admitindo-se o acordo na ação processual penal pública incondicionada, esta não obstaculizará o exercício do *ius persequendi in judicio*. Entretanto, poderá ser aplicado o art. 16 do CP, ou seja, a redução da pena pelo arrependimento, preenchidos os requistos legais.

O descumprimento do acordo civil autoriza o exercício da ação processual penal privada e do direito de representação? Segundo o art. 25 do CPP, a representação será irretratável após a dedução da pretensão acusatória – oferecimento da denúncia. Essa disposição se justifica, pois a ação processual penal continua sendo pública, apesar da exigência dessa condição. Como regra, até que não ocorra a decadência, cujo prazo não se suspende e nem se interrompe, o legitimado poderá exercer a ação ou o direito de representação. O efeito da decadência é a extinção da punibilidade (art. 107, IV, do CP). Entretanto, o legislador não previu os efeitos da renúncia após o cumprimento do acordo civil, mas após o trânsito em julgado da sentença homologatória. Dessa forma, o descumprimento do acordo civil não autoriza o exercício do direito de queixa ou de representação.

O possível acordo dos responsáveis civis e dos responsáveis subsidiários – companhias seguradoras –, produzem os mesmos efeitos do acordo do causador direto do dano. Nesses casos, o acordo tem o mesmo efeito de impedir a dedução de uma pretensão acusatória, bem como a de uma pretensão indenizatória. A renúncia independe do recebimento ou não da indenização. Trata-se de uma exceção ao art. 104 do CP, o qual sinaliza não implicar o recebimento da indenização do dano causado pelo delito renúncia do direito de queixa-crime ou de representação criminal.

A renúncia da vítima à indenização também produz efeitos na esfera criminal. Isso quando se tratar de infração de menor potencial ofensivo, pois é como se a vítima se desse por satisfeita no plano material e tivesse ocorrido a *restitutio*, pressupostos da vedação do exercício do direito de queixa e de representação. Ainda, o acordo civil não implica unicamente uma obrigação de dar, mas também uma obrigação de fazer ou de não fazer. A manifestação volitiva de renúncia, devidamente homologada pelo juiz, produz os mesmos efeitos da aceitação da indenização.

O acordo civil, realizado no âmbito cível ou criminal, originado de uma infração penal que não seja de menor potencial ofensivo, não produz os efeitos de natureza criminal (renúncia do direito de queixa ou de representação). Assim, poderá haver representação, acusação oficial e provocação jurisdicional. No entanto, é indispensável uma avaliação posterior do mesmo fato, em prejuízo de seu autor, uma acusação criminal por um fato que foi tido como infração de menor potencial ofensivo no momento da realização do acordo civil. A composição realizada nos autos do processo civil ou mesmo extrajudicial, produz os mesmos efeitos criminais da realizada no juízo criminal, sempre que se tratar de uma infração penal de menor potencial ofensivo.

Agravados os danos causados pela infração criminal, após a homologação do acordo civil, poder-se-á discutir a complementação da indenização, mas não a abertura do processo criminal, pois o direito de queixa e o de representação restaram afetados. Mesmo que a evolução do resultado enuncie outro ilícito, de ação processual penal pública incondicionada (lesões corporais leves para lesões corporais graves, por exemplo), o elemento objetivo da pretensão (fato) foi atingido pelos efeitos criminais e não poderá delimitar outra pretensão.

9.6 – Cumulação subjetiva e/ou objetiva

Na edição anterior foi defendida a cisão processual, de modo a possibilitar, na cumulação objetiva e/ou sujetiva, a composição civil, com seus efeitos nas duas esferas de responsabilidade. Entretanto, posteriormente, adveio a Lei 11.313/06, determinando a reunião dos processos, nos casos de conexão e continência, observando-se, no juízo prevalente, a composição civil no que tange à infração penal de menor potencial ofensivo (nova redação do art. 60, parágrafo único e art. 2º, parágrafo único, da Lei 10.259/01)

Portanto, é possível a aceitação da composição civil por um dos autores do mesmo fato e pelo outro não, ou que o autor aceite a composição civil somente em relação a um dos fatos a ele imputados. Nem sempre o acordo civil implicará impedimento total da dedução de uma pretensão acusatória, pois no processo poderá haver mais de uma vítima. Quando somente uma delas aceitar o acordo, este não afeta o direito das demais – direito de queixa e de representação. Por outro lado, quando há somente uma vítima e esta aceitar a indenização de um dos autores do fato, sempre que o dano indenizável seja a consequência do mesmo fato, esta não pode mover a ação penal ou representar contra aquele que não tenha indenizado pois, com o retorno ao *status quo ante*, ocorre o impedimento legal. Além disso, aplica-se o princípio da indivisibilidade da ação penal. Também, é possível a composição dos danos reciprocamente causados.

Havendo composição dos danos em relação a um dos ofensores, a todos se estenderá, isto é, haverá renúncia tácita de querelar ou de representar contra todos, extinguindo-se a punibilidade. Assim, a composição dos danos se reveste de unicidade em relação aos ofensores, na medida em que a pretensão de direito patrimonial restou satisfeita. Um dos escopos da Lei 9.099/95 é, através da composição, evitar os efeitos de uma demanda criminal, motivo por que não se aplica a última parte do parágrafo único do art. 104 do CP à espécie.

O acordo e/ou pagamento efetuado por terceiro – seguradora, *v.g.* –, gera os mesmos efeitos do que teria sido celebrado pelo próprio autor do fato – motorista e/ou proprietário do veículo –, isto é, a vítima não poderá mais representar, em se tratando de lesão corporal culposa. Idêntico raciocínio se aplica às hipóteses de queixa-crime.

Da mesma forma, o perdão do ofendido em relação a um dos querelados, a todos aproveita (art. 51 do CPP), evitando-se a vindicta.

Por outro lado, a composição entre um envolvido e uma das vítimas não é extensiva às demais. A quitação civil tem efeito somente em relação aos danos acordados. A composição civil entre um envolvido e uma das vítimas não impede que a outra vítima represente ou provoque a jurisdição criminal.

Assim, na hipótese de o condutor causar lesões no caroneiro e no pedestre, a composição civil entre o motorista e o caroneiro não impede a representação do pedestre.

10 – Representação

> *Art. 75. Não obtida a composição dos danos civis, será dada imediatamente ao ofendido a oportunidade de exercer o direito de representação verbal, que será reduzida a termo.*
>
> *Parágrafo único. O não oferecimento da representação na audiência preliminar não implica decadência do direito, que poderá ser exercido no prazo previsto em lei.*

• vid. arts. 25 e 39 do CPP.

10.1 – Prazo e legitimidade

Inviabilizada a composição dos danos cíveis, o ofendido ou seu representante legal poderão, na própria audiência preliminar, exercer o direito de queixa ou de representação, oralmente, desde que não tenha ocorrido a decadência. Assim ocorrendo, haverá redução a termo. Não se exige ato formal; basta que o ofendido ou seu procurador (art. 39 do CPP) demonstrem interesse em processar criminalmente o autor do fato. Poderá haver declaração nesse sentido à autoridade policial, ao Ministério Público ou em juízo. Isso, inclusive, poderá ser propiciado quando o Oficial de Justiça intimar o ofendido. Este ou seu representante legal poderão exercitar o direito de representação enquanto não se verificar a decadência, desde que não tenha havido renúncia extintiva da punibilidade. O prazo, via de regra, é de seis meses, contados da ciência de quem é o autor do crime ou, nos casos do art. 5º, LIX, da CF, do dia em que se esgotar o prazo ao oferecimento da denúncia pelo Ministério Público. O prazo é decadencial, isto é, não se interrompe e nem se suspende, contando-se conforme o art. 10 do CP, por se tratar de um prazo material e não processual (art. 798, § 1º, do CPP). O *dies a quo* não foi modificado pela Lei 9.099/95, a qual apenas possibilitou o exercício da representação na audiência preliminar. Evidentemente que isso é possível desde que não tenha se operado a decadência. O prazo decadencial flui independentemente da intimação do legitimado para representar, por ser de direito intertemporal a regra do art. 91 da Lei 9.099/95. Ademais, o art. 75, parágrafo único, refere, expressamente, que a representação, embora não ofertada na audiência preliminar, poderá ser exercida no prazo previsto *em lei*. A Lei 9.099/95 não prevê um *dies a quo* diferente para as lesões corporais culposas e para as lesões corporais leves. Por isso, aplicam-se, subsidiariamente, as regras do CP e do CPP, não havendo necessidade, diante da renúncia do direito de representação, de o expediente aguardar a fluência do referido prazo.

Em se tratando de infração que se processa mediante ação processual penal pública condicionada à representação, sem que a vítima ou os legitimados tenham representado, não poderá haver transação criminal, aplicação de pena alternativa ou denúncia, por faltar uma das condições ao exercício da pretensão acusatória ou da pretensão alternativa (multa ou restritiva de direitos).

Na morte do ofendido ou na declaração de ausência, o direito de representação passará ao cônjuge, ascendente ou irmão (art. 24, § 1º, do CPP). Havendo duas ou mais vítimas, basta que uma delas represente para ter início a ação criminal. Com a representação, é imperativa a designação de audiência preliminar, mesmo que seja somente para a tentativa de composição dos danos de natureza civil.

Declarando a vítima, perante a autoridade policial, não pretender representar, não se justifica a lavratura do termo circunstanciado e seu encaminhamento a juízo.

10.2 – Novo enfoque da retratação da representação: possibilidade legal de aceitação até o recebimento da denúncia

A representação se constitui na exteriorização clara e objetiva da intenção de ver processado o autor do fato. Embora não se exija ato formal, da emissão volitiva há que resultar inequívoca a vontade de representar. Segundo os arts. 25 do CPP e 102 do CP, após o oferecimento da denúncia, a representação é irretratável, isto é, o representante, até o momento em que o Ministério Público entregar a denúncia no cartório, pode retratar-se.

Em se tratando de infração penal de menor potencial ofensivo, a situação é peculiar e diversa. A Lei 9.099/95 permite o acordo civil extintivo da punibilidade e a transação penal mesmo após ter o Ministério Público oferecido a denúncia (art. 79), privilegiando o princípio do consenso, valorizando a vítima e minimizando os efeitos do processo e da sanção criminal. Havendo homologação do acordo civil, resta sem efeito a representação já efetuada. Portanto, é de se permitir também a retratação da representação até o momento do recebimento da denúncia. O questionamento que surge, após a Lei 9.099/95, é a aplicação desta regra também para os demais casos penais, não afetos ao JECrim. Tem ocorrido a retratação do ofendido, de forma expressa ou implícita (depoimento na audiência), mesmo após ter a denúncia sido recebida, inviabilizando a manutenção da pretensão acusatória e afastando qualquer possibilidade de incidência do *ius puniendi*. Diante da modificabilidade da situação processual, cabível o julgamento antecipado do processo, *pro reo*, com provimento absolutório ou extintivo da punibilidade.

O fato de a vítima não ter sido localizada para ser intimada da audiência preliminar, não implica retratação da representação já ofertada perante a autoridade policial. A retratação deve ser expressa ou resultar da prática de atos indicadores de que não mais persiste a vontade de que o Estado exerça a pretensão acusatória.

10.3 – Desclassificação e representação

A infração remanescente da desclassificação do fato para outro, não processável por ação processual penal pública incondicionada, retira a legitimidade do reconhecimento do elemento objetivo – fato –, como delito, sem a satisfação da condição de prosseguibilidade – representação – ou sem a iniciativa privada – queixa-crime. O simples registro de ocorrência não induz, por si só, vontade inequívoca de processar o autor do fato. O provimento jurisdicional, nessas hipóteses, deverá ser absolutório. Qualquer dúvida há de ser interpretada pela invalidade da representação. Não se aplica o art. 91 da Lei 9.099/95, pois o mesmo contém norma de direito intertemporal. Assim, não se justifica a intimação para o legitimado representar, nos casos de desclassificação de um delito processável via ação penal pública incondicionada para condicionada à representação.

O exercício da pretensão acusatória, tanto do Ministério Público quanto do autor privado, resta condicionado à satisfação dos requisitos legais. Destarte, não poderá haver representação ou queixa-crime nas hipóteses em que já ocorreu a decadência. Nessa mesma linha, mesmo que seja possível a composição civil, veda-se a transação criminal, pois não existe mais o interesse do Estado na incidência do *ius puniendi*.

Na desclassificação própria, operada pelo Tribunal do Júri, entendendo o magistrado ter somente remanescido um delito de menor potencial ofensivo, o feito deve ser remetido ao JECrim, aplicando-se a Lei 11.313/06. Portanto, se restarem uma infração penal de menor potencial ofensivo (lesões corporais) e outra (roubo), no que tange às lesões deverão ser propiciadas a composição civil e a transação criminal. Porém remanescendo somente lesões corporais leves, a competência não é mais do juiz-presidente do Tribunal do Júri. Todavia, existindo causa extintiva da punibilidade – decadência, prescrição, *v.g.* – não se faz mister tal proceder, podendo ser declarada a extinção da punibilidade no próprio juízo comum. Isso pode ocorrer nas hipóteses de afastamento do *animus necandi* na tentativa de homicídio com resultado de lesões corporais leves, em que a decisão de pronúncia não interrompeu o prazo prescricional. Da mesma forma, como regra, não consta nos autos a representação da vítima, cujo lapso decadencial já fluiu, por não haver interrupção ou suspensão.

10.4. Situação na Lei Maria da Penha

Antes do advento da Lei 9.099/95, o processo das lesões corporais leves e das lesões corporais culposas não dependia de representação. O art. 88 desta lei modificou a situação. Entretanto, a Lei 11.340/06 (Lei Maria da Penha), no art. 41 vedou a aplicação da Lei 9.099/95 nos casos por ela abarcados, sem fazer referência expressa à representação. Porém, no art. 16, a Lei Maria da Penha permite a retratação (lei refere, incorretamente, "renúncia") à representação em audiência, perante o magistrado. Assim, admite a existência de crimes dependentes de representação nos delitos abrangidos pela Lei Maria da Penha. Abdicação da representação de ameaça (art. 147 do CP) e não das lesões corporais leves (art. 129 do CP)? Os casos de violência com o mesmo resultado (lesões corporais leves ou lesões corporais culposas), não abrangidos pela Lei 11.340/06, dependeriam de representação e os de violência doméstica e familiar contra a mulher seriam processáveis pelo Ministério Público, independentemente desta. Ainda teríamos hipóteses de concurso de crimes e concurso de agentes com situações exóticas e juridicamente inexplicáveis, ademais de constitucionalmente inválidas (igualdade) e da quebra da proporcionalidade (delitos contra a violência sexual – estupro com vítima pobre, dependendo de represenação – e lesões corporais leves não; dependendo do local do cometimento das lesões corporais e de quem é a vítima, o Estado pode acusar livremente ou não). Entretanto, a jurisprudência do STJ vem se inclinando, contra nosso posicionamento, pela inaplicabilidade do art. 88 da Lei 9.099/95 nas hipóteses de violência doméstica.[83]

---

[83] Vid. itens 7.6 e 25. Vid. stj, *REsp 1.050.276/DF, Rel*ª *Des*ª *Jane Silva, j. em 04.11.2008, DJ de 24.11.2008:* " PROCESSUAL PENAL. RECURSO ESPECIAL. VIOLÊNCIA DOMÉSTICA. LESÃO CORPORAL SIMPLES OU CULPOSA PRATICADA CONTRA MULHER NO ÂMBITO DOMÉSTICO. PROTEÇÃO DA FAMÍLIA. PROIBIÇÃO DE APLICAÇÃO DA LEI 9.099/1995. AÇÃO PENAL PÚBLICA INCONDICIONADA. RECURSO PROVIDO PARA CASSAR O ACÓRDÃO E RECEBER A DENÚNCIA. 1. A família é a base da sociedade e tem a especial proteção do Estado; a assistência à família será feita na pessoa de cada um dos que a integram, criando mecanismos para coibir a violência no âmbito de suas relações. (Inteligência do artigo 226 da Constituição da República). 2. As famílias que se erigem em meio à violência não possuem condições de ser base de apoio e desenvolvimento para os seus membros, os filhos daí advindos dificilmente terão condições de conviver sadiamente em sociedade, daí a preocupação do Estado em proteger especialmente essa instituição, criando mecanismos, como a Lei Maria da Penha, para tal desiderato. 3. *Somente o procedimento da Lei 9.099/1995 exige representação a vítima no crime de lesão corporal leve e culposa para a propositura da ação penal.* 4. *Não se aplica aos crimes praticados contra a mulher, no âmbito doméstico e familiar, a Lei 9.099/1995. (Artigo 41 da Lei 11.340/2006).* 5. A lesão corporal praticada contra a mulher no âmbito doméstico é qualificada por força do artigo 129, § 9º do Código Penal e se disciplina segundo as diretrizes desse Estatuto Legal, sendo a *ação penal pública incondicionada.* 6. A nova redação do parágrafo 9º do artigo 129 do Código Penal, feita pelo artigo 44 da Lei 11.340/2006, impondo pena máxima de três anos a lesão corporal qualificada, praticada no âmbito familiar, proíbe a utilização do procedimento dos Juizados Especiais, afastando por mais um motivo, a exigência de representação da vítima. 7. Recurso provido para receber a denúncia.". Vid. RANGEL, Paulo. *Direito Processual Penal.* Rio de Janeiro: Lumen Juris, 2009, p. 168 a 171, acerca do tema.

11 – Transação Penal

Art. 76. Havendo representação ou tratando-se de crime de ação penal pública incondicionada, não sendo caso de arquivamento, o Ministério Público poderá propor a aplicação imediata de pena restritiva de direitos ou multa, a ser especificada na proposta.

§ 1º Nas hipóteses de ser a pena de multa a única aplicável, o juiz poderá reduzi-la até a metade.

§ 2º Não se admitirá a proposta se ficar comprovado:

I – ter sido o autor da infração condenado, pela prática de crime, à pena privativa de liberdade, por sentença definitiva;

II – ter sido o agente beneficiado anteriormente, no prazo de cinco anos, pela aplicação de pena restritiva ou multa, nos termos deste artigo;

III – não indicarem os antecedentes, a conduta social e a personalidade do agente, bem como os motivos e as circunstâncias, ser necessária e suficiente a adoção da medida.

§ 3º Aceita a proposta pelo autor da infração e seu defensor, será submetida à apreciação do juiz.

§ 4º Acolhendo a proposta do Ministério Público aceita pelo autor da infração, o juiz aplicará a pena restritiva de direitos ou multa, que não importará em reincidência, sendo registrada apenas para impedir novamente o mesmo benefício no prazo de cinco anos.

§ 5º Da sentença prevista no parágrafo anterior caberá a apelação referida no artigo 82 desta Lei.

§ 6º A imposição da sanção de que trata o § 4º deste artigo não constará de certidão de antecedentes criminais, salvo para os fins previstos no mesmo dispositivo, e não terá efeitos civis, cabendo aos interessados propor ação cabível no juízo cível.

- vid. art. 5º, LIII, LIV, LV, LVII, XLVI, da CF;
- vid. arts. 33 a 52, 59, 63 e 64 do CP;
- vid. arts. 24, 28 e 580 do CPP;
- vid. arts. 186, 927 e 942 do CC;
- vid. art. 584, III, do CPC;
- vid. art. 291, § 1º, da Lei 9.503/97 (CTB).

11.1 – Antecedentes no Direito Italiano

Já se tem afirmado que o *patteggiamento* italiano é filho da *plea bargaining*. Conseqüentemente, a transação criminal brasileira, ao receber a influência do sistema italiano, por via indireta, foi influenciada pela *plea bargaining*.[84] No entanto, devem ser observadas as devidas diferenças, tanto no que diz respeito aos limites do acordo, como em relação à atividade dos sujeitos processuais e das conseqüências advindas da negociação.

A possibilidade do acordo, no processo penal italiano, já era aplicada com a Lei 689/81, tendo sido acolhido e ampliado no atual CPP (art. 444). As partes, mediante consenso, podem pedir ao juiz a aplicação de uma pena substitutiva, ou a pena que esteja prevista no tipo penal que, diminuída até um terço, não supere aos dois anos, isolada ou cumulada com a de multa. Isso pode ocorrer até a abertura da fase final da apresentação dos debates (art. 446) – *applicazione di pena su richiesta* ou *patteggiamento*. O pedido pode evitar tanto a continuação da investigação (art. 447), como a fase final dos debates, e um eventual recurso, pois, havendo consenso, a sentença não comporta apelação. Ainda, pode não gerar efeitos de natureza civil ou administrativa, deixando de produzir as conseqüências criminais depois de cinco anos da data da prática do delito, ou de dois anos quando se tratar de contravenção penal, ainda que se equipare a uma sentença condenatória (art. 445).

Segundo Dalia e Ferraioli, a *richiesta* é diferente da modalidade de consenso. Na fase preliminar – *indagini preliminari* –, o suspeito pode solicitar ao Ministério Público a definição do processo, com a finalidade de obter o consenso, ou de fazer o pedido diretamente ao juiz que atua nessa fase, cientificando o órgão acusador para que se manifeste sobre o pedido. O acordo também pode ser efetuado após as conclusões da fase preliminar.[85]

Também, julgando o magistrado correta a classificação do crime e presentes os pressupostos legais, profere a sentença, aplicando a pena

---
[84] Segundo CHIAVARIO, Mário. "I procedimenti speciali", em *Il Codice di Procedura Penale, Esperienze, Valutazioni, Prospettive* (com PISAPIA, DE LUCA, SIRACUSANO, TRANCHINA, SCAPARONI, MASSA, TAORMINA, e GIARDIA). Milão: Giuffrè, 1994, p. 90, haveria mil razões, históricas e atuais para não introduzir o sistema da *plea guilty* no ordenamento jurídico italiano, mas agora não se pode pensar em paralelismos. Vid. VIGONI, Daniela. "L' Aplicação della pena su richiesta delle parti", em *I Procedimenti Speciali in Materia Penale* (coordenação PISANI, Mário). Milão: Giuffrè, 1997, p. 118 a 123, a influência da *plea bargaining*, e do *nolo contendere* nos trabalhos legislativos da reforma processual penal italiana.

[85] *Manuale di Diritto Processuale Penale*. Padova: Cedam, p. 655 e 656.

solicitada ou a acordada. Portanto, o juiz pode não homologar o acordo (art. 444.2). Ainda, a parte pode subordinar a eficácia do pedido à concessão da suspensão da execução da pena privativa de liberdade. O juiz não homologa o pedido quando a suspensão não pode ser concedida (art. 444.3). Presentes os requisitos legais, o juiz, na fase preliminar ou judicial, independentemente da concordância do Ministério Público, aplica a pena de acordo com o solicitado, inclusive em grau recursal, em caso de negativa anterior do pedido (art. 448).

Portanto, existe um controle judicial sobre o consenso ou sobre o pedido de aplicação da pena alternativa. O pedido procede diante da congruência entre os fatos e a pena, sempre na presença dos requisitos legais, pois o juiz não exerce uma função meramente notarial, tendo o dever de motivar a sua decisão.[86] Trata-se de uma disponibilidade da defesa, pois o imputado solicita a pena, ou de consenso, pois as partes podem pedir ou o Ministério Público concordar com o pedido do acusado, sempre limitados pelo princípio de legalidade.

11.2 – Antecedentes no Direito Português

Como antecedente da transação criminal brasileira podemos citar também os arts. 392 a 398 do CPP de Portugal de 1987, atualizado pela Lei 59/98.[87] No processo sumariíssimo – crimes com pena abstrata de prisão não superior a três anos ou multa –, quando o Ministério Público entende não ser caso de aplicação de pena privativa de liberdade ou de medida de segurança, propõe, motivadamente (art. 394), uma pena alternativa, cuja solicitação depende do acusador particular na ação penal privada.[88]

O juiz exerce um controle sobre o pedido do Ministério Público, pois não está obrigado a aceitá-lo (art. 395), na medida em que lhe cabe aplicar a pena e, nos casos de consenso entre o Ministério Público e o acusado, o juiz pode considerar ser injusta ou desproporcionada a san-

---

[86] Vid. DALIA, Andrea Antonio (com FERRAIOLI, Marzia). *Manuale di Diritto Processuale Penale.* Padova: Cedam, 2000, p. 657.

[87] Segundo MAIA GONÇALVES, Manuel Lopes. *Código de Processo Penal Anotado.* Coimbra: Almedina, 1999, p. 698, que o processo sumariíssimo, inspirado no processo italiano por decreto, traduz a idéia de pacificação em torno do consenso.

[88] Segundo MAIA GONÇALVES, Manuel Lopes, *op.cit.*, p. 697 e 698, a Lei 59/98 elevou o requisito do acordo criminal de 6 meses para os 3 anos, considerando que o CP possibilita a substituição da prisão por multa. Ademais, o pedido do Ministério Público é um poder-dever.

ção, determinando o prosseguimento do feito. No caso de aceitação, o acusado é intimado para que se manifeste sobre o pedido, através de advogado, no prazo de quinze dias (art. 396), aplicando a sanção quando não houver oposição. Trata-se de uma sentença condenatória irrecorrível, com todos os seus efeitos normais (art. 397).

Critica-se não ser a prova, no processo sumariíssimo português, obtida no *locus* do processamento tradicional, mas filtrada pelo Ministério Público, circunstância redutora da interação *face-to-face* dos sujeitos processuais, os quais se limitam a declarações escritas de aceitação ou não. Por outro lado, sustentam-se os benefícios da informalidade, da ausência de audiências, do não-enfrentamento de todo o curso processual, e da potencialização do consenso.[89]

11.3 – Antecedentes na *Common Law*

Com a vitória das potências aliadas na Segunda Guerra Mundial, especialmente no caso dos Estados Unidos, houve a expansão e influência do seu sistema jurídico.[90] Com a crescente dominação econômica, política e social, inclusive bélica, da maior potência mundial, a expansão de seu sistema jurídico foi uma consequência natural.

As emendas V e VI da Constituição dos Estados Unidos garantem ao acusado o direito de ser julgado e ser declarado culpado ou inocente pelo Tribunal do Júri, como forma de proteção contra sua auto-incriminação. No entanto, numa relação de dez a um, os acusados preferem o reconhecimento da culpa do que enfrentar os jurados. Assim, noventa por cento dos casos não chegam ao Tribunal do Júri. Disso se conclui ser normal o reconhecimento da culpabilidade mediante confissão ou negociação.[91]

---

[89] Segundo COSTA ANDRADE, Manuel. *Consenso...*, cit., p. 373 e 376, esta novidade processual se enquadra dentro de uma perspectiva consensual, de simplificação do processo, descarregando a justiça penal, evitando a estigmatização da publicidade, cujas principais características são o controle jurisdicional, o consenso e a não-obrigatoriedade.

[90] Segundo SAITO, Seiji. "El proceso penal japonés: un compromiso entre el modelo alemán y el angloamericano", em *Justicia*, 1992, III, p. 717 e 718, o processo penal japonês – CPP de 1947 –, foi fortemente influenciado pelo sistema angloamericano, embora sua sistemática tenha seguido o modelo alemão, o qual havia influenciado diretamente o CPP anterior, de 1922.

[91] Segundo FERNÁNDEZ ENTRALGO, Jesús. "Justicia a cien por hora. El principio de consenso en el procedimiento abreviado", em *La Ley*, 1991 n° 3, p. 1049 e 1050, um estudo do Ministério da Justiça dos Estados Unidos de 1984 concluiu que a relação favorável ao acordo era de onze a um. Nessa mesma linha FRIEDMANN, Lawrence M. *Introdución al Derecho Norteamericano*. Bar-

O sistema da *plea bargainig*, também conhecido como *plea negotiation*, é uma manifestação do princípio de oportunidade, pois, como regra, não há limitações legais aos sujeitos processuais, e nem no que diz respeito à natureza do fato. Segundo Martín Ostos, a *plea bargaining* é a modalidade norte-americana da *guilty plea* inglesa, na medida em que o acusado se confessa culpado do fato a ele imputado.[92]

Com a *notitia criminis*, após a investigação, é designada uma audiência denominada de *arraigment*, na fase anterior aos debates orais. Nessa audiência é que deveria ocorrer a negociação entre o Ministério Público e o acusado. Depois da leitura da acusação, pergunta-se ao acusado se ele reconhece a sua culpabilidade. A resposta negativa – *not guilty* – acarreta o prosseguimento do processo, com a realização de audiência oral – *trial*. Quando o acusado reconhece a sua culpabilidade – *pleading* ou *guilty plea* –, é marcada uma nova audiência – *sentencing* –, na qual se aplica a pena sem que haja veredicto. O acusado também pode, ao responder a pergunta do juiz, adotar uma terceira alternativa, ou seja, a de não contestar – *nolo contendere*.[93]

Segundo a regra 11 da *Federal Rules of Criminal Procedure*, o Tribunal não deverá aceitar uma declaração de culpabilidade ou o *nolo contendere* sem antes verificar, em audiência pública, que a declaração do acusado é voluntária e que foi prestada sem coação, ameaça ou promessa (cláusula *d*).

No sistema da *plea bargaining*, a negociação não tem limites. Quando o acusador altera a qualificação jurídica dos fatos, mediante o reconhecimento da culpabilidade, para um tipo penal menos grave, a negociação recebe o nome de *charge bargaining*. Isto ocorre com freqüência na negociação de um roubo para furto, de um homicídio doloso para um homicídio culposo, de tráfico para consumo de drogas. Quando o acusador, sem alterar a qualificação jurídica, negocia unicamente o cumprimento de uma pena menos grave, ou a mais leve das várias que

---

celona: Bosch, 1998, p. 197, refere que noventa por cento das condenações são obtidas mediante uma declaração de culpabilidade.

[92] "La conformidad en el proceso penal", em *La Ley*, 1996, nº 5, p. 1052. Vid. AZAMBUJA, Carmem. *Magistrates' Court. Pequenas Causas Criminais Inglesas*. Porto Alegre: Editora da Ulbra, 1997, p. 17, não ser a *plea bargaing* uma característica do processo penal inglês, mas do americano, pois na Inglaterra vige a oficialidade da ação.

[93] Vid. DIEGO DIÉZ, Luís Alfredo. *Justiça Criminal Consensuada (algunos modelos del derecho comparado en los EE.UU., Italia y Portugal)*. Valencia: Tirant lo Blanch, 1999, p. 39. PRADO, Geraldo. *Transação Penal*. Rio de Janeiro: Lumen Juris, 2006, p. 97 e ss., uma abordagem acerca do contexto cultural da *plea bargaining*; SANTOS, Marcos Paulo Dutra. *Transação Penal*. Rio de Janeiro: Lumen Juris, 2006, p. 36 e ss., os modelos de Justiça Negocial, mormente as suas modalidades, nos EUA.

estão previstas, a negociação se denomina *sentence bargaining*. Também, é possível negociar-se, ao mesmo tempo, a qualificação jurídica, a sanção e, inclusive, a execução da pena ou o lugar e a forma do cumprimento. Nesses casos, estamos diante de uma negociação mista.[94]

> O Ministério Público não tem a obrigação de negociar com a defesa, mas dispõe de amplíssimas faculdades acusatórias e de apresentação de ofertas ao acusado. Não é raro negociar-se a exclusão da acusação contra familiares ou amigos do imputado, em troca de um reconhecimento de culpa, ou a desconsideração dos antecedentes penais, ou não considerar o interrogatório que acusa outras pessoas contra o declarante. Verifica-se também o fenômeno da overcharging, ou seja, o Ministério Público, com a finalidade de obter um bom acordo e uma condenação, força a acusação, incluindo uma grande quantidade de fatos, ou qualificando-os para tipos penais mais graves. Também, a doutrina critica este sistema por servir como manipulação política para negros e pobres, levando a uma condenação dos menos experientes, mais suscetíveis de concordar com os favores da acusação. Ainda, o Ministério Público negocia quando não tem um "bom caso", ou seja, quando a prova não o favorece.

Os acordos – *agreements* – são submetidos ao juiz que, mesmo com a possibilidade de não aceitá-los, e inclusive de suspender o cumprimento da condenação por certas condições, num determinado período de tempo – *probation* –, se limita a homologá-los. Como regra, estas modalidades de reconhecimento de culpa são efetuadas mediante o simples preenchimento de um formulário. É possível que o acusado retire a declaração de culpabilidade, mas o acordo homologado somente pode ser desconstituído quando ocorrer algum vício de vontade do imputado, o que se interpreta restritivamente, como ocorreu nos casos *Brady v. Unites States* e *North Carolina v. Alford*.[95]

> A regra número 11 da *Federal Rules of Criminal Procedure for the United States District Courts* estabelece várias garantias ao acusado, tais como a defesa técnica, o direito a não declarar-se culpado, de ser julgado por um Tribunal do Júri. Também, a Corte poderá reconhecer que a declaração de vontade não é livre, sem contudo intervir nela.

Observe-se que, no sistema inglês, o Ministério Público "não transaciona com a matéria penal (*plea bargaining*). Isso somente acontece nos EUA. No sistema inglês, o réu pode ser ético e colaborar com a justiça, dizendo-se culpado e facilitando a máquina estatal na apuração da ofensa, apenas conferindo a validade disso para impedir uma auto-acusação, aplicando-se desde logo a penalidade". Portanto, diante da

---

[94] Vid. DIEGO DIÉZ, L. A. *Justicia Criminal*..., cit., p. 42 a 46; MARTÍN OSTOS, José. "La conformidad...", cit.., 1996, nº 5, p. 1052.

[95] Vid. FAIREN GUILLÉN, Víctor. "Autodefensa, autocomposición, pacto, contrato, proceso (la defensa)", em *Estudios de Derecho Procesal, Civil, Penal y constitucional III*. Madrid: Edersa, 1992, p. 81.

regra da oficialidade da ação, não se pode dizer que no sistema inglês existe o princípio da oportunidade. Além do mais, a matéria é publicizada e submetida a controle judicial, evitando-se os acordos *under the table*. O senso ético de responsabilidade individual e de reparação da vítima informa o paradigma inglês das infrações de menor potencial ofensivo.[96]

11.4 – Natureza jurídica

A verdadeira índole da transação criminal emerge quando se analisa o ato processual pelos diversos prismas de atuação dos sujeitos nele envolvidos, bem como seus efeitos. Segundo Carnelutti, a transação é um ato complexo, uma espécie do gênero autocomposição, efetuada pelas partes. A heterocomposição se diferencia porque é levada a cabo pelo órgão judicial.[97] Por sua vez, Alcalá-Zamora y Castillo refere que a palavra *autocomposição* se decompõe em *auto* – realizada por obra de um dos litigantes –, e em *composição* – solução, resolução, ou decisão do litígio –, diferentemente da solução tomada por um juiz no final do processo.

O Ministério Público não está desistindo e nem renunciando à pretensão acusatória, mas deduzindo uma pretensão alternativa à acusatória comum, ainda que de forma oral. Tampouco se pode dizer que houve o reconhecimento da pretensão acusatória, pois a transação penal impede o seu nascimento, num primeiro momento processual (art. 76), ou sua sustentação, num segundo momento processual (art. 79). O juiz, mesmo que não possa modificar o acordo criminal, analisa a presença dos requisitos legais e individualiza a sanção, pois o direito de punir pertence a ele, e não às partes. Assim, a transação criminal não representa uma autocomposição pura do litígio, como ocorre no processo civil. Ademais, o direito de punir não está na esfera de disponibilidade das partes, havendo um controle efetivo da transação, cuja extensão pode ser alterada pelo juiz.

De outra banda, o autor do fato, no momento em que negocia a proposta do Ministério Público e aceita cumprir uma pena alternativa, está exercendo seu direito de defesa. É uma técnica defensiva, pois o autor do fato tem a opção de negar-se a negociar, bem como de não

---
[96] Vid. AZAMBUJA, Carmem, op. cit., p. 51 a 57.
[97] *Instituciones de Derecho Procesal Civil*. México: Editorial Pedagógica Iberoamericana, 1997, p. 24.

aceitar o que lhe está sendo proposto. A aceitação situa-se dentro da esfera da regulamentação de um juízo de oportunidade pois, sem aceitação do autor do fato, não há acordo. Entretanto, atribuir à transação criminal unicamente a natureza jurídica de técnica defensiva, não representa toda a sua essência.

Presentes os requisitos legais, o Ministério Público deverá deduzir a pretensão alternativa, propondo a aplicação de multa ou de pena restritiva de direitos. Não sendo possível, deduz uma pretensão acusatória comum. Após, na próxima audiência, o acusador poderá deixar de sustentar a pretensão alternativa, modificando a espécie e os efeitos, conforme determina a lei. Satisfeitos os pressupostos legais, o oferecimento de uma ou de outra pretensão não está na esfera de disponibilidade subjetiva do acusador, mas se constitui numa obrigação legal.

O autor do fato tem o direito garantido, sempre que estejam satisfeitos os requisitos legais, a uma situação mais favorável. Compete ao juiz julgar a manifestação do Ministério Público, pois exerce a função de garantidor dos direitos e das liberdades fundamentais.

A decisão do juiz ao julgar o consenso das partes é homologatória. Não se trata de uma sentença condenatória, nem absolutória, pois não houve investigação nem instrução contraditória. A multa ou a restrição de direitos se constituem em penas diferenciadas, embora guardem a índole de reprovação jurídica.

Prima facie, parece haver contradição na defesa da idéia de que se trata de uma sentença homologatória e, ao mesmo tempo, ser de natureza criminal a medida aplicada. Isto se justifica porque estamos diante da aplicação de uma pena, por força da incidência do *jus puniendi* do Estado, através do devido processo constitucional. Não se está diante de uma pena pronunciada depois da dedução ou da sustentação de uma pretensão acusatória. O que impede a existência da reprovabilidade criminal sem condenação? Certamente não é o estado de inocência, o qual persiste, nem o devido processo, o qual é observado. Portanto, uma contradição unicamente pode ser atribuída a uma possível visão repetitiva, a um raciocínio encoberto pela ausência da capacidade de pensar. A regra constitucional legitima a aplicação de uma pena proporcionada, sem os efeitos de uma condenação.

Quiçá, o melhor seria decompor a transação penal em diversos atos, analisando-se a natureza jurídica de cada um em separado. Assim, a atuação do Ministério Público não é uma manifestação pura do princípio da oportunidade, ou seja, de uma opção sua em deduzir ou não uma pretensão alternativa, mas uma atuação determinada pela lei.

A defesa não está obrigada a aceitar a proposta ou a negociar, motivo por que sua atuação se insere no exercício da defesa do *status libertatis*, de um poder de disposição defensivo, nas hipóteses previstas em lei. O juiz é o guardião dos direitos fundamentais, motivo pelo qual deve julgar o acordo e fazer que se cumpra a alternativa penológica, ou seja, de uma pena sem os efeitos estigmatizantes de uma condenação. Por isto, a transação criminal é um ato processual complexo, que envolve a obrigatoriedade do acusador de deduzir a pretensão alternativa ou de não sustentar a pretensão acusatória comum, satisfeitos os requisitos legais; a opção defensiva em cumprir a sanção alternativa, sem os efeitos da pena aplicada após um juízo condenatório ordinário, e o controle judicial na análise dos pressupostos e na dosimetria.

11.5 – Requisitos: homologação judicial, direito público subjetivo do réu, ausência de condenação por crime, sentença transitada em julgado, carência de cinco anos, aceitação, infração penal de menor potencial ofensivo, publicidade, ação processual penal, desclassificação, oportunidades

Primeiramente, analisaremos os pressupostos da aplicação da pena alternativa relacionados com a intervenção dos sujeitos: polícia, órgão judicial, Ministério Público, advogado, participação leiga, acusado e vítima. Posteriormente, serão enfocados os requisitos objetivos, ou seja, essencialmente o que constitui uma infração de menor potencial ofensivo. Já se parte do pressuposto da afirmação e da admissibilidade de autoria e existência de uma infração criminal, com todos os seus elementos aptos à censurabilidade penal.

A função da autoridade policial se restringe a constatar a autoria, a materialidade e as demais circunstâncias fáticas do evento, consubstanciadas no termo circunstanciado. Não está obrigada a proceder uma investigação como o faz nas demais infrações criminais. Sua atuação é indiciária, pois o Ministério Público poderá entender que se trata de um fato criminal mais grave e determinar a continuação das investigações. O provimento acusatório também não fica adstrito à atuação policial quando a investigação constata a existência de um determinado delito não abrangido pela Lei 9.099/95 e o Ministério Público entender diversamente.

O órgão jurisdicional competente para processar, julgar e executar as infrações criminais de menor potencial ofensivo é o do lugar onde foi praticada a infração criminal. Conseqüentemente, a aplicação de uma medida alternativa é realizada por um juiz predeterminado, competente. Aplica-se a teoria da atividade.

A proposta de aplicação de uma medida alternativa, como regra, é do Ministério Público. No entanto, quem detém a *potestade* jurisdicional de aplicar e dizer o direito ao caso concreto é o juiz, sob pena de este ser transformado em uma simples peça decorativa ou homologatória, inclusive de acordos sobre fatos que não sejam típicos. Por isso, antes de o juiz homologar a transação criminal, deverá analisar se estão presentes os requisitos autorizadores do exercício de uma pretensão acusatória. Do art. 76, § 4º, da Lei 9.099/95 se infere que o juiz aplicará uma sanção alternativa quando a mesma for procedente, pois consta expressamente: "acolhendo a proposta do Ministério Público aceita pelo autor da infração, o juiz aplicará...". Mesmo assim, nas hipóteses de aplicação de uma multa, o juiz poderá reduzi-la até a metade (art. 76, § 1º).

A decisão que reduz a multa deverá ser motivada, conforme determina o art. 93, IX, da CF. A redução não é obrigatória, dependendo das circunstâncias fáticas constantes no termo circunstanciado, e nas que surgirem em juízo. Em suma, o juiz analisará se a redução da multa é suficiente e necessária à reprovação jurídica, fundamentando sua decisão.

No entanto, o juiz não poderá modificar o objeto da transação, aplicando uma multa quando foi acordada uma medida restritiva de direitos. É atribuição do juiz analisar se estão presentes os requisitos da aplicação da medida alternativa. Por isto homologará ou não o acordo, medindo a sanção.

Uma das polêmicas criadas com o advento da Lei 9.099/95 relaciona-se com a possibilidade de o juiz, diante da inércia do Ministério Público, aplicar a medida alternativa, com a anuência do autor do fato. A primeira impressão que se tem é de que isto não seria possível, pois vulneraria o princípio acusatório, o qual determina a distribuição e divisão de funções entre os diversos sujeitos processuais. Entretanto, temos que considerar o fundamento da existência do princípio acusatório, os direitos do réu e os efeitos específicos da medida alternativa.

Quando o Ministério Público pede a designação da audiência preliminar, exerce a ação processual penal, por ter provocado a jurisdição, admitindo a possibilidade de aplicação da medida despenalizadora.

Caso tivesse entendido não se tratar de uma infração penal de menor potencial ofensivo, não atuaria dessa forma. Mesmo assim, não se pode negar a alternativa à pena privativa de liberdade proposta pela acusação e aceita pelo autor do fato, quando preenchidos os requisitos legais. Ademais esta não tem os efeitos de uma sentença penal condenatória. Um dos fundamentos da existência do princípio acusatório é evitar o julgamento por quem detém a função de acusar e a acusação por quem tem o dever de julgar, mas não que o juiz garanta os direitos fundamentais do acusado – alternativa a uma pena privativa de liberdade –, e a proteção contra os efeitos de uma condenação. O juiz, ao indicar a alternativa ao autor do fato, ou aceitar que o mesmo a solicite na audiência, não está exercendo uma atribuição específica e institucional do Ministério Público.

O Ministério Público detém a exclusividade do exercício da ação processual penal pública e da dedução da pretensão acusatória nessa espécie de ação, podendo requisitar diligências à autoridade policial para iniciar ou completar a investigação. Por isso, coerente com o sistema, o legislador sinalizou exercer o Ministério Público a pretensão de aplicação de uma medida alternativa, o que, presentes os requisitos legais, se constitui em um poder-dever. Também é quem, diante da complexidade ou de outra circunstância impeditiva da dedução de uma pretensão, através do processo sumariíssimo, solicita ao juiz que o trâmite ocorra por outro rito processual, em outro juízo (art. 77, § 2º), exercendo um primeiro juízo da dimensão dos fatos e das circunstâncias. Evidentemente que cabe ao juiz aceitar ou não o pedido do Ministério Público, de forma fundamentada.

A pretensão do Ministério Público é a de aplicação de uma das medidas alternativas. Sua extensão compete ao órgão que ostenta a potestade jurisdicional. Assim, o juiz estabelecerá o *quantum* da multa, sua duração e a forma de cumprimento das medidas restritivas de direitos.

Ao Ministério Público não foi concedido um poder discricionário, uma faculdade subjetiva de exercer uma pretensão acusatória comum ou uma pretensão alternativa, mas uma alternativa legal, diante de determinados requisitos previamente estabelecidos. A opção unicamente se localiza no plano abstrato da *law in book,* mas não no plano concreto, da *law in action*. No momento de analisar as circunstâncias fáticas, o acusador não tem opção, mas a obrigação de propor a solução mais favorável ao acusado.

A negativa ou inércia do *parquet* não pode ser suprida com a remessa do expediente ao Procurador-Geral, numa interpretação analógica ao art. 28 do CPP, pois este se aplica quando o juiz não aceita o pedido de arquivamento, por entender que estão presentes os pressupostos para a dedução de uma pretensão acusatória, justamente o contrário do que ocorre com a inércia ou negativa ao oferecimento de uma medida alternativa. No caso do art. 28 do CPP, o Ministério Público não quer deduzir a pretensão acusatória comum, mas na hipótese de não propor a medida alternativa ou de se manifestar ser esta incabível, quer deduzir ou manter a pretensão acusatória comum.[98] Porém, a posição consolidada nos Tribunais Superiores é de que se trata de poder discricionário da acusação, não podendo o magistrado propor ou aplicar as medidas alternativas, devendo socorrer-se do art. 28 do CPP, analogicamente.[99] E, no caso da infração que se processa mediante ação penal privada, que não tem aplicação o art. 28 do CPP? Os que subscrevem ser a aplicação das medidas alternativas um poder discricionário do acusador, suprimirão um direito do acusado e qualquer forma de controle sobre o poder e eventual abuso do poder de acusar.

A presença do advogado na audiência em que será proposta a aplicação da medida alternativa é obrigatória. O legislador determinou que o advogado do autor do fato deverá ser intimado das audiências (arts. 68 e 76). A audiência preliminar e o acordo criminal somente se realizam com a presença de advogado, cabendo ao juiz a nomeação de defensor público ou advogado dativo ao autor do fato. A presença do advogado é obrigatória, pois é quem orientará o autor do fato sobre a conveniência de aceitar ou não a medida alternativa, e sobre as possibilidades de uma condenação ou de uma absolvição.

Sem a presença do autor do fato e também sem a sua aceitação, não haverá acordo criminal. O envolvido tem o direito de manter a sua inocência, através da prestação jurisdicional final. A aceitação ou não situa-se na esfera de um juízo de conveniência do próprio envolvido. Para isso se faz mister um eficaz esclarecimento do juiz togado, e uma eficiente orientação da defesa técnica. Havendo divergência entre o envolvido e a defesa técnica, cabe ao magistrado solvê-la; persistindo,

---

[98] Vid. PRADO, Geraldo e CARVALHO, Luís Gustavo Grandinetti. *Lei dos Juizados Criminais. Comentários e Anotações*. Rio de Janeiro: Lumen Juris, p. 111, acerca da impropriedade da aplicação do art. 28 do CPP.

[99] Vid. STF, RE 468.161, Rel. Min. Sepúlveda Pertence, DJ de 31.03.2006, o entendimento de que ao magistrado está vedado propor as medidas alternativas, tendo aplicação o art. 28 do CPP. Inclusive, no que tange à suspensão condicional do processo, a questão está disciplinada na Súmula 696 do STF: reunidos os pressupostos legais permissivos da suspensão condicional do processo, mas recusando o promotor de justiça a propô-la, o juiz dissentindo remeterá a questão ao Procurador-Geral, aplicando-se por analogia o art. 28 do CPP.

há que ser reconhecida a vontade pessoal do envolvido, em razão da essência pessoal do ato.[100]

Para que o acusado tenha direito à alternativa legal, não poderá ter sido beneficiado pela transação penal nos últimos cinco anos. Cinco anos é o prazo de carência à nova possibilidade de transação criminal. Formas de controle haverão de ser estabelecidas à comprovação da aplicação das medidas alternativas, dos acordos, evitando-se que a mesma pessoa seja beneficiada mais de uma vez pela transação criminal em curto período. O legislador não esclarece se os cinco anos se contam da data da aplicação da medida ou de seu cumprimento. Diante desta evidente obscuridade, como tantas que foram deixadas nesta lei, a interpretação deverá ser a mais ampliativa, por se tratar de norma não-proibitiva. Assim, os cinco anos deverão ser contados a partir do trânsito em julgado da decisão que homologa ou aplica a medida despenalizadora (art. 76, § 2º, II).

O autor do fato não pode ter sido condenado por um delito, a uma pena privativa de liberdade, para que tenha direito à sanção alternativa. Portanto, a condenação por uma contravenção, ou a uma pena não-privativa de liberdade por outro crime, não impede a aplicação da medida despenalizadora. Mesmo assim, a existência de uma sentença criminal, sem o trânsito em julgado, não impede, por si só, a concessão da alternativa penológica (art. 76, § 2º, I). A sentença condenatória impede o benefício até que esteja produzindo os seus efeitos, ou seja, até os cinco anos do cumprimento da condenação, ou da extinção da punibilidade (art. 64, I, do CP)[101].

Ainda, a aplicação da pena de multa ou da restritiva de direitos deve ser suficiente à reprovação jurídica (art. 76, § 2º, III). O merecimento da alternativa legal é informado pelos antecedentes, pela conduta social, pela personalidade do autor do fato, além dos motivos e das circunstâncias da infração penal. A justa medida – Larenz – visa a proibir o excesso dos efeitos comuns de uma pena criminal.

> A falta de capacidade do Estado de controlar as transações penais, dificulta a análise dos impeditivos à concessão da mesma, havendo uma ampla margem de discricionariedade na análise dos antecedentes, da conduta social e da personalidade do autor do fato. Impera uma absoluta interpretação subjetiva.

---

[100] Vid. ZANATTA, Airton. *A Transação Penal e o Poder Discricionário do Ministério Público*: Porto Alegre: Fabris, 2001, p. 68.

[101] Vid. STF, HC nº 86.646/SP, Rel. Min. Cezar Peluso, DJ de 09.06.06, no sentido de que "o limite temporal de cinco anos, previsto no art. 64,I, do CP, aplica-se, por analogia, aos requisitos da transação penal e da suspensão condicional do processo".

Admite-se a transação penal nas infrações penais de menor potencial ofensivo, ou seja, nos crimes cuja pena privativa de liberdade máxima cominada não seja superior a dois anos, independentemente de rito e de previsão de multa ou outra pena no tipo penal, bem como em todas as contravenções penais.

As partes poderão acordar a aplicação de uma pena de multa ou de uma pena restritiva de direitos, previstas no ordenamento jurídico. O Ministério Público não poderá propor uma pena restritiva de direitos não prevista em lei, e tampouco uma pena de multa fora dos limites legais. É de ser aceita a prestação social alternativa prevista no art. 5º, XLVI, da CF – donativo de alimentos, vestuário, *v.g.* –, como sanção alternativa.

É necessário que o juiz faça uma dosimetria da pena? Embora a aplicação da pena seja uma função exclusiva do juiz, não há nenhum impedimento ao consenso sob uma pena de multa já determinada, por exemplo, de um salário mínimo, ou de que prestará determiandos dias de trabalho a uma entidade pública.

Outro requisito especial é a publicidade da transação penal. Não é de ser admitido o que ocorre na *plea bargaining,* ou seja, a negociação sem a presença do juiz, nos corredores dos tribunais e nos gabinetes do Ministério Público. A proposta de aplicação de uma medida alternativa se realiza em ato público, precedido da convocação do Ministério Público, do autor do fato, da vítima, advogados e representantes legais (art. 72). Ainda, o art. 64 da mesma lei determina a publicidade dos atos processuais.

> Por puro utilitarismo, antes da convocação da audiência preliminar, em algumas situações há proposição de aplicação da medida alternativa por escrito, com intimação do autor do fato para aceitar ou não. Uma vez aceita, o juiz a homologa, sem a realização de um ato público, com evidente prejuízo à antecedente e obrigatória tentativa de composição dos danos cíveis, à transparência e à publicidade do ato processual.

É de se admitir a possibilidade da transação penal também nas infrações que se processam mediante ação penal privada, apesar da falta de referência expressa do art. 76 da Lei 9.099/95, como por exemplo nos arts. 163 e 345 do CP, bem como nos crime que atingem a honra.[102] Isso porque não existe proibição expressa, mas tão-somente a enunciação de seus efeitos. É nessas infrações onde se verifica uma maior amplitude do poder de disposição das partes, no que se refere ao exercício da

---

[102] Nesse sentido, ANDRIGHI, Fátima; BENETI, Sidnei. *Juizados Especiais Cíveis e Criminais.* Belo Horizonte: Del Rey, 1996, p. 135. GRINOVER, Ada Pellegrini *et al. Juizados Especiais Criminais.* São Paulo: RT, 1999, p. 259; STJ, RHC 13.337, Rel. Min. Félix Fischer, DJ de 13.08.2001.

ação, dedução e sustentação da pretensão acusatória. Poderá inexistir acerto entre o autor do fato e a vítima acerca da indenização dos danos, cingindo-se o interesse, então, na esfera criminal, somente na aplicação de medida alternativa. Ainda, a preferência da vítima pode restringir-se à obtenção de uma sentença condenatória, devido às consequências na área cível. Isso não implica perempção, pois o envolvido ainda não deduziu sua pretensão, e a ação não foi proposta.

Portanto, a transação penal cabe tanto nas infrações que se processam por ação penal de iniciativa pública, quanto nas de iniciativa privada, embora de difícil ocorrência nessas últimas. Como defendo ser a aplicação das alternativas penológicas da multa e das restritivas de direito (transação penal) um direito do autor do fato, preenchidos os requisitos legais, o qual deverá ser garantido pelo magistrado, inclusive com sua atuação de ofício, nesses casos, em função da garantia, admito, nos casos de infração processável por queixa-crime, além da iniciativa do querelante, a do Ministério Público (Fiscal da Lei) e do magistrado (garante dos direitos). Porém, o entendimento dos Tribunais Superiores é de que a iniciativa é exclusiva do querelante.

Verificada a hipótese desclassificatória para uma infração penal de menor potencial ofensivo, mediante decisão interlocutória, o magistrado propiciará a aplicação da composição civil e da transação criminal, propiciando a composição civil e a aplicação das medidas alternativas, posição já defendida na edição anterior, agora consolidada nos Tribunais Superiores.

Outro requisito é a obrigatoriedade da tentativa de composição dos danos de natureza civil, materiais e/ou morais, em face dos reflexos na ação processual penal. Inclusive, a Lei 9.605/98 (crimes ambientais), estabelece a composição do dano ambiental como prévia condição da transação penal.

No que diz respeito aos requisitos de atividade, cabe referir os momentos processuais em que o acordo pode ser exteriorizado. Os pressupostos de lugar, tempo e forma podem ser analisados conjuntamente. Após a atuação da autoridade policial e remessa do expediente investigatório ao Judiciário, o processo se divide em duas fases. Na primeira audiência poderão ser praticados os seguintes atos: composição civil, representação, transação criminal, citação e intimação. Na segunda audiência, os dois atos conciliatórios poderão ser renovados, a defesa oferece a resposta e, com o recebimento da peça incoativa, são inquiridas a vítima e as testemunhas. Realizado o interrogatório, seguem os debates orais e a sentença.

Uma interpretação restritiva da lei nega a possibilidade de ocorrer uma transação penal após os dois momentos processuais referidos. Entretanto, devemos considerar os fundamentos da aplicação das medidas alternativas, tanto o de evitar o estigma do processo, como o de aplicar uma pena privativa de liberdade. Assim, é razoável que, sempre que haja acordo entre as partes, até o trânsito em julgado da sentença, seja possível o acordo criminal.

11.6 – Atuação do magistrado: conciliador, garantidor do direito subjetivo do autor do fato

Embora tenha sido analisada a atuação do magistrado, por sua importância, destacamos não emitir, ao aplicar/homologar as alternativas penológicas, um juízo de censurabilidade (sentença penal condenatória) sobre a conduta do autor do fato, pois este somente poderá ser efetuado após ser positivado o juízo de culpa *lato sensu*, situação ausente quando há apenas homologação da vontade das partes. O magistrado atua como garante dos direitos e, especificamente na esfera da Justiça Consensual, também como conciliador, alertando as partes acerca da aplicabilidade das alternativas à pena privativa de liberdade.

> É inadmissível o que ocorre no sistema americano, onde o magistrado se limita, sistematicamente, a homologar os resultados dos acordos entabulados entre a acusação e a defesa.[103]

O juiz togado homologa a manifestação do acusador e do envolvido no fato, dosando a medida, sem emitir um juízo de culpabilidade, justificando-se a rejeição do acordo ou recusa de homologação, quando não houver possibilidade de dedução de uma pretensão acusatória, inclusive por falta de justa causa (ausência de punibilidade concreta, fato atípico, ausência de suporte probatório mínimo, v.g.) ou de outros requisitos legais (ausência de representação nos casos em que a infração seria processável por ação penal pública condicionada, v.g.).

O magistrado formulará a proposta de aplicação de medida alternativa quando houver inércia do Ministério Público, no seu não-comparecimento ou na recusa imotivada deste. Com isso se garante o direito público subjetivo do acusado e o princípio da submissão de

---

[103] FIGUEIREDO DIAS, J. e COSTA ANDRADE, M. *Criminologia...*, cit., p. 474.

todos os atos ao Poder Judiciário (art. 5º, XXXV, da CF). É certo que não é função judicial propor a aplicação de uma sanção criminal. Entretanto, a medida proposta não se reveste dos consectários comuns de uma sanção criminal. O magistrado não está acusando, tampouco exercendo uma função típica do órgão acusador, mas garantindo ao cidadão a aplicação isonômica da lei, garantindo os direitos e as liberdades fundamentais, julgando, aplicando a lei. A exclusividade da ação penal ao Ministério Público (art. 129, I, CF) não afasta e tampouco se sobrepõe ao dever de prestar a jurisdição (art. 5º, XXXV, CF), deferido unicamente a quem é magistrado. Ao garantir um direito fundamental ao autor do fato, o juiz não está exercendo uma atividade acusatória, ao contrário, está impedindo o nascimento de uma pretensão acusatória. Porém, este não é o entendimento dos Tribunais Superiores, os quais se filiam à corrente de que se trata de ato discricionário do acusador, titular da ação penal, aplicando-se o art. 28 do CPP.[104]

11.7 – Atuação do Ministério Público: juízo provisório de culpabilidade, dedução de uma pretensão acusatória *sui generis*

A lei penal, a autoridade policial, os magistrados de primeiro grau e das instâncias superiores e também o Ministério Público exerce uma forma de controle formal do crime e da criminalidade; quiçá a mais abrangente. Isso se manifesta nas requisições de diligências, nos pedidos de arquivamento, nos pedidos de desclassificação e de absolvição, bem como na conformidade com o provimento jurisdicional.

É o presentante do Ministério Público quem verifica se é caso de arquivamento ou de remessa das peças ao juízo comum. Assim não se convencendo, faz a proposta de aplicação da medida alternativa. Sua atuação é na iniciativa da aplicação da sanção alternativa, isto é, na proposição desta. Aceita, o juiz togado a aplica. Portanto, a proposição é da medida, e não do *quantum* ou da forma de cumprimento.

Ao não pedir o arquivamento, ao não requerer a remessa das peças ao juízo comum, propondo a aplicação de medida alternativa, o Ministério Público não exterioriza um juízo de culpabilidade, provisório – dedução de uma pretensão acusatória –, ou definitivo, pois não denuncia e nem pede a condenação.

---

[104] Vid. Súmula 696 do STF e TSE, HC 523, Rel. Min. Cesar Asfor Rocha, DJ de 16.12.2005.

Na ausência do Ministério Público, desde que devidamente intimado, ou se presente e não formular proposta, o juiz poderá propor a aplicação das medidas alternativas, sob pena de haver negativa de adequada jurisdição e negativa de um direito do acusado. O recebimento de uma sanção alternativa, já na audiência preliminar, sem adesão a um possível processo criminal, não é faculdade do Ministério Público, mas direito público subjetivo do acusado. Assim, o próprio envolvido poderá postular a medida, ou o magistrado poderá propô-la, desde que haja inércia ou recusa imotivada do acusador (vid. entendimento diverso dos Tribunais Superiores). O magistrado é o garante dos direitos fundamentais no estado de direito.

> O prosecutor americano, de uma atuação praticamente inexistente, passou a ser o "protagonista do sistema" e, segundo Newman, via de regra, não leva a julgamento os casos em que: a) a condenação implica uma sentença muito pesada, sendo jovem o arguido, respeitável ou inexperiente e de menor gravidade a infração; b) a conduta, embora tecnicamente criminosa, não seja, em geral, considerada como moralmente reprovável; c) as práticas da polícia na obtenção da prova sejam provavelmente consideradas pelo tribunal ou pelo juiz como inadequadas ou mesmo mais censuráveis do que o comportamento do arguido, ou as circunstâncias que rodeiam a infração sejam de molde a incutir no ânimo do Júri a idéia de justificação ou atenuação do fato.[105] Há que se consignar que o prosecutor americano é eleito, luta para manter seu posto, agradando aos eleitores e, não raras vezes, sua atuação serve apenas de mais um degrau para galgar postos políticos. Age sob o manto da discricionariedade plena, dentro do princípio da oportunidade da ação criminal, podendo até recusar o processo por entender improcedente a participação da polícia, via de regra por ter colhido a prova sem as garantias constitucionais.[106]

A ação penal foi exercida pelo Ministério Público no momento em que provocou a manifestação jurisdicional. Ao propor a aplicação de uma pena de multa ou restritiva de direitos, exerceu uma pretensão acusatória *sui generis*, pois a consequência jurídica não é a de uma sentença de condenação. Existe dedução de uma pretensão, pois, para propor a pena, o Ministério Público deverá dizer qual o fato e sua qualificação jurídica, mesmo de forma provisória. Ademais, o fato poderá ser atípico, ou a qualificação jurídica não ser a de uma infração penal de menor potencial ofensivo. A legalidade e as circunstâncias fáticas demonstradas indicarão ao acusador a afirmação de uma pretensão acusatória comum ou de uma pretensão alternativa *sui generis*.

> A transação penal antes da formalização de uma pretensão acusatória reduz a incidência do fenômeno da *overcharging* – Ministério Público enquadra o fato num tipo penal

---

[105] FIGUEIREDO DIAS, J. e COSTA ANDRADE, M. *Criminologia...*, cit. p. 475 e 489.
[106] Idem, p. 476, 478 e 489.

de consequências graves para forçar uma declaração de culpa e uma negociação para fatos menos graves (sistema norteamericano) –, embora a edição da Súmula 337 do STJ revele a quantidade de casos objeto de desclassificação para infrações em que no momento do oferecimento da denúncia não cabia a suspensão condicional do processo. O mesmo fenômeno ocorre com a transação criminal. Isso revela a existência, ainda, de uma certa resistência às alternativas penológicas.

Em nosso sistema, o Ministério Público justificará as razões pelas quais não formulará a proposta de transação criminal, cabendo ao magistrado prestar a jurisdição, julgar procedente ou improcedente a recusa.

11.8 – Atuação da defesa: estratégia defensiva

O defensor orientará o envolvido acerca da conveniência ou não da aceitação da medida alternativa, das probabilidades de obter um provimento absolutório ou condenatório ao final, e até mesmo da suspensão condicional do processo, propondo, também, a discussão a respeito da transação penal, na inércia ou não-comparecimento do Ministério Público.

O envolvido aceitará ou não a medida proposta pelo Ministério Público. É um direito deste obter a prestação jurisdicional final do Poder Judiciário. Porém, recusando a medida alternativa, corre o risco de ver quebrada a sua inocência, através da declaração de culpa, com os consectários da perda da primariedade, dos bons antecedentes e dos reflexos no juízo reparatório. Emite um juízo de conveniência.

Quando o acusado resiste à pretensão acusatória comum, pode adotar uma estratégia defensiva: negativa total ou parcial dos fatos; discussão da qualificação jurídica; declara ou silencia; argúi ou não as questões processuais; solicita ou não a prática de atos probatórios; comparece ou não aos atos processuais; recorre ou não, etc. Diante da pretensão *sui generis*, o acusado tem unicamente duas opções: aceitar ou não a pena alternativa. Faz essa opção no exercício de seu direito de defesa, como já afirmado.

Não se trata de uma adesão pura e simples à pena proposta. Inicialmente, o acusado aceita a pretensão alternativa, pois se a nega, não se discute a espécie de pena. A vontade de negociar com a acusação indicará a anuência ou não à alternativa legal proposta. Portanto, o Ministério Público propõe a pena, a qual é discutida com o acusado e com seu defensor técnico. Inclusive, poderão já oferecer uma pena quantificada ao juiz, sem prejuízo de que este a modifique, pois a função de aplicá-la lhe pertence. No entanto, não poderá modificar a espécie de pena – multa ou restritiva de direitos.

Assim, para que haja transação criminal, faz-se necessário o consenso entre as duas partes, ante um órgão oficial, com potestade jurisdicional. O art. 76 da Lei 9.099/95 não se refere, especificamente, a uma transação criminal, mas à aplicação de uma pena alternativa proposta pelo Ministério Público. Assim, nem sempre haverá negociação entre as partes, para os que defendem ser, a alternativa penológica, um direito do autor do fato.

> A insustentável demanda judicial não justifica a prática utilitária existente de realização de audiências coletivas, onde os envolvidos ignoram o que ocorreu; de propostas de medidas alternativas por escrito, com supressão da audiência preliminar e da possibilidade da reparação dos danos; da ausência de esclarecimentos acerca das alternativas legais.

Havendo negociação, não se discute o fato, nem a qualificação jurídica. Parte-se de uma certeza processual da existência do fato, de que o aceitante é seu autor, e de que se trata de uma infração penal de menor potencial ofensivo.

O autor do fato, ao negociar e aceitar a pena alternativa, não está fazendo uma declaração de culpabilidade, como ocorre em alguns ordenamentos jurídicos (*plea gulty*). Em nosso sistema, a inocência somente é quebrada mediante uma sentença condenatória com trânsito em julgado, após um juízo produzido com todas as garantias processuais. O acordo criminal não afasta a inocência do autor do fato. Por isto, o legislador não tem atribuído à sentença que homologa o acordo os efeitos de uma condenação. Para haver pena criminal com todos os seus efeitos, é imprescindível a existência de um juízo de culpabilidade, proferido por um terceiro com potestade jurisdicional, e não pelas partes. Ainda, este juízo de culpabilidade não pode ser ditado sem o contraditório probatório.

O autor do fato, ao aceitar ou negociar a sanção, o faz no exercício de seu direito de defesa. Para ele, a melhor defesa poderá ser o cumprimento voluntário da medida alternativa, principalmente quando as circunstâncias fáticas lhe sejam desfavoráveis e enunciam uma provável condenação. O êxito no acordo criminal implica terminação antecipada do processo penal.

Entretanto, essa opção somente possui a defesa, dentro da esfera de seu poder de escolher a estratégia defensiva que o legislador prevê.

O Ministério Público, diante da existência dos requisitos legais para exercer a pretensão alternativa, não poderá solicitar o arquivamento ou deduzir uma pretensão acusatória comum. Sua atuação está limitada pelo legislador. Não incide o princípio de oportunidade em sua pureza, pois, tanto a atuação do acusador, como a da defesa, estão estabelecidos pela lei. O legislador regulamentou quando o acusador deve exercer a pretensão alternativa e quando a defesa pode optar entre sujeitar-se a um processo comum ou aceitar sua terminação antecipada.

Segundo o legislador, para que o juiz homologue o acordo criminal, não poderá haver colisão entre a autodefesa e a defesa técnica. Conforme já afirmado, por ser o autor do fato quem cumprirá a medida alternativa e quem optará por responder o processo tradicional ou não, prepondera sua manifestação volitiva, cabendo ao advogado a orientação técnica. Por isso, a aceitação da multa ou da pena restritiva de direitos não poderá ser feita através de procurador (personalíssima), mesmo que tenha poderes especiais.

11.9 – As penas restritivas de direitos

O CP considera como penas restritivas de direitos – incluídas pela reforma de 1984 e ampliadas pela Lei 9.714/98 –, a prestação pecuniária, a perda de bens e valores, a prestação de serviços à comunidade ou a entidades públicas, a interdição temporária de direitos e a limitação de fim de semana (art. 43).

Na forma em que estão previstas no CP, as penas restritivas de direitos são genéricas ou específicas, mas substitutivas e aplicáveis após a condenação, até mesmo na fase de execução criminal (art. 180 da LEP). No JECrim, a medida restritiva de direitos é aplicada autonomamente, independentemente dos requisitos do CP. O CTB, prevê a suspensão ou proibição de obtenção da permissão ou habilitação para dirigir veículo automotor como penalidade principal, isolada ou cumulativamente.

A prestação pecuniária consiste no pagamento à vítima, seus dependentes ou a entidades públicas ou privadas com destinação social, da importância entre um a trezentos e sessenta salários-mínimos, ou prestação de outra natureza, desde que haja aceitação. Por ser uma pena criminal, somente compensatória da pena civil quando coincidirem os beneficiários, deverá ser calculada segundo o binômio prevenção/reprovação – circunstâncias do art. 59 CP –, e de acordo com a situação econômica do autor do fato. Descabe a sua aplicação aos sujeitos em condições de efetuar o pagamento, por desvirtuar a função penológica.

A perda de bens e valores deverá estar relacionada com sua obtenção, em face de ilícito, ou do prejuízo causado, aplicando-se ao condenado e aos sucessores, nos limites do patrimônio transferido, nos termos do art. 5º, XLV, da CF, evitando-se o enriquecimento ilícito.

A prestação de serviços à comunidade ou a entidades públicas consiste no trabalho gratuito aos condenados à pena privativa de liberdade superior a seis meses, na razão de uma hora por dia de condenação, sem prejuízo da jornada normal de trabalho. Como na aplicação da medida alternativa não existe condenação, é possível ser acordada a prestação de serviços em todas as infrações penais de menor potencial ofensivo. Evidentemente que deverão ser consideradas as aptidões do condenado e as atividades laborais normais, de modo a não prejudicar a jornada normal de trabalho. Portanto, a medida restritiva de direitos guarda relação com a espécie fática e com as condições particulares do envolvido.

A limitação de final de semana implica restrição da liberdade, embora momentânea, justamente o que a Lei 9.099/95 quer evitar. Por ferir os princípios da Justiça Consensual, não tem aplicação neste âmbito alternativo.

Mesmo que seja difícil de ocorrer, não há qualquer impedimento para que se acorde acerca de alguma interdição temporária de direitos, evidentemente com a observância do art. 55 da CF. Embora estejam previstas como penas principais em alguns tipos do CTB, o autor do fato pode aceitá-las como sanção alternativa, em face da previsão expressa do art. 43 do CP. Assim, quando impostas após um juízo condenatório, possuem todos os efeitos de uma sentença penal comum, mas enquanto medida aceita como alternativa à pena privativa de liberdade, somente abrange os efeitos específicos da Lei 9.099/95.

A Lei 11.343/06 (drogas), em seu art. 48, § 5º, autoriza a aplicação das mesmas sanções previstas no tipo penal do art. 28 (advertência sobre os efeitos das drogas; prestação de serviços à comunidade; medida educativa de comparecimento a programa ou curso educativo) nas hipóteses de transação penal ao usuário.[107]

---

[107] Vid. item 26, acerca das particularidades da Lei 11.343/06.

O prazo, a forma e o local de cumprimento serão fixados pelo magistrado, conforme a necessidade e a suficiência da medida, independentemente de credenciamento ou não da entidade ou programa assistencial.

11.10 – A multa

Na doutrina e na legislação encontramos quatro sistemas acerca da pena de multa: temporal, tradicional, dias-multa e o igualitário.

No sistema temporal ou escalonado, a multa consiste no pagamento, pelo condenado, por dia, semana ou mês, de certa importância em dinheiro, permanecendo tão-somente com o necessário para sobreviver. No sistema tradicional, global ou clássico, a multa corresponde a uma quantia fixa em dinheiro, conforme a gravidade da infração criminal e a situação econômica do réu. No sistema igualitário, a pena corresponde ao efetivo dano causado à vítima, ou ao benefício auferido pelo acusado. Já o sistema dos dias-multa ou escandinavo, adotado na Finlândia, Suécia, Cuba, Dinamarca, Alemanha, Áustria e Brasil, a multa é fixada em dias-multa, conforme a gravidade do delito, e o valor de cada dia-multa é fixado de acordo com a situação econômica do imputado.[108]

Na dosimetria da multa, primeiro fixa-se o número de dias-multa entre o mínimo de 10 e o máximo de 360, com base na gravidade da infração, nas circunstâncias judiciais, legais e causas especiais. Numa segunda etapa, com base na situação econômica do envolvido, é fixado o valor de cada dia-multa, não inferior a um trigésimo do salário mínimo vigente na época do fato, e nem superior a cinco vezes esse salário (arts. 49 e 60 do CP).[109]

Um dos objetivos da fixação em dias-multa é a determinação da forma de conversão em pena privativa de liberdade. Como a multa não pode mais ser convertida em pena privativa de liberdade, pode ser estipulada, observados os critérios da gravidade e da situação econômica num valor determinado, aplicando-se a redução do art. 76, § 1º, da Lei 9.099/95.

Existem argumentos favoráveis e contrários à aplicação da pena de multa. Dentre os primeiros, podemos destacar: a) não afasta o condenado de suas atividades laborativas; b) aumenta a possibilidade de

---

[108] SAVEDRA, Edegar R. *Penas pecuniárias*. Bogotá: Editorial Temis, 1994, p. 36 a 42.
[109] Vid. item 26 acerca das particularidades da Lei 11.343/06.

recuperação, o que a pena privativa de liberdade raramente alcança; c) diminui os custos ao Estado; d) considera a situação econômica do condenado; e) permite a reparação do erro judiciário com a devolução do que foi pago. Podemos destacar os seguintes argumentos contrários: a) diferenciação entre ricos e pobres na aplicação; b) possibilidade de um terceiro efetuar o pagamento; c) grande parte dos acusados é insolvente; d) locupletamento do Estado com sua própria ineficiência preventiva; e) fonte de impunidade diante de réus miseráveis; f) impossibilidade de ser convertida em restrição de liberdade.[110]

11.11 – A prestação social alternativa

Prima facie, parece que, considerando o princípio constitucional da reserva legal e a não-especificação de outras medidas alternativas pelo legislador, é vedado ao magistrado aplicar medida restritiva diversa da prevista no ordenamento jurídico. A Lei 9.099/95 não especificou outras medidas alternativas. Ocorre que a própria CF estabelece a possibilidade de a lei adotar a prestação social alternativa. Embora a Lei 9.099/95 não tenha contemplado expressamente essa possibilidade, por não ter os efeitos próprios de uma sanção criminal, sempre que uma medida alternativa atender aos interesses do envolvido e aos fins da cidadania, é de ser admitida – entrega de alimentação, vestuário, remédios a instituições carentes, *v.g.* Isso não implicará quebra do princípio da legalidade.

O princípio da legalidade, por se constituir numa garantia protetiva dos jurisdicionados frente ao *ius puniendi*, somente pode servir de limite às normas incriminadoras, limitadoras da potestade punitiva dos direitos e das liberdades fundamentais.

O princípio da legalidade tem um significado mais amplo que o *nullum crimen, nulla poena sine lege*, pois alcança, em seu sentido material, a garantia de proteção dos jurisdicionados frente ao *ius puniendi* do Estado, tanto na esfera do direito material (garantias criminal, penal, penitenciária), quanto no âmbito de direito processual (garantia jurisdicional). Ademais, este princípio serve como fundamento do limite da potestade punitiva, como limite do poder político e do poder jurídico, mas não dos direitos e das garantias individuais, do *status libertatis*, admitindo-se, nessa linha, as causas supralegais de exclusão de tipicidade, de ilicitude e de culpabilidade, e a aplicação de outros

---

[110] Em SAVEDRA, E. R., op. cit. p. 50.

benefícios aos acusados, desde que não vedados expressamente pela legislação ordinária e inferidos da CF.

11.12 – Homologação

Havendo aceitação da proposta, preenchidos os requisitos, ao autor do fato não pode ser negada a alternativa penológica, cuja homologação da emissão volitiva não induz quebra da inocência. A medida a ser aplicada é uma "sanção consentida". Por isso é que não pode ser analisada à luz da eficácia comum da sentença que aplica a pena, pois é uma medida criminal *sui generis*, advida de um processo dialógico, sem contraditório, sem acusação formal e sem dilação probatória.

A sentença é homologatória, pois chancela a vontade do Ministério Público e do envolvido. Poderá haver a determinação judicial da extensão e a forma de cumprimento da medida – ordena o cumprimento do que aceitou.[111] Mesmo admitindo-se que o autor do fato possa postular a aplicação da medida alternativa, ou o magistrado aplicá-la de ofício, após aceitação do autor do fato, a sentença não será condenatória, mas meramente homologatória da manifestação volitiva dos interessados.

A homologação da transação penal há de ser feita no momento do acordado e não posteriormente ao cumprimento do acordo, sob pena de constrangimento ilegal, na medida em que o autor do fato estaria cumprindo uma medida criminal sem homologação judicial[112]. Porém, o STJ admite tal possibilidade, situação na qual entende que, diante do descumprimento, o Ministério Público poderá deduzir a pretensão acusatória.

11.13 – Efeitos criminais: terminação antecipada do processo, não gera antecedentes criminais, incidência proporcional do *ius puniendi*, desclassificação.

O encurtamento da fase investigatória não depende da transação criminal, pois é um pressuposto do próprio processo sumariíssimo, que não exige uma investigação completa para iniciar.

---

[111] Para GOMES, Luiz Flávio. *Suspensão Condicional do Processo*. São Paulo: RT, 1997, a sentença é condenatória imprópria; para BITENCOURT, Cezar Roberto, *Juizados Especiais Criminais e Alternativas à Pena de Prisão*. Porto alegre: Livraria do Advogado, 1977, p. 107, a sentença é declaratória constitutiva.

[112] Nesse sentido, STF, HC 88.616-7, Rel. Min. Eros Grau, j. 08.08.06.

Eventualmente, a transação penal poderá influir na produção da prova pericial, pois a autoridade policial não deverá aguardar a sua realização para enviar o termo circunstanciado ao juizado (art. 69).

A aceitação da medida alternativa à pena privativa de liberdade, prestada no primeiro momento processual, impede a dedução da pretensão acusatória ordinária, pois esta é oferecida quando não houver acordo civil impeditivo da ação penal e não se realizar a transação criminal na audiência preliminar (art. 77). Entretanto, o acordo criminal também pode ser prestado após a formalização da acusação comum (art. 79) e após a formação do juízo acerca da tipicidade adequada.

Independentemente do momento processual da ocorrência do acordo, houve provocação jurisdicional pela acusação. Portanto, foi exercida a ação penal. No momento em que o acusador propõe a aplicação de uma sanção alternativa, está deduzindo uma pretensão *sui generis*, devido à possibilidade de negociação e a ausência de conseqüências criminais de uma sentença condenatória. O acordo criminal, após a dedução de uma pretensão acusatória comum, opera uma mudança radical na pretensão, pois permite a seu autor alterar o *petitum*, com reflexos substanciais nas conseqüências jurídicas.

Não há disponibilidade sobre o fato no acordo criminal, independentemente do momento processual em que ocorra. Tampouco há alteração na qualificação jurídica, pois não pode haver transação criminal fora das infrações penais de menor potencial ofensivo. O que ocorre é um *petitum* alternativo – primeiro momento processual –, ou uma alteração *in bonam partem* do *petitum* – segundo momento processual –, com reflexos, em ambos os casos, nas consequências jurídicas, inclusive sobre o processo. Como conseqüência do exercício da ação, da aceitação da pena alternativa, no exercício defensivo, e da atuação jurisdicional, há processo.[113] Portanto, não há uma disponibilidade sobre o objeto do processo, tanto se o consideramos como sendo o fato – De la Oliva Santos –, como a pretensão – Guasp –, ou a satisfação jurídica de pretensões e de resistências processuais – Fairén Guillén.

Em qualquer das duas hipóteses, houve uma atuação com suporte na regulamentação de um juízo de oportunidade na modalidade de consenso.

O efeito imediato, do ponto de vista processual, é a terminação antecipada do processo. Não se produz nenhum outro ato processual.

---

[113] Segundo GRINOVER; GOMES; MAGALHÃES; SCARANCE FERNANDES. *Juizados...*, cit. p. 35, a aplicação da pena alternativa rompe com o sistema tradicional do princípio *nulla poena sine judicio*.

Nos dois momentos processuais previstos em lei, em que ocorre a transação penal, não se produzirá a defesa, a instrução contraditória, nem um juízo condenatório ou absolutório.

Diante da transação, o juiz não poderá acrescentar outros fatos, alterar a qualificação jurídica ou a espécie de pena aceita, pois resultam do consenso entre as partes. Sua função é a de admitir ou não a transação criminal, medindo a sanção acordada, conforme as determinações legais. Não é permitido que o juiz faça um juízo de mérito, pois não houve uma investigação de todas as circunstâncias fáticas, nem uma instrução contraditória. Não admitido o consenso, por ausência dos requisitos legais, o juiz determina o prosseguimento do processo. A não-homologação do acordo criminal ou sua tentativa frustrada não são causas impeditivas do prosseguimento do processo pelo rito sumaríssimo, no JECrim.

A aplicação da medida consensual não gera antecedentes criminais (art. 76, § 6º), nem reincidência, sendo registrada unicamente para fins impeditivos de um novo acordo nos próximos cinco anos (art. 76, § 4º). Portanto, a medida acordada não gera efeito de uma condenação ou de uma pena criminal dosada após um processo completo. Assim, não poderá ser decretada a perda ou o confisco de objetos utilizados na prática do fato.

A pena criminal clássica é aplicada após um juízo de culpabilidade, o que não ocorre na aceitação da pena alternativa. Por isso, a pena consensual não é uma pena em sentido próprio do Direito Penal. Não ocorre uma renúncia da incidência do *ius puniendi* do Estado, pois este é indisponível, e não pertence a determinados sujeitos. No momento em que se aplica uma medida prevista em lei, como reprovação jurídica ao autor de um fato criminal, houve incidência proporcional do *ius puniendi*. Portanto, a medida alternativa não gera os efeitos jurídicos de uma sanção criminal comum. E nem poderia tê-los, pois não houve juízo de culpabilidade. Trata-se de uma reprovação jurídica especial, aplicada no âmbito penal, de natureza criminal. Por conseguinte, não poderá ser adicionado nenhum efeito próprio da sentença condenatória.

Ao aceitar a reprovação jurídica proposta pela acusação, o autor do fato não está reconhecendo a sua culpabilidade, mas exercendo seu direito fundamental à ampla defesa através de uma estratégia processual facultativa. O autor do fato aceita a medida proposta para não se sujeitar ao processo normal, para evitar a prática de atos processuais, e para não se submeter a uma possível sentença condenatória, com todos os seus efeitos.

Da decisão que homologa o acordo, garante-se o duplo grau jurisdicional através da apelação, a qual poderá ser julgada por três juízes em atividade no primeiro grau da jurisdição (art. 82), dependendo das regras próprias de cada unidade da federação e que a Justiça Federal adotar. Ademais, outra particularidade deste recurso é que o prazo de interposição e de oferecimento das razões é o mesmo, ou seja, de 10 dias da ciência do *decisum*.[114]

A não-homologação do acordo criminal (ou não-aplicação da pena alternativa) comporta impugnação? Trata-se de decisão interlocutória que encerra uma situação processual determinada – cabimento ou não da aplicação da altenativa penal -, motivo por que se aplica o art. 593, II, do CPP, subsidiariamente.

Importantes efeitos também se verificam na pluralidade subjetiva e na pluralidade objetiva. Aqui, a lei silencia de forma olímpica. A solução deverá ser a favor da transação criminal. Assim, é possível homologar a transação criminal de um autor, sem que seja necessária a anuência dos co-autores do fato ou de autores de fatos diferentes, reunidos em virtude da conexão ou continência. Também, é possível que um agente aceite a medida alternativa em relação a um fato, e não em relação a outro, ainda que constem no mesmo processo. A solução é a separação das situações.

A título de efeitos, também carecem de análise as hipóteses de desclassificação de um delito para uma infração de menor potencial ofensivo, após um processo comum, ordinário ou sumário. Como deverá proceder o juiz? Condenar e aplicar a pena devida? Remeter o processo aos Juizados Especiais Criminais? Designar uma audiência para a transação criminal? A solução mais científica recomenda que se profira uma decisão reconhecendo-se o fato delitivo (desclassificação), com remessa ao JECrim, após o trânsito em julgado, caso o juízo não for competente para aplicar as medidas alternativas. Isso porque a delimitação jurídica de menor potencial ofensivo, reconhecida no juízo desclassificatório e a existente no momento da dedução da pretensão acusatória, pois o juízo inicial foi provisório.

A questão inversa também é possível. Durante a tramitação do processo sumariíssimo poderá o acusador acrescentar outros fatos ou modificar a qualificação jurídica de modo a excluir esta modalidade

---

[114] O STF, no HC nº 79.843-8, Rel. Min. Celso de Mello, DJ de 30.06.2000, decidiu que o recurso de apelação, para ser admitido, deve obedecer à tramitação da *lex specialis*, mas no HC 83.169/RO, Rel. Min. Marco Aurélio, DJ de 06.09.2003, foi pela admissibilidade, conhecimeneto da apelação, mesmo sendo intempestivas as razões, em face do risco à liberdade de ir e vir.

de processo – aditamento. Isto implicará remessa do processo ao juízo competente.

O controle jurídico-penal do Estado se satisfaz com a aplicação de uma medida alternativa, sem a eficácia da sanção criminal comum. Por isso é vedado ao operador do direito integrar à medida outros efeitos, seja na esfera criminal ou na civil.

O princípio da *nulla poena sine culpa* não resta quebrado, pois não há admissão de culpa e a medida alternativa não produz os efeitos da aplicação de uma pena – antecedentes, primariedade, rol de culpados, etc. Ademais, a aplicação de medidas alternativas consensuais penais encontra validade na CF.[115]

Envolvendo-se o beneficiado em outra infração de menor potencial ofensivo, como regra, não haverá inquérito policial, não se imporá prisão em flagrante, não se exigirá fiança; obedecer-se-á o rito sumariíssimo, inclusive com tentativa de composição dos danos civis e criminais.

Somente após o trânsito em julgado de uma sentença condenatória alguém poderá ser considerado culpado, nos termos do art. 5º, LVII, da CF. No caso da aceitação da medida alternativa, não há sentença condenatória com trânsito em julgado; nem sequer houve uma investigação fática. Não há juízo condenatório na sentença que aplica a medida alternativa; não há nenhum sentir do juiz, não há exame dos elementos da infração criminal, da prova, da ilicitude ou da culpabilidade; há mera homologação de vontade, com delimitação da medida. Por isso, não há ofensa ao princípio do *nulla poena sine culpa*.

11.14 – Ausência de efeitos de natureza cível

O acordo criminal não gera efeitos na esfera cível, seja na pretensão indenizatória ou de outra índole. O legislador foi claro: "não terá efeitos civis" (art. 76, § 6º). Assim, o prejudicado terá o encargo de provar, na esfera civil, a responsabilidade da parte adversa, sujeitando-se às regras da prova do direito privado. Portanto, a aceitação da medida

---

[115] Para GIACOMUZZI, Vladimir, "Aspectos penais na Lei nº 9.099/95". *Revista da Ajuris*, 67/247, a medida alternativa não é uma pena em sentido próprio, de uma reprovação ético-jurídico-penal. Em sentido contrário, BITENCOURT, C. R. *Juizados...*, cit., p. 103, para quem, o envolvido no fato, ao transacionar criminalmente, assume a culpa, em razão do princípio *nulla poena sine culpa*, revestindo-se de pena criminal a medida imposta.

criminal alternativa não pode servir de suporte a uma condenação reparatória.

Nas hipóteses de acordo criminal, as custas deverão ser reduzidas pela metade, conforme dispuser a lei de cada unidade federativa, como expressamente está disposto no art. 87 da Lei 9.099/95.

A aceitação da multa ou da restrição de direitos não implicará reconhecimento de culpa, quebra da inocência ou presunção de responsabilidade na esfera civil, onde poderá ser discutida a reparação do dano. Esta é a vontade da instância formal de controle; uma opção de cunho político-criminal, devido à baixa lesividade das infrações afetas ao JECrim. Portanto, a aceitação da medida alternativa, no juízo criminal, não pode se prestar de prova absoluta ao reconhecimento de culpa na esfera civil. Nessa esfera, o autor deverá provar os fatos constitutivos de seu direito.

11.15 – Descumprimento

O descumprimento da sanção alternativa aceita pelo autor do fato é um dos maiores problemas a serem resolvidos no âmbito dos JECrims. Quiçá a maior polêmica reside nessa questão. Com o descumprimento da multa, segundo o CP, e o próprio art. 85 da Lei 9.099/95, esta podia ser convertida em pena privativa de liberdade. Entretanto, a Lei 9.268/96 modificou os arts. 51 do CP e 182 da Lei de Execução Penal, proibindo a conversão da pena de multa numa sanção privativa de liberdade, tornando-a uma dívida de valor, com aplicação das regras da legislação para cobrança das dívidas ativas da Fazenda.[116] Mesmo assim, se o art. 51 do CP não tivesse sido revogado, a multa acordada não poderia ser convertida em pena privativa de liberdade, por dois motivos essenciais: a) a multa aceita não se origina de um juízo de culpabilidade ou de uma medição conforme o CP; b) pelo fundamento da transação penal, que é o de evitar a incidência de uma pena privativa de liberdade, justamente o que a Lei 9.099/95 quer evitar.

A pena de multa aplicada após um processo comum, com todas as garantias e com um juízo de culpabilidade, não pode ser convertida

---

[116] Segundo o STF, HC nº 79.472, Rel. Min. Ilmar Galvão, RTJ 173/207, a Lei 9.268/96 afastou a conversão da pena de multa em prisão. Para o STJ, Rec. Esp. nº 175.909, DJU de 21 de setembro de 1999, o Ministério Público, diante da nova redação do art. 51 do CP, não tem mais legitimidade para executar a pena de multa, a qual deve seguir o processo aplicável à execução da Fazenda Pública.

em pena privativa de liberdade, segundo a lei. Indubitavelmente, admitir a conversão de uma multa advinda do consenso entre as partes, de um processo simplificado e renunciativo de importantes garantias processuais, infringiria o devido processo constitucional, mais especificamente a ampla defesa, o contraditório e a presunção de inocência. Portanto, a solução ao descumprimento da multa acordada é sua execução, descabendo a dedução de uma pretensão acusatória, a qual poderia resultar na aplicação de uma pena privativa de liberdade.

Importante discussão também está em considerar a multa acordada como dívida ativa da Fazenda, conforme a multa prevista no CP, ou dívida a ser executada pelos trâmites do JECrim ou da Justiça comum. O art. 86 da Lei 9.099/95 determina que a execução será processada perante o órgão competente, "nos termos da lei", sem dizer qual lei: se a 9.099/95, se uma lei regulamentadora, ou se a que for aplicável à execução da pena do CP.[117]

Primeiro, a multa acordada não pode ser convertida em uma pena privativa de liberdade. Segundo, o inadimpleneto da pena de multa não autoriza o exercício da pretensão acusatória (denúncia ou queixa-crime), pois o início do processo poderia resultar na aplicação de uma pena privativa de liberdade. O problema a resolver está na forma de sua execução. Esta não poderá seguir o processo da execução da multa aplicável após um juízo condenatório, pois a lei que modificou o art. 51 do CP se refere expressamente à multa advinda de uma sentença criminal condenatória, o que não se aplica à multa acordada. A execução deverá ocorrer no âmbito do próprio Juizado onde foi pactuada, pois tanto o art. 98, I, da CF, como o art. 60 da Lei 9.099/95 estendem a competência à execução.[118] Ademais, o art. 85 desta lei especial permite que seja regulamentada a conversão da multa acordada em uma pena restritiva de direitos, mas há necessidade de provisão dos critérios, em razão do princípio da legalidade.[119]

A extensão mais grave do problema está no descumprimento da pena restritiva de direitos.[120] Convertê-la em pena privativa de liberda-

---

[117] Vid. BITENCOURT, C. R. "Competência para execução da pena de multa à luz da Lei nº 9.268", em *Boletim do IBCCrim*. nº 69, p. 17 e 18.

[118] Vid., nesse sentido, NUCCI, *Guilherme de Souza. Lei Penais e Processuais Penais Comentadas*. São Paulo: RT, 2008, p. 779.

[119] Vid.STF, HC 78.200, Rel. Min. Octavio Gallotti, DJ de 27.08.99 e STJ , HC 9.853, Rel. Min. Édson Vidigal, DJ de 20.09.99; HC 11.111, Rel. Min. Jorge Scartezzini, Dj de 18.12.2000, no sentido da execução da multa.

[120] Segundo TOURINHO FILHO, F. C. *Comentários*..., cit., p. 102, em fase da preclusão, não cumprida a restritiva de direitos, não há solução. Vid. STJ, HC nº 6.147, DJU de 5.05.97, quando acen-

de é impossível, tanto porque esta não é a filosofia da Justiça Consensual, como por não haver parâmetros legais. Os marcadores do CP não servem porque a restrição de direitos unicamente substitui uma pena privativa de liberdade já fixada, e seu descumprimento implica retorno ao *status quo ante*. Portanto, negando-se o autor do fato ao cumprimento da medida restritiva de direitos, não poderá haver conversão desta em privação da liberdade, na forma do art. 45 do CP, pois a restritiva de direitos, nos moldes do CP, substitui uma pena privativa de liberdade, pelo mesmo tempo desta (art. 55 do CP); no inadimplemento, há parâmetro de retorno à pena primitiva. Porém, a medida restritiva de direitos imposta no âmbito da Lei 9.099/95 é autônoma, não podendo haver interpretação analógica *in malam parte*.

Qual é a solução? Há um entendimento de que o descumprimento das medidas aceitas autoriza o acusador a deduzir uma pretensão acusatória comum (denúncia ou queixa-crime).[121] Ocorre que a acusação já exerceu a ação e deduziu a pretensão, ainda que, esta última, de forma especial. Portanto, o fato praticado já recebeu uma delimitação acusatória, com esgotamento da atividade jurisdicional de conhecimento, e o mesmo elemento objetivo da pretensão – fato –, não pode servir de suporte fático para o exercício de duas pretensões, sob pena de ofensa ao princípio do *no bis in idem*, tendo, a decisão que homologou da transação criminal, produzido eficácia material e formal. Eventual denúncia ou queixa-crime pelo mesmo fato deverão ser rejeitadas.

O Ministério Público não poderá denunciar, pois houve transação homologada, e/ou aceitação da pena proporcional, impeditiva da dedução de uma pretensão acusatória. Houve esgotamento do processo cognitivo e a sentença homologatória fez coisa julgada material e formal[122]. O problema ultrapassa a trivial alegação de exigibilidade. Resta, unicamente, pela sistemática atual, sua execução no âmbito dos JECrim. A sentença homologatória, como toda sentença criminal, produz a eficácia de coisa julgada. Portanto, não se pode mais discutir, na

---

tua que diante da falta de cumprimento da prestação de serviços à comunidade, estabelecida na transação criminal, deve ser buscada outra forma de prestação de serviços, e a eventual alteração da forma de sua execução, em razão da impossibilidade da que foi estabelecida inicialmente, não configura constrangimento ilegal.

[121] Nesse sentido STF, HC 84.976/SP, Rel. Min. Carlos Britto, DJ de 23.03.2007, com referência a entendimento já firmado pelo STF.

[122] Vid. STJ, Resp 172.981/SP, Rel. Min. Fernando Gonçalves, DJ de 02.08.99; Resp 172.951/SP, Rel. Min. José Arnaldo da Fonseca, DJ de 31.05.99; HC 10.198, Rel. Min. Gilson Dipp, DJ de 14.02.2000; HC 41.032, Rel. Min. Hélio Quaglia Barbosa, DJ de 06.03.06, de que a homologação da transação penal faz coisa julgada material e formal e somente poderá haver dedução de pretensão acusatória quando houver descumprimento e o acordo não tiver sido homologado.

esfera criminal, a incidência do *ius puniendi*, pelos mesmos fatos. Todavia, também não há mecanismos legais para executar a pena restritiva de direitos, cabendo aos juízes a convocação das partes para uma audiência pública, na busca de uma alternativa consensual, sob pena de descrédito do sistema da Justiça Consensual. Na Lei 11.343/06, o descumprimento da transação penal (advertência, prestação de serviços à comunidade, medidas educativas) nas hipóteses do art. 28 (usuário), o magistrado submeterá o autor do fato à admoestação verbal e à multa (art. 28, § 6º), vedando-se, portanto, o oferecimento de denúncia[123].

---

[123] Vid. item 26 acerca das particularidades da Lei 11.343/06.

12 – Rito Sumariíssimo

12.1 – Dinâmica ritualística

Na dinâmica do processo penal, resta nítida a bipolarização entre o *ius puniendi* – pena – e o *ius libertatis* – liberdade. De um lado, o Estado, através do Ministério Público, exerce o direito de acusar, de buscar a punição através da aplicação de uma sanção penal; do outro, está o acusado, abrigado pelo manto da inocência, pelo direito de ter a mais ampla defesa, de ser acusado dentro do devido processo constitucional, de poder contraditar o inteiro teor da acusação e de receber um provimento jurisdicional republicano, isto é, após terem sido obedecidas as regras do jogo democrático.

Após as reformas de 2008, podemos classificar os procedimentos em comuns (ordinário, sumário e sumariíssimo), especiais (tóxicos, Júri, v.g.) e secundários (justificações, sequestro de bens, pedidos de restituição *v.g.*).

A Lei 9.099/95 regrou o rito sumariíssimo, já previsto no art. 98, I, da CF, para processar e julgar as infrações penais de menor potencial ofensivo, estipulando-o aos crimes com pena privativa de liberdade máxima não superior a um ano, tendo havido ampliação pela Lei 10.259/01 (Juizados Especiais Federais) e, posteriormente, pela Lei 11.313/06 (pena privativa de liberdade máxima não superior a dois anos, sem as restrições dos ritos especiais).

Segundo a Lei 11.719/08, o rito sumariíssimo da Lei 9.099/95, juntamente com o ordinário e o sumário, foi colocado entre os comuns, mantida a sua estrutura (art. 394, § 1º, III, do CPP). Não há justificativa científica para incluir este rito processual entre os comuns, pois tem aplicação restrita às infrações penais de menor potencial ofensivo, no âmbito dos JECrim e em algumas situações do Estatuto do Idoso. Não há casos de processamento por outro rito processual e seu desvio ao sumariíssimo por ser um percurso processual comum. Trata-se de uma especialidade.

A reforma de 2008 também determinou a aplicação subsidiária ao sumariíssimo, sumário e especiais, das disposições do rito comum ordinário (art. 394, § 5º, do CPP). Trata-se de regra geral, de tendência universal de ordinarizar os procedimentos. É de notar as precárias diferenças entre os comuns ordinários e sumários (pena, número de testemunhas, prazo para audiência, diligências e ausência de memoriais). Portanto, primeiramente aplicam-se as disposições da Lei 9.099/95 e, na sua falta ou carência, recorre-se às disposições do comum ordinário.

A questão mais problemática diz respeito à aplicação dos arts. 395, 396 e 397 do CPP, por força do art. 394, § 4º, do mesmo estatuto processual, modificado pela Lei 11.719/08. As hipóteses de rejeição da peça incoativa (art. 395) e de absolvição sumária (art. 397) tem acoplamento na seqüência dos atos processuais do rito sumariíssimo e aplicam-se a todos os processos. Portanto, aplicam-se, sem maior problematização, mesmo que a rejeição e a absolvição sumária possam ocorrer no mesmo momento processual. Ocorre que a resposta preliminar, no rito sumariíssimo, é realizada na audiência de instrução e julgamento, de forma oral (podendo ser admitida a forma escrita, mas na audiência), não tendo como se acoplar à ritualística dos atos processuais da Lei 9.099/95. Há incompatibilidade e, sendo assim, prevalece o disposto na lei especial. Importante consignar que as disposições em contrário das leis especiais, inclusive da Lei 9.099/95, foram ressalvadas no art. 395, § 2º, do CPP, e o art. 396 *caput* refere-se, expressamente, aos ritos ordinário e sumário. Portanto, uma interpretação sistemática (vários dispositivos legais) e teleológica (celeridade, oralidade e economia processual, critérios da lei 9.099/95) indica a apresentação de defesa na audiência, sem aplicação do art. 396 ao rito sumariíssimo.[124]

Outra disposição específica da reforma, acerca dos JECrim, está no art. 538 do CPP, a qual integrou o art. 66, parágrafo único, da Lei 9.099/95. Assim, quando o expediente for remetido do JECrim ao juízo comum, nas hipóteses de deslocamento da competência, já tratadas,[125] o processo criminal seguirá o rito comum sumário, independentemen-

---

[124] Vid. OLIVEIRA, Eugênio Pacelli. *Curso de Processo Penal*. Rio de Janeiro: Lumen Juris, 2009, p. 553, no sentido da absoluta incompatibilidade procedimental da aplicação do art. 396 do CPP ao rito sumariíssimo, o que não ocorre com os arts. 395 e 397 do CPP.

[125] Vid. item 5.2.

te da quantidade de pena cominada e de vir o imputado a ser encontrado ou não.

O Ministério Público, diante do Termo Circunstanciado, poderá pedir o arquivamento do expediente (ausência de punibilidade concreta, atipicidade, *v.g.*), a complementação da investigação ou outras diligências (indícios de fato mais grave, da prática de outro fato ou do envolvimento de outros sujeitos, *v.g.*), a remessa ao juízo competente (infração com pena privativa de liberdade máxima superior a dois anos ou caso complexo) ou solicitar a designação de audiência preliminar.

Atendido o pedido do Ministério Público, inclusive na queixa-crime, pois o órgão acusador oficial se manifesta, na qualidade de fiscal da lei, a ritualística se divide em duas fases: audiência preliminar e audiência de instrução e julgamento. Na primeira audiência, é tentada a composição civil, a aplicação das alternativas penológicas da multa e das restritivas de direitos, podendo haver representação.

Vencidos os filtros despenalizadores, poderá advir a necessidade de prosseguimento, com a denúncia e ou a queixa-crime, por escrito ou de forma oral, mas reduzidas a termo. Neste mesmo ato, poderá ser designada a audiência de instrução e julgamento, com a citação e as intimações dos presentes.

Na fase preliminar, ocorrendo a homologação da composição civil ou da transação criminal, há efetiva prestação jurisdicional, mesmo antes da existência da formalização de uma acusação (denúncia ou queixa-crime) e de um processo tradicional (citação).

Como já afirmado, na audiência preliminar, o primeiro ato a ser realizado é a composição dos danos de natureza civil – morais e/ou patrimoniais. Havendo danos indenizáveis e, em se tratando de infração que se processa mediante ação processual penal pública condicionada à representação ou por ação processual penal privada, a composição civil é antecedente obrigatória (prejudicialidade) dos demais atos processuais, mormente o da transação penal e do oferecimento da acusação, em razão de seus efeitos de natureza criminal (renúncia do direito de queixa e de representação). A vítima ou os legitimados poderão representar antes ou na própria audiência preliminar, sempre que não tenha ocorrido a decadência.

Ao Ministério Público surgem as alternativas, as quais são um poder-dever de oferecer a pena alternativa – multa ou restritiva de direitos –, pedir diligências, requerer o arquivamento ou deduzir a pretensão acusatória. Em se tratando de infração que se processa por ação processual penal privada, o interessado poderá deduzir a queixa-crime, inclusive de forma oral, o que pode ocorrer também com a denúncia. O não-oferecimento da representação ou da queixa-crime não impede o seu exercício posterior, desde que não tenha ocorrido a decadência.

A audiência preliminar poderá ser realizada no momento da apresentação dos envolvidos – a lei fala em autor do fato e vítima – ou em data aprazada. Embora a referência seja a autor do fato e vítima, tenho que o mais apropriado é a denominação de envolvidos no fato, pois todos podem ser, concomitantemente, autor do fato e vítima. Todos os agentes deverão estar intimados à audiência preliminar.

Na audiência de instrução e julgamento, renovam-se a composição civil e a transação criminal quando restaram impossibilitadas no ato anterior (ausência do autor do fato, *v.g.*). Após a defesa prévia oral, é analisada a viabilidade acusatória, com o recebimento ou rejeição da denúncia ou da queixa-crime. O insucesso da composição civil e da transação penal não afasta a necessidade de ser tentada a suspensão condicional do processo, após o recebimento da peça incoativa (art. 89 da Lei 9.099/95). A ritualística prossegue com a oitiva da vítima, inquirição das testemunhas, interrogatório do acusado, debates orais e sentença na audiência.

Os remédios jurídicos impugnativos das decisões dos magistrados dos Juizados Especiais Criminais são de competência das Turmas Recursais Criminais (apelação, mandado de segurança, *habeas corpus*, *v.g.*), as quais representam o segundo grau jurisdicional. Os Tribunais Superiores, como já afirmado, não outorgam a categoria de Tribunal à TRCrim, motivo por que não admitem recurso especial ao STJ das decisão da TRCrim.[126] A ofensa à CF pode ser atacada mediante recurso extraordinário ao STF, nas hipóteses previstas em lei. Questão controvertida diz respeito à competência para processar e julgar o mandado de segurança e o *habeas corpus* contra ato da TRCrim. Segundo o entendimento atual do STF, a competência para processar e julgar o *habeas corpus* contra ato da TRCrim é do Tribunal Estadual ou do Tribunal Regional Federal, apesar da Súmula 690 do próprio órgão superior.[127] Já, no que tange ao mandado de segurança contra ato da TRCrim ou de seus integrantes, é da própria TRCrim.[128]

A inversão de atos defensivos essenciais, tais como o recebimento da acusação antes da defesa prévia, o interrogatório antes da produção das demais provas, implica ofensa aos princípios do devido processo

---

[126] Vid. Súmula 203 do STJ

[127] Vid. item 14.1 acerca do *habeas corpus* e da competência ao processo e julgamento.

[128] Vid. item 14.2 acerca do mandado de segurança e da competência.

constitucional, mormente da ampla defesa e do contraditório. Havendo condenação, a nulidade de todo o processado, a partir da inversão, se evidencia e deve ser declarada em qualquer grau de jurisdição, inclusive de ofício, podendo ser concedido o *habeas corpus*, nos termos do art. 648, VI, do CPP.

Com a nulidade e conseqüente desconstituição dos marcos interruptivos da prescrição (art. 117 do CP), via de regra, incidirá a extinção da punibilidade. Sublinha-se que a composição civil e a transação criminal não são causas interruptivas da prescrição.

12.2 – Questões prefaciais: denúncia, queixa-crime, complexidade, citação, testemunhas

Art. 77. Na ação penal de iniciativa pública, quando não houver aplicação de pena, pela ausência do autor do fato, ou pela não-ocorrência da hipótese prevista no art. 76 desta Lei, o Ministério Público oferecerá ao juiz, de imediato, denúncia oral, se não houver necessidade de diligências imprescindíveis.

§ 1º Para o oferecimento da denúncia, que será elaborada com base no termo de ocorrência referido no art. 69 desta Lei, com dispensa do inquérito policial, prescindir-se-á do exame do corpo de delito quando a materialidade do crime estiver aferida por boletim médico ou prova equivalente.

§ 2º Se a complexidade ou circunstâncias do caso não permitirem a formulação da denúncia, o Ministério Público poderá requerer ao juiz o encaminhamento das peças existentes, na forma do parágrafo único do art. 66 desta Lei.

§ 3º Na ação penal de iniciativa do ofendido poderá ser oferecida queixa oral, cabendo ao juiz verificar se a complexidade e as circunstâncias do caso determinaram a adoção das providências previstas no parágrafo único do artigo 66 desta Lei.

Art. 78. Oferecida a denúncia ou queixa, será reduzida a termo, entregando-se cópia ao acusado, que com ela ficará citado e imediatamente cientificado da designação de dia e hora para a audiência de instrução e julgamento, da qual também tomarão ciência o Ministério Público, o ofendido, o responsável civil e seus advogados.

§ 1º Se o acusado não estiver presente, será citado na forma dos arts. 66 e 68 desta Lei e cientificado da data da audiência de instrução e julgamento, devendo a ela trazer suas testemunhas ou apresentar requerimento para intimação, no mínimo cinco dias antes de sua realização.

§ 2º Não estando presentes o ofendido e o responsável civil, serão intimados nos termos do art. 67 desta Lei para comparecerem à audiência de instrução e julgamento.

§ 3º As testemunhas arroladas serão intimadas na forma prevista no art. 67 desta Lei.

- vid. arts. 5º, LV e 129, VIII, CF;
- vid. art. 100, § 1º, CP;

- vid. arts. 12, 24, 27, 39, § 5º, 41, 47, 202 a 225 e 564, III, do CPP;
- vid. art. 932 do CC;
- vid. art. 94 da Lei 10.741/03.

A denúncia será elaborada com base no termo circunstanciado, nas diligências requeridas e demais documentos à disposição do órgão acusador, pois o inquérito policial é dispensável. O boletim médico ou seu equivalente – atestado médico, exame laboratorial, *v.g.* –, passam a ser aceitos como demonstração da materialidade para efeito de oferecimento e recebimento da peça acusatória, bem como ao processamento desta. Entretanto, antes de ser emitido um juízo condenatório, em se tratando de infração que deixa vestígios, se faz mister a apresentação do auto de exame de corpo de delito, direto ou indireto, sob pena de haver condenação sem prova legal da materialidade (art. 158 do CPP). A prova testemunhal supre tal deficiência somente quando não for possível tal constatação, em razão do desaparecimento dos vestígios (art. 167 do CPP). Essa circunstância deverá emergir clara dos autos. Ausente ou inválido o auto de exame de corpo de delito, a solução é a absolvição, com fundamento no art. 386, II, do CPP.

> Antes da Lei 8.862/94, a jurisprudência entendia que bastava um só perito oficial à realização da perícia. A discussão ocorria porque o art. 159 do CPP contemplava a expressão "peritos". Entretanto, como o parágrafo admitia que, na falta dos peritos oficiais, duas outras pessoas, desde que idôneas, pudessem ser nomeadas, havia um entendimento de que os laudos também deveriam ser assinados por dois peritos oficiais. A controvérsia se esvaziou com o advento da Lei 8.862/94, a qual modificou a redação do art. 159 do CPP, passando a exigir que os laudos periciais fossem assinados por dois peritos oficiais e, na falta destes, por duas pessoas idôneas, com curso superior. Porém, com o advento da Lei 11.690, de 9 de junho de 2008, o exame de corpo de delito e outras perícias serão realizados por perito oficial, portador de diploma de curso superior e, na falta deste, por duas pessoas idôneas, portadoras de diploma de curso superior preferencialmente na área específica, dentre as que tiverem habilitação técnica relacionada com a natureza do exame. A reforma admitiu a nomeação de mais de um perito nos casos complexos.

Apesar dos princípios da informalidade e da economia processual, o mínimo exigível de uma peça acusatória é o essencial a possibilitar a defesa. Assim, a acusação conterá, embora sucintamente, a identificação do acusado, a descrição do fato, com sua qualificação jurídica, a indicação das provas e o rol de testemunhas. Em qualquer momento processual, nos termos do art. 654, § 2º, do CPP, o magistrado pode, de ofício conceder ordem de *habeas corpus*, quando verificar coação ilegal, motivo por que poderá indeferir liminarmente a denúncia ou a queixa, antes de ser entregue ao acusado e de ser marcada a audiência de instrução e julgamento quando inviável a acusação (manifestamente inepta, faltar justa causa), sem necessidade de aguardar o contraditório prévio que seria feito na audiência de instrução e julgamento.

Antes de ser oferecida a denúncia, devem ter sido ultrapassados os filtros anteriores da possibilidade do arquivamento, da composição civil, da transação criminal, da retratação da representação, da decadência do direito de queixa e de representação, a serem consideradas previamente na audiência preliminar. A complexidade do caso também poderá inviabilizar a dedução imediata da pretensão acusatória no âmbito do JECrim, situação em que o expediente será encaminhado ao juízo comum, onde serão supridas as deficiências (na *law in action* o juízo de complexidade tem sido externado em delitos que envolvem a propriedade imaterial, onde há necessidade de busca e apreensão e perícia ao exercício da ação processual penal). Esse juízo de complexidade é emitido pelo legitimado para exercer a ação processual penal, embora sob o crivo jurisdicional. Ao ser deduzida a queixa-crime no JECrim, cabe ao magistrado, entendendo haver complexidade, enviar os autos ao juízo comum. O Ministério Público, ao intervir, também poderá manifestar-se acerca dessa circunstância, na qualidade de fiscal da lei.

A dedução da acusação, de forma oral, em razão de nossa estrutura processual, deve ser reduzida a termo (escrito, áudio, vídeo, etc), possibilitando, inclusive, o exercício do duplo grau jurisdicional. Com a designação da audiência de instrução e julgamento, o imputado poderá ser devidamente citado, pessoalmente, na audiência preliminar, com as devidas intimações. Ausente o acusado, a citação deverá ser feita por mandado e, não sendo encontrado, o feito será remetido ao juízo comum, nos termos do art. 66 da Lei 9.099/95, pois no JECrim somente se admite a citação pessoal, isto é, a cientificação deverá ser pessoal, no próprio juizado ou por oficial de justiça, através do mandado. Não são admissíveis as citações por edital e nem por hora certa, pois não são modalidades de citação pessoal.

A acusação arrola as suas testemunhas ao oferecer a peça acusatória. Como regra, o acusado arrolava as suas testemunhas na defesa prévia. Ocorre que a resposta, no rito sumariíssimo é realizada na audiência de instrução e julgamento, no mesmo dia da inquirição das testemunhas. Portanto, o imputado, quando quiser garantir a inquirição das testemunhas, deverá arrolá-las no prazo de cinco dias antes da audiência, requerendo a intimação destas. Optando por levá-las independentemente de intimação, não garantirá a inquirição. Na parte criminal, diferentemente da parte destinada aos Juizados Especiais

Cíveis, a Lei 9.099/95 não estipulou o número máximo de testemunhas. Nos Juizados Especiais Cíveis, três é o número máximo de testemunhas que cada parte poderá arrolar, conforme art. 34. Na reforma do CPP de 2008, no rito comum ordinário podem ser arroladas até oito testemunhas (art. 401) e no sumário, até cinco testemunhas (art. 532). Em razão da menor complexidade, da simplificação ritualística e da maior proximidade com o rito sumário, a melhor analogia é com o sumário, possibilitando-se no rito sumaríssimo o número máximo de cinco testemunhas.

12.3 – Audiência de instrução e julgamento

Art. 79. No dia e na hora designados para a audiência de instrução e julgamento, se na fase preliminar não tiver havido possibilidade de tentativa de conciliação e de oferecimento de proposta pelo Ministério Público, proceder-se-á nos termos dos arts. 72, 73, 74 e 75 desta Lei.

Art. 80. Nenhum ato será adiado, determinando o juiz, quando imprescindível, a condução coercitiva de quem deva comparecer.

Art. 81. Aberta a audiência, será dada a palavra ao defensor para responder à acusação, após o que o juiz receberá, ou não, a denúncia ou queixa; havendo recebimento, serão ouvidas a vítima e as testemunhas de acusação e defesa, interrogando-se a seguir o acusado, se presente, passando-se imediatamente aos debates orais e à prolação da sentença.

§ 1º Todas as provas serão produzidas na audiência de instrução e julgamento, podendo o juiz limitar ou excluir as que considerar excessivas, impertinentes ou protelatórias.

§ 2º De todo o ocorrido na audiência será lavrado termo, assinado pelo juiz e pelas partes, contendo breve resumo dos fatos relevantes ocorridos em audiência e a sentença.

§ 3º A sentença, dispensado o relatório, mencionará os elementos de convicção do juiz.

• vid. arts. 5º, II e 93, IX, da CF;
• vid. arts. 206 a 260, 383 a 393, 538, § 2º do CPP;
• vid. art. 458 do CPC

12.3.1 – Renovação da composição civil e da transação criminal

Os primeiros atos a serem realizados, como na audiência preliminar, são as tentativas de composição civil e de aplicação das alternativas à pena privativa de liberdade (transação penal). Diferentemente da audiência preliminar, onde, via de regra ainda não existe acusação formalizada, salvo algumas hipóteses de queixa-crime, na segunda fase do rito sumariíssimo já existe uma pretensão acusatória deduzida (denúncia ou queixa-crime). Disso se infere permitir, a Lei 9.099/95, a composição dos danos de natureza civil e a transação criminal, mesmo após ao oferecimento da peça incoativa. A ressalva do art. 79 é de não ter havido "possibilidade de tentativa de composição de de oferecimento de proposta..." na audiência preliminar (ausência do autor do fato ou da vítima *v.g.*). Uma interpretação literal do dipositivo legal não permitiria a realização do consenso nos casos em que este já fora tentado, sem êxito, na audiência anterior. Entretanto, considerando ser um dos objetivos da intervenção do Estado nas infrações criminais de menor potencial ofensivo a discussão dialogada dos problemas e a busca de soluções compensatórias, restitutivas, integralizadoras, no plano horizontal, e não vertical, o consenso é de ser renovado no início da segunda audiência, mesmo tendo sido tentado, sem êxito, na audiência preliminar.

12.3.2 – Adiamento e condução coercitiva

Pretende o legislador que nenhuma audiência seja adiada (unicidade, concentração dos atos processuais), facultando ao juiz a condução coercitiva de quem deva comparecer, quando julgar imprescindível.

Evidente que nenhum ato processual será adiado quando puder ser realizado. Ausente uma testemunha arrolada, de cujo depoimento as partes não desistem, sua oitiva será marcada para outra data. Ainda, nem sempre haverá possibilidade de interromper a audiência e conduzir as testemunhas (distância, número de audiências marcadas, *v.g.*). Ademais, em razão do devido processo constitucional (ampla defesa), as testemunhas arroladas pela acusação serão inquiridas antes das que forem arroladas pela defesa e o interrogatório do acusado é o último ato da instrução processual contraditória. Essas garantias estão acima da concentração de atos e da unicidade da audiência de instrução e julgamento.

Prima facie, somente poderão ser conduzidas as pessoas obrigadas ao comparecimento (arts. 201, § 1º, 218 e 260 CPP). O magistrado poderá determinar a condução coercitiva do autor do fato? Uma interpretação conforme aos ditames constitucionais oferece uma resposta negativa, em razão do direito ao silêncio e da garantia do *nemo tenetur se detegere*.[129] No direito ao silêncio se inclui a proibição de compelir o

---
[129] Vid. LOPES Jr., Aury. *Direito Processual Penal e sua Conformidade Constitucional*. Rio de Janeiro: Lumen Juris, 2008, p. 193 a 195, 589 a 590, acerca da aplicação desse princípio ao direito de defesa (defesa pessoal negativa).

autor do fato a produzir prova contra si mesmo, bem como de comparecer em juízo. A defesa pessoal não é obrigatória, mas facultativa. O silêncio e o não-comparecimento constituem-se em atos defensivos, inseridos na ampla defesa, como estratégia defensiva, com vedação de interpretação contra o imputado.

12.3.3 – Resposta à acusação

Havendo possibilidade de prosseguimento da ação criminal, será colhida a resposta do acusado. Sendo oral, haverá redução a termo do essencial. A resposta é obrigatória, diante dos princípios constitucionais da ampla defesa e do contraditório. É a verdadeira defesa prévia, por ser ofertada antes da admissibilidade formal da acusação. No sistema tradicional, com raras exceções, a defesa somente é oportunizada após a mudança do *status* de cidadão comum para réu. Inclusive, a reforma de 2008, através das Leis 11.689/08 e 11.719/08, ao dar nova redação aos arts. 406 e 396 do CPP, manteve a defesa prévia nos ritos do Júri e nos comuns ordinário e sumário após o recebimento da acusação. Nos ritos comuns ordinário e sumário, em razão do disposto no art. 399 do CPP, ainda pende uma discussão doutrinária acerca de qual é o momento processual do recebimento da acusação.

O direito de defesa abrange tanto a defesa pessoal, ou autodefesa, a qual é exercida por ocasião do interrogatório, quanto à defesa técnica individual realizada por defensor. Veda-se a defesa técnica através de um mesmo profissional, quando houver incompatibilidade defensiva.

A Convenção Européia, em seu art. 6º, recomenda que se observe, em relação ao acusado: a) o direito de ser informado, no menor tempo possível, de forma compreensiva e detalhada para ele, sobre os motivos e natureza da acusação; b) a concessão de um tempo e de facilidades para preparar sua defesa; c) o direito de defesa pessoal e através de defensor de sua preferência ou de um defensor oficial, quando não tiver meios para pagar.

Na audiência preliminar, o acusado fica ciente da acusação. Não estando presente, deverá ser citado com prazo razoável para comparecer na audiência de instrução e julgamento. Deverá receber cópia da peça acusatória para viabilizar o direito de defesa técnica e pessoal. Não constituindo defensor de sua preferência, mesmo tendo condições econômicas, o direito de defesa exige a nomeação de defensor técnico, na medida em que o direito de defesa é um dos direitos fundamentais do acusado. Sem direito de defesa não há contraditório e nem o devido processo constitucional.

A ausência de defesa preliminar acarreta vício da audiência e de todos os atos processuais seguintes, somente suprível com um decreto absolutório.

12.3.4 – Recebimento da acusação

Após o contraditório defensivo (defesa preliminar ou defesa prévia), o juiz togado examinará a viabilidade da peça acusatória. Embora ofertada oralmente, a peça incoativa há de preencher os requisitos formais (art. 41 do CPP) e substanciais (art. 395 do CPP). O fato deve ser descrito com todas as suas circunstâncias (em que constituiu a imprudência, a ofensa, porque houve tentativa, *v.g.*), recebendo a devida configuração jurídica (produziu lesões, ofendeu a honra, qual foi o *iter criminis* percorrido, *v.g.*) Ademais, a peça acusatória deve ser clara, explícita e objetiva, de molde a permitir o exercício do direito de defesa, inclusive com a individualização da conduta de cada autor do(s) fato(s) no concurso de agentes. A narrativa de um fato atípico, a extinção da punibilidade ou qualquer outra circunstância enunciadora da falta de justa causa ou da ausência de condições ou pressupostos da ação processual penal, justifica a rejeição da acusação. Portanto, não havendo base legal ao recebimento da peça acusatória, não há base legal também para ser homologada a aplicação de outras medidas de cunho penal (multa ou restritivas de direito), embora tidas como alternativas penológicas. A falta de justa causa produz o constrangimento ilegal, passível de ser atacado por *habeas corpus*, trancando-se o procedimento criminal ou o próprio processo criminal.

O recebimento, por implicar alteração da condição de cidadão comum para acusado, tem caráter decisório e carece de fundamentação, nos termos do art. 93, IX, da CF. Além disso, qual a justificativa para uma resposta preliminar, antes do recebimento da denúncia ou da queixa-crime, sem exigência de justificativa para uma análise motivada e fundamentada do ato de recebimento da acusação? Não motivar e fundamentar o recebimento da denúncia ou da queixa-crime é tornar a resposta prévia uma mera peça de retórica. Por esses dois motivos, o recebimento e a rejeição da peça acusatória deverá ser motivado e fundamentado. O recebimento da peça incoativa não representa uma chancela automática e robotizada da imputação acusatória, motivo por que ao julgador cumpre emitir seu *sentire*, ainda que provisório, mas adequando a imputação jurídica à realidade fática constante no substrato acostado ao processado. Assim, é possível o recebimento parcial da acusação.

Ademais, por força do art. 394, § 5º, do CPP, modificado pela Lei 11.719/08, os casos de absolvição sumária têm aplicação no rito sumariíssimo.

12.3.5 – Ofendido e testemunhas

As pessoas que a acusação queira inquirir deverão ser arroladas na denúncia ou na queixa-crime, inclusive o ofendido, cuja oitiva, apesar do conteúdo dos arts. 201, 400 e 531 do CPP, deverá constar no respectivo rol (não constando, não poderá ser conduzido e não poderá ser ouvido). Como já referido, a parte criminal da Lei 9.099/95 não menciona o número máximo de testemunhas que podem ser indicadas pelas partes. Defendemos a aplicação analógica do art. 532 do CPP, ou seja, a possibilidade de serem arroladas até cinco testemunhas, embora haja entendimento defendendo o número de três testemunhas, em analogia ao art. 34 da Lei 9.099/95 (esse era meu entendimento na primeira edição, modificado já na segunda edição). A defesa arrola as suas testemunhas na resposta preliminar. Como esta é oferecida na mesma audiência onde serão inquiridas, pretendendo a sua intimação, deverá arrolá-las num prazo mínimo de cinco dias antes da realização do ato (art. 78, § 1º).

Havendo a possibilidade de realização da composição civil também na audiência de instrução e julgamento, o ofendido, havendo danos indenizáveis, deverá ser intimado, independentemente de ter sido arrolado ou não. Na hipótese de sua ausência, resta prejudicada a composição civil e não poderá ser conduzido, pois não foi arrolado. Entretanto, a ciência do ofendido possui essa finalidade e não a constante nas demais disposições integralizadoras do art. 201 do CPP, aplicáveis em casos de extrema necessidade, quando houver demonstração da real possibilidade de situações de risco, geradas pelo imputado ao ofendido.

Persiste a obrigatoriedade da tomada do compromisso e a possibilidade de ser contraditada a testemunha, nos moldes do CPP. Pela ordem, será escutada a vítima, serão inquiridas as testemunhas arroladas pela acusação e pela defesa e, por último, será interrogado o réu. Já nas primeiras edições, defendeu-se a admissibilidade do *cross examination*, isto é, as perguntas diretas do Ministério Público e dos defensores às testemunhas, pois não havia mais razão à teatralização na forma de perguntar. Agora, há lei específica, reguladora do tema. A Lei 11.690/08, ao dar nova redação ao art. 212 do CPP, determina a realização das perguntas diretamente pelas partes às testemunhas, aplicando-se a mesma regra ao ofendido. Primeiramente pergunta a parte que arrolou a testemunha, possibilitando o contraditório da outra parte, sempre sob a fiscalização do magistrado, quem apenas complementa a inquirição, por último, acerca dos pontos não esclarecidos.[130]

O magistrado continua tendo o comando da audiência, intervindo para coibir coações e abusos, principalmente os possíveis constrangimentos às pessoas que estão prestando um depoimento, podendo tomar as medidas constitucionais na preservação da dignidade das pessoas, com a preservação das garantias dos imputados.

A Lei 11.900/09 acrescentou o § 3º ao artigo 222 do CPP, permitindo a realização da inquisição das testemunhas por meio de videoconferência ou outro recurso tecnológico de transmissão de sons e imagens em tempo real. Preservados os direitos constitucionais, a regra se aplica aos JECrim.

12.3.6 – Interrogatório

Uma das inovações mais importantes introduzidas pela Lei 9.099/95, no que tange à proteção dos direitos e das garantias individuais, foi o deslocamento do interrogatório como último ato da instrução. Com isso se possibilitou o exercício pleno da autodefesa, pois o acusado passou a ter condições de rebater, pessoalmente, a imputação, contrapondo-se não só à inicial acusatória, mas ao que foi afirmado pelas testemunhas em juízo. A reforma processual de 2008, nos arts. 400 (rito comum ordinário), 411(rito do Júri), 531(rito comum sumário) e 474 (plenário do Júri), consagrou o interrogatório como sendo o último ato da instrução.

Entretanto, a disposição processual da realização do interrogatório ao final, como último ato da instrução, tem um conteúdo material, ou seja, somente garante a ampla defesa e o contraditório quando o réu tiver conhecimento do conteúdo da prova incriminatória. A mera alocação formal não cumpre a garantia constitucional

Além do prazo razoável da designação da audiência de instrução e julgamento, ato onde ocorre o interrogatório, este é precedido da entrevista prévia do imputado com seu defensor, dos esclarecimentos acerca do direito ao silêncio e de que este não será elemento de convicção do julgador (art. 5º, LXIII, da CF). Com a presença obrigatória de defensor, o interrogatório se divide em duas partes: pessoa do acu-

---

[130] Vid. GIACOMOLLI, Nereu José. *Reformas (?) do Processo Penal*. Rio de Janeiro: Lumen Juris, 2008, p. 55 a 57 acerca das alterações na inquirição das testemunhas e da manutenção da orientação inquisitorial das reformas.

sado e fatos imputados. O direito de permanecer em silêncio se aplica sempre que o acusado for instado a falar sobre os fatos, inclusive nas hipóteses de novo interrogatório (art. 196 do CPP). No final do ato, as partes poderão solicitar que o magistrado formule outras perguntas ao interrogando, de modo a esclarecer aspectos relevantes ao processo (art. 188 do CPP).

A Lei 11.900/09, mesmo após o STF ter declarado inconstitucional o interrogatório *on line*, [131] autorizou a sua realização por meio da videoconferência ou de outro recurso tecnológico de transmissão de sons de imagens em tempo real, mesmo que de forma excepcional. O comparecimento é físico, do juiz até o interrogando (art. 185 do CPP) ou deste até o juiz, e não de sua imagem.

12.3.7 – Debates orais

As alegações finais das partes serão em forma de debates orais. Debater oralmente significa discutir o conteúdo do processo, de forma oral, debater a prova, as teses aventadas e a matéria jurídica aplicável. A lei não estipula a duração dos debates orais. Porém, há de haver uma limitação temporal. Novamente, é de ser utilizado o parâmetro do rito comum sumário, como fizemos para o número de testemunhas, utilizando-se o disposto no art. 534 do CPP, ou seja, vinte minutos, prorrogáveis por mais dez minutos, respectivamente, à acusação e à defesa. Havendo assistente da acusação, este se manifesta após o Ministério Público, num prazo de dez minutos, situação que aumenta de igual período o prazo da defesa (art. 534, § 2º, CPP). Existindo debates, aplica-se o princípio da identidade física do juiz, isto é, a sentença deverá ser proferida por quem colheu os debates. Não sendo isso possível, o novo magistrado deverá renová-los. Porém, debater não tem o mesmo significado de ditar. O que se observa na *law in action* não são debates, mas ditados ou a substituição destes por alegações escritas, situação a afastar a aplicação da identidade física do juiz.

12.3.8 – Sentença

A sentença, proferida em audiência, dispensa o relatório. Aliás, no processo penal, avolumam-se e repetem-se, enfadonhamente, cada vez mais os relatórios do processado, inversamente proporcional à fundamentação das decisões. Segundo a lei, a sentença conterá, obri-

---

[131] Vid. STF, HC 88.914, Rel. Min. Cezar Peluso, j. em 14.08.2007. No mesmo sentido, STJ, HC 108.457/SP, Rel. Min. Félix Fischer, DJ de 03.11.08.

gatoriamente, os elementos fáticos e jurídicos de convicção do julgador e o dispositivo (art. 81, § 3º). As decisões do Poder Judiciário serão fundamentadas. Este princípio consta expressamente no art. 93, IX, da CF, tendo aplicabilidade, acima de tudo, às sentenças e aos acórdãos. Entretanto, nenhum vício conterá a sentença quando for elaborada, também, com o relatório, embora desnecessário.

Os elementos de convicção do(s) julgador(es) deverão emergir claros, completos e precisos do *decisum*, de modo a permitir o entendimento da cidadania (controle externo) e a impugnabilidade (controle interno). É uma das consequências fundamentais do devido processo constitucional. Mesmo quando a sentença *a quo* for mantida por seus próprios fundamentos, se faz mister a elaboração de uma súmula do julgamento, na qual, evidentemente, deverão constar os motivos fáticos e jurídicos de sua confirmação (art. 82, § 5º).

Aplicam-se as disposições do CPP à sentença. Adstrito aos objetivos desta obra, apenas sublinho alguns aspectos relevantes. A sentença absolutória há de deixar claro o seu fundamento, de modo a permitir a apelação defensiva para modificar o seu fundamento e impedir a reparação na esfera cível, obervando-se a nova redação do art. 386 do CPP, dada pela Lei 11.690/08. Já a Lei 11.719/08 incluiu um parágrafo ao art. 63 do CPP e modificou o inciso IV do art. 387 do mesmo Código. Mesmo em se tratando de infração penal de menor potencial ofensivo, advindo um juízo condenatório, o juiz deverá fixar um valor mínimo à reparação dos danos causados pela infração, tomando como parâmetro os prejuízos sofridos pelo ofendido. Esse valor poderá ser executado, no cível, independentemente da liquidação da sentença penal condenatória para apuração do *quantum debeatur*. A fixação desse valor mínimo há de ser extraído do substrato probatório contraditório firmado entre a incidência do *ius puiendi* e a manutenção do *status libertatis*, sem desvios e derivações probatórias (meios, cargas) à esfera cível, sob pena de desvirtuação do processo penal e desequilíbrio dos polos processuais.

O juízo condenatório que não afasta, de forma motivada, todas as teses defensivas, padece de vício insanável e a medição das sanções criminais, inclusive as opções penológicas deverão restar motivadas em circunstâncias fáticas (constantes nos autos) e jurídicas.

12.3.9 – Documentação da audiência

De tudo o que ocorreu na audiência, será lavrado somente um termo, segundo a lei, o qual conterá um breve resumo do que for relevante, inclusive a sentença, mantendo-se sempre a fidelidade textual. Parecia a derrocada do atávico sistema escritural, o que não se confirmou na prática judiciária. Foi mantida a regra da escrituração de todos os atos processuais. O futuro aponta à oralidade, à documentação eletrônica de todo o processado. Inclusive, a reforma do CPP de 2008, ao dar nova redação ao art. 405, permite o registro dos depoimentos do ofendido, das testemunhas por meio da gravação magnética, da estenotipia, inclusive audiovisual, com o intuito de obter maior fidelidade das informações. A Lei 11.900/09 regulamentou o interrogatório *on line* ou por videoconferência do acusado, embora de forma excepcional, numa afronta ao direito de o imputado ser ouvido pessoalmente (aspecto material do devido processo constitucional).[132] Porém, a segurança jurídica existe quando os direitos fundamentais são garantidos, pela via jurisdicional, e não por carimbos, autenticações, registros ou escritos. Por outro lado, a implementação da oralidade e dos registros eletrônicos ultrapassam a mera previsão legal; exigem implementação, previsão e execução orçamentária.

12.3.10 – Limitação probatória

Via de regra, todas as provas serão produzidas na audiência de instrução e julgamento. Nem sempre todas as provas, como refere o legislador, poderão ser produzidas na audiência, em razão do direito à prova e a possibilidade de haver testemunhas residentes em outra comarca.

Segundo a lei (art. 81, § 1º), cabe ao juiz limitar e excluir as provas excessivas, impertinentes ou protelatórias. Excessivas são consideradas as provas que extrapolam o número legal ou que venham a demonstrar situações já consolidadas. Consideram-se impertinentes ou inoportunas as provas que não têm relação entre o que se está discutindo no processo e o que a prova pretende demonstrar; que não dizem respeito aos fatos e ao direito em debate. Podem ser consideradas impertinentes as perguntas já formuladas e respondidas, as perguntas desvinculadas do objeto do processo. Protelatórias são as provas que somente pretendem retardar ou adiar o andamento normal do processo ou da audiência. De qualquer forma, a limitação probatória tem limites, os quais se situam no marco das garantias constitucionais.

---

[132] Vid. STF, HC 88.914/SP, de 14.08.2007, Rel. Min. Cezar Peluso, onde foi considerado que o interrrogatório por meio da videoconferência viola a publicidade dos atos processuais.

13 – Recursos

13.1 – Diplomas internacionais e direito ao recurso

A DUDH de 1948, em seu art. 8º, proclama que *toda a pessoa* tem direito a um recurso efetivo aos Tribunais competentes, que a ampare contra atos violadores dos direitos fundamentais reconhecidos pela Constituição ou pela Lei. O Convênio Europeu para a Proteção dos Direitos Humanos e das Liberdades Fundamentais – Roma, 1950 –, no seu art. 5º, nº 4, bem como o art. 9º, nº 4, do PIDCP de 1966, e o art. 14, nº 5, referem que *toda pessoa* vítima de uma prisão, de internamento, ou de uma decisão condenatória, terá direito a um recurso a um órgão judicial. A CADH de 1969, ratificada pelo Brasil em 1992, integrante do nosso ordenamento jurídico (art. 5º, § 2º, CF), em seu art. 8.2, "h", assegura a *toda a pessoa* o direito ao recurso.[133] Por outro lado, a CF prevê, como regra, uma dualidade e uma pluralidade de graus jurisdicionais (arts. 98, I, 105, II, 108, II, 121, § 4º, 125, §§ 1º e 3º), e a garantia da ampla defesa, com os meios e os recursos a ela inerentes (art. 5º, LV, CF).

O duplo grau jurisdicional é garantido através da possibilidade (voluntariedade do recurso) de obter um duplo pronunciamento pelo mesmo órgão jurisdicional ou por outro, hierarquicamente superior (TRCrim), dependendo da espécie de recurso, com abrangência positiva (revisão, reexame da decisão) e negativa (evitar a supressão de um grau jurisdicional), propiciando a reforma (*error in judicando*) ou a invalidação do *decisum* (*error in procedendo*). Aplicam-se os efeitos dos recursos do CPP, ressalvadas as disposições específicas contrárias

---

[133] Vid. GOMES, Luiz Flávio e PIOVESAN, Flávia (coordenadores). *O Sistema Interamericano de Proteção dos Direitos Humanos e o Direito Brasileiro*. São Paulo: RT, 2000, uma análise dos direitos e das garantias incorporadas ao nosso ordenamento jurídico pela Convenção Americana dos Direitos Humanos.

da Lei 9.099/95 (efeitos dos embargos declaratórios, *v.g.*): devolutivo, suspensivo, extensivo, regressivo, impeditivo do trânsito em julgado e substitutivo da decisão *a quo*, em algumas situações.

Considerando não ensejarem os recursos uma nova ação, pois a jurisdição já foi provocada, nem um novo processo, mas uma nova fase ou uma nova etapa processual, também contraditória, como desdobramento do direito de ação, os requisitos recursais devem ser analisados dentro dessa perspectiva, no juízo *a quo* e no juízo *ad quem* (dupla apreciação, independente). O juízo positivo de admissibilidade carece de fundamentação, salvo alegação da falta da implementação de algum destes; porém, o juízo negativo deverá estar fundamentado. Assim, o primeiro grau recebe o recurso, e o segundo grau conhece o recurso. São análises prévias e necessárias ao mérito da impugnação.

Indubitavelmente, a decisão irrecorrível, prejudicial ao réu, pode ser analisada como preliminar de mérito do recurso, ou ser atacada via *habeas corpus* ou mandado de segurança; não se exige ao réu a capacidade postulatória para interpor o recurso de apelação; o Ministério Público pode recorrer como fiscal da lei em benefício do réu, exceto na ação penal privada; o prazo, contínuo e peremptório, se conta em dobro para a Defensoria Pública (Leis nºs 1.060/50 e 7.871/89), sempre a partir da última intimação (réu ou defensor).

O duplo grau de jurisdição, no sistema do JECrim, é garantido pelo julgamento dos recursos pelas TRCrim. Estas poderão ser compostas por três magistrados no exercício da jurisdição de primeiro grau.

O STJ alinhou-se ao STF no que tange à interpretação do art. 2º da Lei 9.800/99, alterando seu entendimento. Assim, o termo inicial do qüinqüídio legal é a data prevista em lei para o término do prazo recursal, nada importando a circunstância de a petição ter sido transmitida por fac-símile antes do fim desse lapso à tempestividade do recurso.[134]

---

[134] Vid. REsp 640.803/RS, Rel. Min. Teori Albino Zavascki, j. em 19.12.2007, no qual a Corte Especial distinguiu e interpretou as duas situações que estão previstas no *caput* e no parágrafo único do art. 2º da Lei 9.800/1999, que dá tratamento distinto, ao disciplinar o termo inicial do prazo à entrega dos originais quando o ato processual é praticado por fac-símile. Na primeira situação, os atos estão sujeitos a prazos predeterminados em lei. Está previsto no *caput* do art. 2º da citada lei, nesse caso, o prazo de cinco dias para a entrega dos originais tem início no dia seguinte ao do termo final do prazo previsto em lei, ainda que o fac-símile tenha sido remetido e recebido no curso desse prazo. A segunda situação, a dos atos sem prazo predeterminado em lei, está disciplinada no parágrafo único do mesmo artigo. Nessa hipótese, o prazo para a entrega dos originais tem início no dia seguinte ao da recepção do fac-símile pelo órgão judiciário competente. Note-se que se trata de autos remetidos em questão de ordem pela Primeira Seção justamente para pacificar a jurisprudência.

13.2 – Apelação

Art. 82. Da decisão de rejeição da denúncia ou queixa e da sentença caberá apelação, que poderá ser julgada por turma composta de três juízes em exercício no primeiro grau de jurisdição, reunidos na sede do Juizado.

§ 1º A apelação será interposta no prazo de dez dias, contados da ciência da sentença pelo Ministério Público, pelo réu e seu defensor, por petição escrita, da qual constarão as razões e o pedido do recorrente.

§ 2º O recorrido será intimado para oferecer resposta escrita no prazo de dez dias.

§ 3º As partes poderão requerer a transcrição da gravação da fita magnética a que alude o § 3º do art. 65 desta Lei.

§ 4º As partes serão intimadas da data da sessão de julgamento pela imprensa.

§ 5º Se a sentença for confirmada pelos próprios fundamentos, a súmula do julgamento servirá de acórdão.

- vid. arts. 5º, XXXII e LXIX, 93, IX e 102, III, 105, III, da CF
- vid. art. 76, § 5º, desta Lei.
- vid. Súmulas 640, 690 e 727 do STF e 203 do STJ.

Este recurso ordinário, de ampla devolução, cabe para impugnar as decisões que condenam ou absolvem o réu (art. 593, I, do CPP), que rejeitam a peça acusatória (art. 82), e que acolhem a aceitação da pena alternativa (art. 76, § 5º). A decisão que rejeitar a denúncia ou a queixa-crime pode ser impugnada por meio da apelação, na medida em que é decisão terminativa, com análise de aspectos materiais da pretensão. O recebimento é passível de ser atacado por *habeas corpus*. Tanto a decisão que recebe, rejeita ou não recebe, conterá sucinta fundamentação (art. 93, IX, da CF).

A apelação da decisão que homologar a transação criminal ou aplicar a pena alternativa se justifica porque a dosimetria da sanção incumbe ao julgador, e não às partes. Além do mais, a decisão homologatória poderá estar eivada de vícios de vontade ou não preencher os requisitos legais. Entretanto, geralmente, as partes não têm legitimidade para modificar o acordo ou a medida pactuada, pois não poderão contrariar seus próprios atos. Excepcionalmente poderia admitir-se o recurso da apelação, modificativo do acordo quando, antes do trânsito em julgado da decisão, as partes tivessem conhecimento de alguma circunstância fática com entidade modificativa.

A prisão processual para recorrer, além de ofender o princípio da inocência (art. 5º, LVII, CF), é incompatível com o sistema da Lei 9.099/95, o qual prima pela aplicação de sanções alternativas à prisão decorrente de condenação. Mesmo ao reincidente em infração penal de menor potencial ofensivo, pelo princípio da proporcionalidade, admitido também em matéria processual, aferido pela quantidade de pena imposta, pela espécie de sanção, bem como pela potencialidade ofensiva, não cabe a prisão processual. Esta se constitui numa espécie de autodefesa do ordenamento jurídico, de cunho instrumental, excepcional e acessório.

O procedimento da apelação da Lei 9.099/95 sofreu substanciais alterações, pois a mesma deverá ser interposta no prazo de 10 dias, com o pedido e as razões da inconformidade. Não tem aplicação o art. 600, § 4º, do CPP, pois as razões são oferecidas juntamente com o pedido, o qual é aforado no juízo *a quo*, e as regras do CPP se aplicam subsidiariamente quando não forem incompatíveis com a Lei 9.099/95. Considerando a devolução total da matéria, no recurso de apelação, em favor do acusado, é de ser admitido e conhecido o recurso, mesmo quando interposto nos dez dias sem as razões ou quando estas estiverem fora desse prazo, pois são obrigatórias, sempre que houver interposição no prazo legal.[135]

Não há previsão de sustentação oral perante as Turmas Recursais Criminais. Entretanto, a Lei Estadual ou o Regimento Interno das Turmas Recursais poderão contemplá-las. As partes serão cientificadas da sessão de julgamento, com prazo razoável para preparar a sustentação oral, pela imprensa, segundo a Lei 9.099/95. Há entendimento, inclusive do STF, de que se trata de uma especialidade da Lei 9.099/95, o qual preponderaria sobre o § 4º do art. 370 do CPP, cuja ausência de intimação pessoal, portanto, no âmbito das TRCrims, não produziria nenhum vício processual.[136] Entretanto, o Ministério Público e a Defensoria Pública (circunstância a ser aplicada aos defensores dativos, por simetria) possuem prerrogativa legal de intimação pessoal, a qual prepondera acima da especialidade da simplificação do ato processual.

Poderá a Turma lavrar "acórdão" da decisão ou, entendendo por manter a sentença por seus próprios fundamentos, emitir somente uma súmula, a qual servirá para comprovar o reexame da decisão. En-

---

[135] Vid. STF HC 86.454/SC, Rel. Min. Carlos Velloso, DJ de 01.07.2005, o qual cita outros precedentes do STF, pelo não conhecimento da apelação oferecida sem as razões, no prazo dos 10 dias. Por outro lado, também há posicionamento do STF, pelo conhecimento, por se tratar de mera irregularidade a apresentação das razões fora do prazo. Nesse sentido, vid. HC 80.947, Rel. Min. Sepúlveda Pertence, DJ de 04.09.01, e o HC 85.006/MS, Rel. Min. Gilmar Mendes, DJ de 11.03.05.

[136] Vid., entendimento originário no STF, no HC 76.915/RS, Rel. Min. Marco Aurélio, DJ de 27.04.2001. No mesmo sentido, posteriormente, STF, no HC 81.446, Rel. Min. Ellen Gracie, DJ de 10.05.2002, e no HC 84.277/MS, Rel. Min. Carlos Velloso, DJ de 08.10.2004.

tretanto, embora sucinta, conterá a fundamentação (motivação fática e jurídica), sob pena de ofensa ao art. 93, IX, da CF.

13.3 – Embargos declaratórios

Art. 83. Caberão embargos de declaração quando, em sentença ou acórdão, houver obscuridade, contradição, omissão ou dúvida.

§ 1º Os embargos de declaração serão opostos por escrito ou oralmente, no prazo de cinco dias, contados da ciência da decisão.

§ 2º Quando opostos contra sentença, os embargos de declaração suspenderão o prazo para o recurso.

§ 3º Os erros materiais podem ser corrigidos de ofício.

- vid. arts. 619 e 620 do CPP
- vid. arts. 536 e 538, *caput* do CPC

Segundo os arts. 382, 619 e 620 do CPP, da sentença ou acórdão obscuros, ambíguos, contraditórios ou omissos, cabe declaração. Contra toda a decisão ditada nesses termos, deveria caber embargos declaratórios, por ofensa ao princípio da motivação das decisões judiciais. A decisão obscura, ambígua, contraditória ou omissa não está fundamentada (art. 93, IX, da CF) e não permite o exercício do direito ao recurso. Nessa perspectiva, são cabíveis embargos declaratórios contra decisões interlocutórias. Por isso também é de ser admitido o esclarecimento postulado pelo Ministério Público, em favor do réu.

Os embargos declaratórios também estão previstos no art. 535 do CPC, nos casos de obscuridade, contradição e omissão.

Os arts. 48 e 83 da Lei 9.099/95, em relação ao CPP, acrescentam o cabimento nos casos de dúvida, substituindo o termo *ambigüidade* por *contradição*.

A obscuridade diz respeito à linguagem empregada na decisão, o que pode torná-la ambígua ou mesmo ininteligível. Em suma, falta clareza. A contradição ocorre quando a afirmação vai de encontro ao já dito. É a negação da afirmação anterior ou a afirmação da negação anterior. É omissa a decisão que deixa de apreciar as questões relevantes ou decisivas ao deslinde do feito. Sentença omissa é uma sentença sem motivação plena. A omissão não sanada acarreta a ausência do requisito de admissibilidade do recurso extraordinário sobre o ponto omisso, por falta de pré-questionamento (Súmula 356 do STF), pois o recurso extraordinário se apóia sobre os fundamentos da decisão (Súmula 283 do STF). A dúvida decorre de uma decisão viciada pela contrariedade, pela omissão ou por outro motivo.

Observe-se que a Lei 9.099/95 admite a interposição oral dos embargos declaratórios, no prazo de 05 dias, e não de 02 dias, conforme está previsto no CPP.

Embora o CPP e a Lei 9.099/95 não façam referência ao contraditório, este é a essência do processo e há de ser garantido também nos embargos declaratórios, recebidos com ou sem o efeito infringente.

O art. 538 do CPC estabelece que o aforamento de embargos declaratórios interrompe o prazo de interposição de recurso por qualquer das partes. O CPP silencia a respeito, e a Lei 9.099/95 refere a suspensão do prazo (art. 83, § 2º). Há uma diferença substancial entre suspensão e interrupção do prazo. Na suspensão, não se conta o lapso temporal do período suspenso, mas soma-se o anterior, ou seja, o lapso temporal suspenso continua a fluir após o término da suspensão. Já na interrupção, o lapso temporal fluído antes do marco interruptivo não é mais considerado, pois o prazo inicia sua contagem do zero, após o término da interrupção.

Dispondo a Lei 9.099/95, de forma expressa, que o prazo se suspende, este dispositivo é o que deve ser aplicado, e não a analogia ao art. 538 do CPC. É o que dispõe expressamente o art. 92 da Lei 9.099/95. No caso em tela, existe incompatibilidade entre os efeitos da interrupção e da suspensão do prazo.

Desde que persistam as causas da falta de clareza, é possível a interposição de embargos declaratórios contra a decisão proferida nos embargos anteriores.

13.4 – Recurso em sentido estrito e agravo em execução

Não vedando a Lei 9.099/95 a impugnabilidade das decisões interlocutórias, estas são recorríveis, nos termos do art. 581 do CPP (recurso em sentido estrito) e do art. 197 da Lei 7.201/84 (agravo em execução) por força do art. 92 desta lei.[137] Embora conste no art. 581 o cabimento do recurso em sentido estrito, quando a decisão é proferida pelo juízo da execução penal, o remédio jurídico cabível é o agravo em execução, e não o constante no art. 581 do CPP.

---

[137] Vid. ROSA, Fábio Bittencourt da. "Juizados Criminais na Justiça Federal", em *Revista do TRF 4ª Região*, Porto Alegre, 2001, nº 42, p. 35. Em sentido contrário, admitindo, GRINOVER, GOMES FILHO, GOMES e SCARANCE FERNANDES. *Juizados...*cit., p. 182.

As decisões interlocutórias não constantes no rol do art. 581 do CPP, quando definitivas – encerrarem o processo com julgamento do mérito (perdão judicial, v.g.) – ou com força de definitivas – solucionam processos incidentais –, comportam o recurso de apelação, com fundamento no art. 593, II, do mesmo diploma legal (não-homologação da transação penal, *v.g.*)

13.5 – Carta testemunhável

Está prevista no art. 639 do CPP para remediar a decisão que não recebe o recurso ou que o recebe mas lhe nega seguimento.[138] Trata-se de um recurso subsidiário, pois a decisão que não recebeu a apelação ou a julgou deserta é atacável pelo recurso em sentido estrito (art. 581, XV, do CPP), e das decisões que não admitem o recurso extraordinário cabe agravo de instrumento, por exemplo.

Como no recurso em sentido estrito e no agravo em execução, existe a possibilidade de o juiz manter ou reformar a decisão. Ocorrendo a reforma, o recurso é recebido ou lhe é dado seguimento.

13.6 – Embargos infringentes e de nulidade

Trata-se de recurso exclusivo da defesa, embora o Ministério Público também tenha legitimidade para recorrer em favor do réu. Pela sistemática do CPP, as decisões embargáveis são as apelações, o recurso em sentido estrito e o agravo da execução, sempre que não houver unanimidade, e a decisão da maioria contrariar o imputado. A competência depende da organização interna dos tribunais, com devolução nos limites do voto vencido.

Dos acórdãos da TRCrim não há previsão específica, na Lei 9.099/95, do cabimento de embargos infringentes e de nulidade.[139] Entretanto, é de ser aplicado, subsidiariamente, o CPP, pois as Turmas Recursais Criminais são o segundo grau de julgamento do JECrim, e

---

[138] Vid. TOURINHO NETO, Fernando da Costa *et al. Juizados Especiais Cíveis e Criminais*. São Paulo: RT, 2008, p. 635, pelo seu cabimento.
[139] Vid. STF, no HC 76.294, Rel. Min. Carlos Velloso, DJ de 11.11.1998, pelo não-cabimento, embora reconheça a divergência doutrinária.

também proferem decisões não-unânimes, contrariando os interesses do réu. É certo estar o art. 609 do CPP inserido no capítulo que trata do "processo e do julgamento dos recursos em sentido estrito e das apelações nos Tribunais de Apelação". Ocorre que na década de quarenta não havia TRCrim e o parágrafo único do art. 609 do CPP admite os embargos quando não for unânime a decisão de segunda instância, desfavorável ao réu. Ora, a TRCrim é a segunda instância no sistema do JECrim. Não admitir os embargos infringentes e de nulidade, previstos para as demais infrações criminais, é obrar, mais uma vez e em mais um lugar, no utilitarismo legal e judicial, contra os acusados e contra as garantias constitucionais. Leis estaduais deverão organizar o julgamento dos recursos, inclusive por colegiados formados por mais de uma Turma Recursal, possibilitando o julgamento dos embargos infringentes, de nulidade e das revisões criminais.

13.7 – Recursos especial e extraordinário

A existência desses dois recursos, nos moldes atuais, se justifica por razões políticas – sistema federativo de governo, guarda da constituição e interpretação uniforme de Leis Federais pelos Tribunais. Essas impugnações extraordinárias estão sujeitas ao controle rígido dos requisitos de admissibilidade: Leis 8.038/90 e 8.950/94, Regimentos Internos e Súmulas, com possibilidade jurídica taxativa (arts. 102, III, e 105, III, da CF).

Pacificou-se o entendimento da jurisprudência do não-cabimento do recurso especial ao STJ das decisões das Turmas Recursais Criminais, pois não teriam a entidade de Tribunais. Inclusive, o STJ sumulou a questão (*Súmula 203: não cabe recurso especial contra decisão preferida por órgão de segundo grau dos juizados especiais*). Ocorre que este entendimento ofende o princípio da igualdade, pois nos Estados em que não foram criadas e instaladas as TRCrims, o recurso especial é possível nas hipóteses do art. 105, III, da CF. Ademais, com o entendimento atual de que a competência para processar e julgar o *habeas corpus* impetrado contra ato da TRCrim é do Tribunal, abriu-se a possibilidade do recurso ordinário constitucional ao STJ (art. 105, II, "a", da CF) e do *habeas corpus* substitutivo desse recurso.

Em relação ao recurso extraordinário, não paira dúvida a respeito de seu cabimento, pois o art. 102, III, da CF não faz referência a Tribunal. Observe-se que por ofensa a direito municipal ou estadual não cabe recurso extraordinário,[140] salvo se a validade ou não é discutida em face da CF.

Cabe recurso extraordinário quando a decisão recorrida contrariar dispositivo da CF (art. 102, III, "a", da CF), de forma direta e não reflexa, desde que a decisão não seja deferitória de medida liminar (Súmula 735 do STF). No que tange ao princípio da legalidade, não cabe o recurso extraordinário quando a análise de sua violação pressupõe interpretação de regra infraconstitucional (Súmula 636 do STF), situação em que cabe o recurso especial ao STJ. Considerando ser uma das funções do STF a guarda da Constituição, é cabível o recurso especial para impugnar a decisão declaratória de inconstitucionalidade de tratado ou lei federal (art. 102, III, "b", da CF). Quando a decisão julgar válida lei ou ato de governo local contestado em face da CF, também é possível impugná-la por meio do recurso extraordinário (art. 102, III, "c", da CF), mas é importante notar que seu cabimento somente é possível nas situações em que a decisão faça prevalecer o direito local frente à CF (Súmula 280 do STF). De forma indireta, está no jogo dialético a constitucionalidade da lei ou do ato de governo local. A última hipótese de cabimento cinge-se à decisão que julgar válida lei local, contestada em face de lei federal (art. 102, III, "d", da CF), cuja competência migrou, com a emenda constitucional 45/2004, do STJ ao STF. Optando pela aplicação de lei local, a decisão estará considerando inconstitucional a lei federal. Portanto, no recurso extraordinário, as questões debatidas são, essencialmente, de direito federal-constitucional, e não para simples reexame de prova (Súmula 279 do STF).

As decisões sujeitas ao recurso extraordinário são aquelas proferidas em última ou única instância, teminativa, definitivas ou interlocutórias, proferidas por Juiz de Direito, Tribunal ou Turma Recursal (Súmula 640 do STF), não cabendo contra acórdão que defere medida liminar (Súmula 735 do STF). No processo civil, cabe recurso extraordinário retido, nos termos do art. 542, § 3º, do CPC, situação inaplicável ao processo penal (AgRg 234.016-SP). Exige-se o esgotamento da via recursal ordinária (Súmula 281 do STF) e impugnação de todos os fundamentos suficientes da decisão (Súmula 283 do STF).

A questão federal suscitada no recurso extraordinário deverá ter sido ventilada na decisão recorrida, sob pena de inadmissibilidade do recurso (Súmula 282 do STF). É o requisito do prequestionamento, ou seja, a prévia abordagem da questão de direito federal pela decisão recorrida, justificável, na medida em que o recurso tem por objeto a tute-

---

[140] Vid. Súmula 280 do STF

la da dimensão desse direito, o qual exige filtros prévios de discussão. Por isso, o aspecto omisso da decisão, sobre o qual não foram opostos embargos declaratórios, não pode ser objeto de recurso extraordinário, em razão da falta de prequestionamento (Súmula 356 do STF). Observe-se que o STF não admite o prequestionamento implícito, exceto no que se refere ao procedimento do recurso, cujo conhecimento foi posterior.

No âmbito criminal, o Ministério Público, o querelante, o réu e seu defensor possuem legitimidade para recorrer (art. 577, *caput*, do CPP) e o assistente da acusação, para aqueles que defendem sua adequação constitucional, possui legitimidade supletiva (art. 598 do CPP).

De acordo com o art. 26 da Lei 8.038/90, o prazo de interposição é de 15 dias, com a observação de que os embargos declaratórios, no âmbito da Lei 9.099/95 suspendem o prazo para o recurso (art. 83, § 2º), diferentemente do que ocorre no CPC (art. 538, *caput*), aplicável ao CPP.

Após a Emenda Constitucional 45/04, no recurso extraordinário, o recorrente deverá demonstrar a repercurssão geral das questões constitucionais discutidas no caso,[141] para que o Tribunal examine a admissão do recurso, podendo recusá-lo mediante o *quorum* de dois terços de seus membros (art. 102, § 3º, da CF). A Lei 11.418, de 19 de dezembro de 2006, regulamentou o referido dispositivo constitucional, acrescentando os arts. 543-A e 543-B ao CPC, delimitando a repercussão geral, o procedimento e seus efeitos. Em suma, haverá repercussão geral sempre que a decisão contrariar súmula ou jurisprudência dominante do Tribunal; o objeto do recurso superar o interesse subjetivo do recorrente e possa interessar a outros recursos (repetição). Trilha-se o caminho da significação política dos temas enfrentados, ou seja, da possível repercussão da decisão em outros processos semelhantes, onde as questões constitucionais tenham relevância social, política, econômica ou jurídica que transcendam aos interesses meramente subjetivos da causa. A alegação da repercussão geral é verificável na origem (Tribunal ou TRCrim) e no STF, mas se existe ou não repercussão geral é matéria exclusiva do STF.[142]

> Com o destaque do requisito da repercussão geral, praticamente todas as decisões do STF passaram a ter força vinculante, erga omnes, com todos os riscos e inconvenientes da verticalização utilitária das decisões.

---

[141] Vid. STF, AI-QO 664.567-2/RS, Rel. Min. Sepúlveda Pertence, DJ de 05.09.2007, da aplicabilidade, também no âmbito criminal, da exigência constitucional da repercurssão geral.

[142] Já há casos com repercussão geral reconhecidos no STF: RE 579167 (progressão de regime nos crimes hediondos – prazo – Lei 11.464/07 – questão dos 2/5); RE 575144 – STM – questão envolvendo o regimento interno – inexistência de acórdão – violação do direito de defesa); RE-RG 591.563/RS, Rel. Min. Cezar Peluso, j. em 02.10.2008, quando o STF reconheceu a repercussão geral na decisão de afastamento da agravante da reincidência.

Entretando, a devolução restrita, em face da matéria, não veda a apreciação de questões conhecíveis de ofício, como o *habeas corpus* e a declaração de extinção da punibilidade.

Considerando-se o princípio da inocência (art. 5º, LVII, da CF), a execução da pena somente encontra justificativa constitucional após o esgotamento de todas as vias recursais, ordinárias e extraordinárias, apesar do contido no art. 27, § 2º, da Lei 8.038/90 (efeito devolutivo do recurso).

Mesmo que os Tribunais Superiores neguem a qualidade de Tribunal à TRCrim, da decisão que não admite o Recurso Extraordinário ao STF, cabe agravo de instrumento, no prazo de cinco dias, nos termos do art. 28 da Lei 8.038/90,[143] apesar do contido na Lei 8.950/9, a qual alterou o CPC.[144]

---

[143] Vid. STF, Recl. 2.826/RS, Rel. Min. Marco Aurélio, DJ de 14.11.2007.

[144] Vid. STF, AI 197.032-1/RS, Rel. Min. Sepúlveda Pertence, DJ de 05.12.97 e Súmula 699 do STF, nesse sentido.

14 – Remédios Jurídicos de Garantia

As decisões judiciais podem ser alteradas mediante duas espécies de remédios: recursos e ações autônomas. Os primeiros exigem que a decisão não tenha transitado em julgado, enquanto o *habeas corpus* e o mandado de segurança podem remediar situações já atingidas ou não pela coisa julgada. Com a interposição do recurso, inicia-se uma nova fase processual, mas não um novo processo, ou uma nova relação jurídica processual – para os que a admitem –, ocorrendo justamente o contrário nas ações autônomas de impugnação. Além do *habeas corpus* e do mandado de segurança, a revisão criminal é uma ação autônoma impugnativa, com entidade desconstitutiva da coisa julgada, em favor do condenado.

14.1 – *Habeas corpus*

A CADH, no art. 7º, VI, assegura a toda pessoa privada de sua liberdade o direito de recorrer a um juiz ou a um tribunal que decida, sem demora, sob a legalidade da prisão e determine a soltura em caso de ilegalidade.

Segundo a CF (art. 5º, LXVIII), cabe *habeas corpus* sempre que alguém sofrer ou se achar ameaçado de sofrer violência ou coação em sua liberdade de locomoção, por ilegalidade ou abuso de poder. Porém, o art. 142, § 2º, da CF não admite *habeas corpus* no que tange às punições disciplinares militares. A restrição ao cabimento do remédio heróico somente encontra justificativa na norma constitucional. Assim, admite-se a exceção nos casos das punições disciplinares militares, como já referido. Esta vedação não é absoluta, pois o direito fundamental da liberdade está acima do princípio da hierarquia disciplinar.

O *Habeas Corpus* se constitui no remédio jurídico mais eficaz e amplo para assegurar o direito de liberdade, afastando o constrangimento (liberatório), ou evitando-o (preventivo).

Tendo em vista os objetivos deste trabalho, somente analisaremos, sucintamente, os aspectos mais sensíveis deste remédio jurídico, voltados às infrações de menor potencial ofensivo.

Por se tratar de um remédio jurídico especial, protetor da garantia da liberdade, justifica-se a ausência de qualquer restrição quanto à capacidade postulatória (art. 654 do CPP; art. 1º, § 1º, Lei 8.906/94), inclusive do Ministério Público (art. 32, I, da Lei 8.625/93).

Desde que inteligível e identificados o impetrante, o impetrado e o paciente, o *habeas corpus* pode ser aforado por escrito, fax, telex, telegrama, e-mail, telefone, etc.

Dois critérios relevantes, além de outros, informam a competência para julgar o *habeas corpus*: territorialidade e hierarquia (arts. 649 e 650, § 1º, do CPP). Assim, uma vez instalado o JECrim, o magistrado deste juizado é o competente para processar e julgar o *habeas corpus* em face do constrangimento de autoridade policial ou particular, sempre que se tratar de infração penal de menor potencial ofensivo. A TRCrim, uma vez instalada, é a competente para processar e julgar o *habeas corpus* quando a ameaça ou o constrangimento advierem do magistrado do JECrim.[145] Segundo a Súmula 690 do STF (compete ao STF, originariamente, o julgamento do *habeas corpus* contra decisão da Turma Recursal Criminal), cancelada pelo plenário do STF, a partir o julgamento do HC 86.834, de 23.06.2006, tendo como relator o Ministro Marco Aurélio,[146] cabia ao STF a apreciação do *habeas corpus* contra ato

---

[145] Vid., nesse sentido, HC 5.267/PB, Rel. Min. Fernando Gonçalves, DJ de 09.06.97, acerca da competência da TRCrim para apreciar *habeas corpus* contra ato do magistrado do JECrim.

[146] "A competência para julgar *habeas corpus* é definida em face dos envolvidos na impetração. O paciente quase sempre não detém prerrogativa de foro. Então, cumpre perquirir quanto à autoridade coatora. Consoante dispõe o art. 96, inciso III, da CF, aos Tribunais de Justiça cabe processar e julgar os juízes estaduais nos crimes comuns e de responsabilidade, ressalvada a competência da Justiça Eleitoral. Então, imputado o ato de constrangimento a Turma Recursal do Juizado Especial Criminal, incumbe ao Tribunal de Justiça examinar o *habeas corpus*. Essa ótica é reforçada pelo fato de a competência originária e recursal do Supremo estar fixada na própria Carta, e aí não se tem preceito a versá-las que, interpretado e aplicado, conduza à conclusão sobre competir a esta Corte apreciar os *habeas* ajuizados contra atos de Turmas Recursais Criminais, tratando-se de processo concernente a delito de menor potencial ofensivo. Considerando o disposto no art. 102, inciso I, da Lei Fundamental, compete ao Supremo julgar *habeas corpus* sendo pacientes o Presidente da República, os membros do Congresso Nacional, os próprios Ministros da Corte, o Procurador-Geral da República, os Ministros de Estado, os comandantes da Marinha, do Exército e da Aeronáutica, os membros do Tribunais Superiores, os do Tribunal de Contas da União e os chefes de missão dilomática de caráter permanente. Relativamente à alínea "i" do citado inciso e tendo em vista atos de Tribunais, veio à baila a Emenda Constitucional nº 22/99, explicitando

da TRCrim. Mas, a partir da decisão de 2006, a competência para julgamento do *habeas corpus* passou aos Tribunais de Justiça e aos Tribunais Regionais Federais. Este entendimento foi seguido pelo STJ, cujas decisões declinaram da competência aos referidos Tribunais[147]. Quando o coator for a autoridade policial encarregada de elaborar o termo circunstanciado, o juiz togado do JECrim será o competente para apreciar o *habeas corpus*. Partindo o ato de juiz togado, a competência é da TRCrim, pois é o juízo de hierarquia superior, embora os componentes tenham jurisdição no mesmo plano, mantendo-se o sistema do JECrim.

Embora haja entendimento que não é obrigatória a intimação do Ministério Público no processo do *Habeas Corpus* no primeiro grau, pensamos que é de ser aplicado o Decreto-Lei 552/69, o qual determina sua intimação nos Tribunais Federais e Estaduais, pois o Ministério Público, além de parte, atua como fiscal das garantias (art. 127 da CF).

14.2 – Mandado de segurança

Conforme art. 5º, LXIX, da CF, conceder-se-á mandado de segurança para proteger direito líquido e certo quando o responsável pela ilegalidade ou pelo abuso de poder for autoridade pública ou agente de pessoa jurídica no exercício de atribuições do poder público, sempre que não seja cabível o *habeas corpus* ou o *habeas data*. Não há qualquer restrição à matéria criminal.

---

que cumpre ao Supremo julgar os *habeas* uma vez envolvida Corte possuidora de qualificação superior, sendo destinado ao Superior Tribunal de Justiça o julgamento das demais impetrações voltadas a afastar ato de Tribunal que não tenha tal qualificação. Constitui até mesmo paradoxo interpretar o Diploma Básico, assentando-se que ao Supremo apenas cabe julgar *habeas* quando se cuida de ato de tribunal superior, e apareciar toda e qualquer impetração direcionada ao afastamento de ato de Turma Recursal criminal cujos integrantes não compõem sequer Tribunal. Vale frisar também que está no âmbito da competência do Supremo, ante a alínea "i" referida, os *habeas corpus* que revelem como coator autoridade ou funcionário cujos atos estejam sujeitos diretamente à respectiva jurisdição ou se trate de crime sujeito a mesma jurisdição em uma única instância, o que não é o caso. Em quadra na qual se nota que o Supremo fechará o ano com cerca de 78 mil processos distribuídos aos respectivos integrantes, cumpre o apego maior à definição da competência da Corte, estabelecida pela CF. Por isso, articulo mais uma vez a matéria, concluindo não incumbir ao Supremo julgar *habeas* quando o ato impugnado decorra de atuação de Turma Recursal de Juizado Especial Criminal, concluindo pela competência do Tribunal de Justiça ou Tribunal Regional a que vinculado o órgão apontado como coator".

[147] Vid. STF HC 90.905 AgR, Rel. Min. Ricardo Lewandowski, DJ de 15.12.2006; STJ, HC 77.798/RJ, Rel. Minª Laurita Vaz, DJ de 25.06.2007; HC 96.979/SP, Rel. Min. Hamilton Carvalhido, DJ de 30.06.2008; HC 104.570/RS, Rel. Min. Jorge Mussi, DJ de 06.10.2008.

Observa-se que se trata de uma ação constitucional subsidiária contra ato de autoridade, cujo direito violado há de ser líquido e certo, isto é, comprovado documentalmente. No JECrim poderá ter cabimento contra ato da autoridade que apreende e/ou indefere a liberação de objetos, *v.g.* O STJ tem admitido este remédio jurídico para impugnar a decisão do magistrado que, de ofício, concede a suspensão condicional do processo ao acusado.[148]

Diversamente do *habeas corpus* e da revisão criminal, o mandado de segurança está sujeito ao prazo decadencial de 120 dias, conforme art. 18 da Lei 1.533/51.

Outra questão relevante é a da competência, em se tratando de infração de menor potencial ofensivo. Havendo TRCrim em funcionamento, contra os atos de autoridade, exceto de magistrado do JECrim (mandado de segurança à TRCrim) a competência é do JECrim. Contra atos da TRCrim ou de magistrados que nela atuam, em razão da interpretação restritiva (*numerus clausus*), o mandado de segurança foge da competência originária dos Tribunais Superiores (STF e STJ), nos termos dos arts. 102, I, "d" e 105, I, "b", da CF. O entendimento do STF, desde 04.12.2003 é de ser a competência da própria TRCrim ao julgamento das ações mandamentais impetradas contra seus atos, nos termos do art. 21, VI, da LOMAN.[149]

14.3 – Revisão criminal

A ação[150] de revisão criminal é um remédio jurídico que ataca a coisa julgada, fundada na superioridade do valor justiça frente à segurança jurídica, capaz de desconstituir, total ou em parte, o *decisum*,[151] restituindo ao condenado o *status libertatis* e/ou *status dignitatis*.

---

[148] Vid. Resp. 164.659, Rel. Min. José Arnaldo, DJ de 09.11.98.

[149] Vid. STF, *leading case* no MS 24.691, Rel Min. Sepúlveda Pertence, j. em 04.12.2003, publicado no DJ de 24.06.2005; AgR 25.279-1/SP, Rel. Min. Carlos Britto, DJ de 25.08.2006; Rcl 1.086/RS, Rel. Min. Sepúlveda Pertence, DJ de 19.11.2004.

[150] Consideramos a revisão criminal como sendo uma ação impugnativa autômoma, originária de um novo processo, e não de um recurso extraordinário ou excepcional, pois neste se pretende evitar o trânsito em julgado da decisão, provocando um novo exame, enquanto a revisão criminal pretende rescindir uma sentença já passada em julgado.

[151] O juízo revisório pode modificar a classificação do crime e/ou a pena, mantendo o decreto condenatório, ou absolver o réu.

O fundamento da obediência da constitucionalidade[152] da coisa julgada está no art. 5º, XXXVI, da CF. Tem entidade constitucional também a revisão *pro reo*, em face do art. 8.4 da CADH, pois prevê que "o acusado absolvido por sentença passada em julgado não poderá ser submetido a novo processo pelos mesmos fatos".

A coisa julgada evita que o jurisdicionado seja investigado e/ou responda a outro processo pelos mesmos fatos, independentemente da condenação ou da absolvição. A eficácia tanto pode ser negativa, preclusiva ou excludente de uma segunda sentença sobre o mérito, em face do princípio *non bis in idem*. Discute-se, doutrinariamente, a eficácia positiva ou prejudicial da coisa julgada penal.[153]

O órgão *ad quem* poderá desconstituir a sentença *extra* ou *ultra petita*, isto é, absolver quando o pedido é de redução da pena, *v.g.* Veda-se, nos termos do art. 617 do CPP, a *reformatio in pejus* indireta, admitindo-se o efeito extensivo, embora limitado (art. 580 do CPP).

Considerando as peculiaridades específicas do sistema do JECrim, destacamos a problemática da competência e a da possibilidade jurídica em face das causas de pedir.

Segundo o art. 102, I, "j", da CF, o STF é o competente para julgar, originariamente, a revisão criminal, *mas de seus julgados.* O art. 105, I, "e", da CF vai na mesma linha, no que pertine ao STJ. Ao TRF cabe o julgamento da revisão *de seus julgados* (art. 108, I, "b", CF). Ademais, o art. 554 do CPP Militar prevê a competência do Superior Tribunal Militar e, nas esferas estaduais, os Tribunais de Justiça Militar ou de Justiça, na falta destes, nos termos das Constituições Estaduais. O art. 364 do Código Eleitoral determina a aplicação subsidiária do CPP. É de ser consignado não transferir a competência ao STF e ao STJ a mera apreciação de eventuais recursos extraordinários ou especiais.

A Constituição Estadual do Rio Grande do Sul, no art. 93, V, "g", diz que o Tribunal de Justiça é o competente para processar e julgar os pedidos de revisão relativos às condenações que *houver proferido*.

Assim, das condenações da TRCrim, cabe revisão criminal às Turmas Recursais Criminais.[154]

---

[152] No direito alemão, a coisa julgada penal encontra suporte constitucional no art. 103, III, da Lei fundamental (*Grundgesetz*). Vid. também arts. 648 e 649 do CPP italiano, 666 e 693.2 do CPP espanhol.

[153] Vid. OLIVA SANTOS, A. *Derecho procesal penal* (coordenador). Madrid: Centro de Estudios Ramón Areces, 1997, p. 571 a 584.

[154] Nesse sentido, NUCCI, *Guilherme de Souza. Lei Penais e Processuais Penais Comentadas*. São Paulo: RT, 2008, p. 775. STJ, Resp. 470.673/RS, Rel. Min. José Arnaldo da Fonseca, DJ de 04.08.2003 e CC 47.718/RS, Rel. Min. Jane Silva, DJ de 26.08.2008.

É certo que se aplica, subsidiariamente, o CPP às situações não contempladas na Lei 9.099/95 e que o julgamento da revisão criminal se dá por órgãos colegiados, com composição superior a uma TCR. Entretanto, as normas constitucionais preponderam sobre as ordinárias, cabendo a instituição de mecanismos para manutenção da competência das TRCrims (convocação de suplentes, formação de Grupos de Turmas, com aproveitamento das Turmas Recursais Cíveis, por exemplo).

A falibilidade humana pode ser reparada pelo mesmo órgão que errou. Não há nenhum inconveniente em reconhecer o próprio erro ou reexaminar a questão. A revisão criminal não é um recurso, mas uma ação penal constitutiva. Portanto, não há substituição da decisão anterior por outra, mas sua invalidação.

Embora taxativas, as hipóteses de cabimento da revisão criminal admitem uma interpretação extensiva. A sentença penal condenatória, independentemente de ter sido proferida nas infrações penais de menor potencial ofensivo, poderá ser objeto de revisão quando contrariar texto de lei constitucional, material ou processual, ou também quando contrariar a evidência dos autos (art. 621, I, CPP). O conjunto probatório poderá informar a existência de uma contradição, *v.g.*, quando dois sujeitos são condenados por um crime que só poderia ter sido cometido por um.

Segundo o inciso II do art. 621 do CPP, cabe revisão quando a sentença condenatória se fundar em depoimentos, exame ou documentos comprovadamente falsos. Esses fatos podem ser provados nos próprios autos do processo da revisão ou em apartado.

Quando, após a sentença condenatória, surgirem novas provas da inocência ou de circunstância especial de diminuição de pena, não se exige a superveniência das provas, bastando a descoberta de sua existência. Assim, as provas poderão ter existência anterior à sentença condenatória, só que não haviam sido descobertas ou, embora descobertas não foram alegadas ou produzidas no processo. É a causa mais comum de ocorrer. Podemos citar como exemplos: a condenação de um sujeito que na época do fato não estava no local do crime; do agente que estava preso, ou impossibilitado de ter praticado o crime por outro fato.

Caberá revisão criminal da sentença homologatória da transação criminal e da suspensão condicional do processo? A vedação da CADH restringe-se à sentença absolutória e um dos objetivos da revisão criminal é o restabelecimento do *status dignitatis* do cidadão, o qual é atingido mesmo com o cumprimento de uma medida criminal alternativa à pena privativa de liberdade e de certas condições, em substituição ao processamento. Ademais, a transação penal impede novo acordo criminal no prazo de cinco anos. Portanto, é de ser admitida a revisão criminal da sentença que homologa ou aplica as alternativas penológicas da multa ou da pena restritiva de direitos (demonstração do erro, da prova viciada, por exemplo), bem como na que homologa ou aplica a suspensão condicional do processo.

Não cabendo recurso especial ao STJ das decisões d TRCrim, o recurso que resta do julgamento da revisão criminal pela TRCrim é o recurso extraordinário ao STF, nos limites da CF, além dos embargos declaratórios.[155]

---

[155] Vid. Regimentos Internos dos Tribunais, especialmente do STF, bem como a doutrina acerca dos embargos infringentes e de nulidade para impugnar a decisão não-unânime que julgar improcedente a revisão criminal.

15 – Remédios Correicionais: correição parcial e reclamação

A correição parcial e a reclamação não são propriamente recursos, mas remédios jurídicos que objetivam restabelecer o curso natural do processo, independentemente do estabelecimento do contraditório das partes. Basta a provocação jurisdicional e a demonstração da inversão tumultuária do processo, não impugnável por um recurso ou a violação da competência dos Tribunais Superiores.

Evidentemente que existe controvérsia acerca da natureza jurídica da correição parcial, bem como de sua constitucionalidade. Embora não receba a denominação de recurso, alguns entendem possuir os mesmos efeitos deste, na medida em que tem entidade suficiente para modificar uma decisão *a quo*, além de estar prevista nas Leis 5.010/66 e 1.533/51. Porém, a ausência do contraditório.

A correição parcial ataca decisões e/ou despachos não impugnáveis por outros recursos, sempre por *error in procedendo*, ou seja, pela inversão tumultuária do processo, por erro (equívoco), ou abuso (excesso), sem efeito suspensivo.

Em se tratando de correição parcial de infrações de menor potencial ofensivo, o endereçamento deve ser ao Presidente da TRCrim, seguindo-se as mesmas regras aplicáveis às correições parciais de competência dos Tribunais

Nos termos dos arts. 102, I, "l", e 105, I, "f", da CF, cabe a reclamação para preservar a competência do STF ou do STJ, bem como para garantir a autoridade de suas decisões, ou seja, para fazê-las cumprir. Havendo TRCrim em funcionamento na unidade federativa, aplica-se somente o art. 102, I, "l", da CF, pois não cabe recurso ao STJ das decisões das TRCrims.

A Lei 8.038/90 e os próprios Regimentos Internos dispõem sobre a matéria.

16 – Da Execução

Art. 84. Aplicada exclusivamente pena de multa, seu cumprimento far-se-á mediante pagamento na Secretaria do Juizado.
Parágrafo único. Efetuado o pagamento, o juiz declarará extinta a punibilidade, determinando que a condenação não fique constando dos registros criminais, exceto para fins de requisição judicial.
Art. 85. Não efetuado o pagamento da multa, será feita a conversão em pena privativa de liberdade, ou restritiva de direitos, nos termos previstos em lei.
Art. 86. A execução das penas privativas de liberdade e restritivas de direitos, ou de multa cumulada com estas, será processada perante o órgão competente, nos termos da lei.

• vid. art. 51 do CP

As duas medidas principais, aplicáveis em sede de transação criminal, são a multa e a restrição de direitos, sem prejuízo da prestação social alternativa, como já afirmado.

Poderá o envolvido não aceitar a composição dos danos cíveis e nem a transação criminal, preferindo o provimento jurisdicional, absolutório ou condenatório. A condenação obedecerá à cominação abstrata da sanção criminal, a qual será substituída, preenchidos os requisitos do CP.

A multa, aplicada em sede de transação criminal ou de sentença condenatória, poderá ser paga na secretaria do próprio juizado. No inadimplemento, a multa poderá ser convertida em pena alternativa. Somente a multa aplicada como pena, em sentença condenatória, será considerada dívida de valor, nos termos da Lei 9.268, de 1º de abril de 1996.

Mesmo a multa aplicada em sede de condenação, uma vez paga, implica extinção de punibilidade, vedando-se que conste em registros, exceto para fins de requisição judicial. Assim, a multa aplicada como medida acordada, na transação criminal, não poderá constar no rol de culpados. Entretanto, quando aplicada por sentença condenatória, deverá constar do rol de culpados. Com o pagamento será decretada a extinção da punibilidade e do registro somente será prestada informação ao magistrado, mediante requisição.

Nos termos do art. 60 da Lei 9.099/95, a competência para executar as medidas e as penas aplicadas no âmbito da Justiça Consensual é do JECrim. Segundo o art. 86, a execução será processada perante o órgão competente, nos termos da lei. Desta forma, Lei Estadual poderá disciplinar a matéria, inclusive criando Juizado Especial à execução, ou deferir ao juizado, ou a um dos juizados criados, a competência à execução. Não o fazendo, a competência será da execução criminal comum. Seria de bom alvitre que a execução das medidas e das penas aplicadas no sistema da Justiça Consensual ficassem dentro do próprio sistema. Na execução, compreende-se a fiscalização do cumprimento das restritivas de direitos.

Como já afirmamos, o descumprimento da medida alternativa, seja a multa ou a restritiva de direitos, não poderá ser convertido em pena privativa de liberdade. A única hipótese possível, na atual situação legal, é a execução, eis que o processo cognitivo foi encerrado e operou-se a coisa julgada, embora haja entendimento diverso do STJ e do STF.

17 – Das Despesas Processuais

Art. 87. Nos casos de homologação do acordo civil e aplicação de pena restritiva de direitos ou multa (arts. 74 e 76, § 4º), as despesas processuais serão reduzidas, conforme dispuser lei estadual.

•Vid. art. 98, § 2º, da CF e art. 804 do CPP.

A Emenda Constitucional 45, de 2004, renumerou o § 1º do art. 98 da CF e incluiu o § 2º a este artigo, determinando que as custas e os emolumentos serão destinados exclusivamente ao custeio dos serviços afetos às atividades específicas da Justiça. Estas se diferenciam do valor da composição civil e da própria transação penal, seja ela em multa ou em outra pena passível de ser medida monetariamente.

Nos casos de composição civil ou de transação criminal, as despesas processuais serão reduzidas, desde que há regulamentação por lei estadual acerca dessa matéria.

A Lei Estadual poderia limitar o valor das custas a um percentual da composição civil ou da multa acordada, evitando-se que estas ultrapassassem o valor da reparação, ou da própria reprimenda pecuniária. Entretanto, acerca das custas, é vedado transacionar. Entretanto, as despesas processuais não podem ser um entrave ao consenso, ao acesso à Justiça e à efetivação dos direitos das partes.

18 – Representação Criminal e Possíveis Reflexos na Súmula 608 do STF e Lei Maria da Penha

> *Art. 88. Além das hipóteses do CP e da legislação especial, dependerá de representação a ação penal relativa aos crimes de lesões corporais leves e lesões culposas.*

Importante inovação foi introduzida em nossa sistemática processual no campo da ação processual penal. Em se tratando de lesão corporal leve dolosa ou de lesão corporal culposa, a ação processual penal passou a depender de representação. O CP de 1969 previa a representação como condição de procedibilidade nos casos de lesão corporal leve e de lesão corporal culposa.

A doutrina tem tal mudança como medida despenalizadora, ao talante da conveniência da vítima ou de seu representante legal.

Em se tratando de lesão corporal dolosa, de natureza leve, preconiza o legislador que ação processual penal será pública condicionada à representação. Portanto, a vítima, dentro de seu critério de conveniência, manifestará ou não a vontade de ver a incidência do *ius persequendi*. Por outro lado, nas contravenções penais, a ação processual penal continua sendo pública incondicionada. Na contravenção de vias de fato, tenho que o tratamento há de ser idêntico ao da lesão corporal leve, ou seja, da exigibilidade da representação pelo resultado menos gravoso à vítima, e pelo fato de se constituírem em caminho natural para se chegar ao delito de lesões corporais. É de ser aplicado o art. 3º do CPP. De igual sorte no caso de injúria real, ou seja, quando a ofensa à dignidade ou ao decoro é praticada mediante vias de fato ou com lesão corporal leve, a ação processual penal passou a ser pública condicionada à representação, numa interpretação racional, lógica, científica e integradora do ordenamento jurídico.[156]

---
[156] Segundo o STF, HC 80.617, Rel. Min. Sepúlveda Pertence, DJ de 04.05.2001, "a regra do art. 17 LCP – segundo a qual a persecução das contravenções penais se faz mediante ação pública

Incidem e devem ser observados os critérios do concurso aparente de normas, tanto do ponto de vista material quanto instrumental, na medida em que ninguém pode ser duplamente punido pelo mesmo fato, aplicando-se as regras da consunção, da subsidiariedade, da especialidade e da alternatividade. Da mesma forma, não se pode lançar mão de um tipo subsidiário ou absorvido pelo delito prevalente, para ensejar o oferecimento de uma acusação mediante ação penal pública incondicionada, quando a tipicidade maior dependia de representação e não houve (perigo/lesão corporal, maus-tratos/lesão, *v.g*).

Enuncia, textualmente, a Súmula 608 do STF: no crime de estupro, praticado mediante violência real, a ação penal é pública incondicionada.

Nos delitos contra os costumes (arts. 213 a 218 do CP), a regra é o início da ação procesual penal mediante queixa-crime. Na hipótese de pobreza da vítima ou de seus pais, a ação é pública condicionada à representação; na prática de crime com abuso de pátrio poder, ou da qualidade de padrasto, tutor ou curador, a ação processual é pública incondicionada; havendo resultado morte ou lesões corporais graves, o estupro e o atentado violento ao pudor são processáveis por ação processual penal pública incondicionada, pois o art. 223 do CP está fora do capítulo anterior referido no art. 225 do CP.

Justificava-se a ação processual penal incondicionada no caso de violência real, pois o processamento da lesões, elementar do crime complexo, não exigia representação. Com o advento da Lei 9.099/95, o início da ação processual passou a depender de representação. Então, nos delitos de estupro e atentado violento ao pudor com lesões corporais leves, o início da ação processual passou a depender de representação.[157]

A Lei 11.340/06 (Lei Maria da Penha), no art. 41, vedou a aplicação da Lei 9.099/95 no âmbito da violência doméstica delimitada na respectiva lei. A partir dessa vedação, passou-se a questionar se as lesões corporais leves e culposas praticadas nas situações da Lei Maria da Penha dependeria de represenação ou não. Segundo o art. 41 da Lei 11.340/06, o art. 88 da Lei 9.099/95 não teria aplicação na violên-

---

incondicionada – não foi alterada, sequer com relação à de vias de fato, pelo art. 88 L. 9.099/95, que condicionou à representação a ação penal por lesões corporais leves".

[157] Vid. TOURINHO NETO, Fernando da Costa *et al*. *Juizados Especiais Federais Cívies e Criminais*. São Paulo: RT, 2008, p. 398, em sentido contrário. Vid. STF, HC 82.206/SP, Rel. Min. Nélson Jobim, DJ de 22.11.03, pela aplicação da Súmula 608, mesmo em se tratando de lesões corporais leves ou culposa porque "tais crimes sempre causam lesões relevantes (ainda que psíquicas) na vítima".

cia doméstica e essas duas espécie de lesões retornariam a ser processáveis pelo Ministério Público, independentemente de representação. Porém, o art. 16 da mesma Lei Maria da Penha refere que a "renúncia" da representação somente poderá ser feita em audiência. Ora, então, admite a existência de delitos processáveis mediante representação, na violência doméstica, sendo as lesões corporais o mais frequente. Ademais, o art. 17 da Lei 11.340/06 demonstra querer evitar a retribuição da violência doméstica com cestas básicas. Assim, uma interpretação sistemática da própria Lei Maria da Penha permite continuar a depender de representação as lesões corporais leves e as culposas, mas a retratação da representação somente poderá ser feita em audiência.[158]

---

[158] Vid. DAMÁSIO DE JESUS. *Lei dos Juizados Especiais Criminais Anotada*. São Paulo: Saraiva, 2009, p. 103, o entendimento de que a ação processuaal continua sendo condicionada à representação. Vid. STJ, HC 106.805/MS, Rel. Min. Jane Silva (Desa. convocada do TJMG), j. em 03.02.2009, de que as lesões corporais leves são de ação penal pública incondicionada (votação por 3X2), cuja ementa é a seguinte: "A Turma, por maioria, denegou a ordem, reafirmando que, em se tratando de lesões corporais leves e culposas praticadas no âmbito familiar contra a mulher, a ação é, necessariamente, pública incondicionada. Explicou a Min. Relatora que, em nome da proteção à família, preconizada pela CF/1988, e frente ao disposto no art. 88 da Lei n. 11.340/2006 (Lei Maria da Penha), que afasta expressamente a aplicação da Lei n. 9.099/1995, os institutos despenalizadores e as medidas mais benéficas previstos nesta última lei não se aplicam aos casos de violência doméstica e independem de representação da vítima para a propositura da ação penal pelo MP nos casos de lesão corporal leve ou culposa. Ademais, a nova redação do § 9º do art. 129 do CP, feita pelo art. 44 da Lei n. 11.340/2006, impondo a pena máxima de três anos à lesão corporal qualificada praticada no âmbito familiar, proíbe a utilização do procedimento dos juizados especiais e, por mais um motivo, afasta a exigência de representação da vítima. Conclui que, nessas condições de procedibilidade da ação, compete ao MP, titular da ação penal, promovê-la. Sendo assim, despicienda, também, qualquer discussão da necessidade de designação de audiência para ratificação da representação, conforme pleiteava o paciente. Precedentes citados: HC 84.831-RJ, DJ 5/5/2008, e REsp. 1.000.222-DF, DJ 24/11/2008".

19 – Suspensão Condicional do Processo

Art. 89. Nos crimes em que a pena mínima cominada for igual ou inferior a um ano, abrangidas ou não por esta Lei, o Ministério Público, ao oferecer a denúncia, poderá propor a suspensão do processo, por dois a quatro anos, desde que o acusado não esteja sendo processado ou não tenha sido condenado por outro crime, presentes os demais requisitos que autorizariam a suspensão condicional da pena (art. 77 do CP).

§ 1º Aceita a proposta pelo acusado e seu defensor, na presença do juiz, este, recebendo a denúncia, poderá suspender o processo, submetendo o acusado a período de prova, sob as seguintes condições:

I – reparação do dano, salvo impossibilidade de fazê-lo;

II – proibição de freqüentar determinados lugares;

III – proibição de ausentar-se da comarca onde reside, sem autorização do juiz;

IV – comparecimento pessoal e obrigatório a juízo, mensalmente, para informar e justificar suas atividades.

§ 2º O juiz poderá especificar outras condições a que fica subordinada a suspensão, desde que adequadas ao fato e à situação pessoal do acusado.

§ 3º A suspensão será revogada se, no curso do prazo, o beneficiário vier a ser processado por outro crime ou não efetuar, sem motivo justificado, a reparação do dano.

§ 4º A suspensão poderá ser revogada se o acusado vier a ser processado, no curso do prazo, por contravenção, ou descumprir qualquer condição imposta.

§ 5º Expirado o prazo sem revogação, o juiz declarará extinta a punibilidade.

§ 6º Não correrá a prescrição durante o prazo de suspensão do processo.

§ 7º Se o acusado não aceitar a proposta prevista neste artigo, o processo prosseguirá em seus ulteriores termos.

19.1 – Antecedentes

Antes de examinarmos o novo instituto da suspensão condicional do processo, faz-se mister uma análise do que está previsto nos demais ordenamentos jurídicos. Por sua influência em nosso sistema jurídico, convém verificar o que ocorre, em termos semelhantes a nossa suspensão condicional do processo, mormente no Direito Alemão, no Francês e no Português, os quais comportam uma consideração mais detalhada, ainda que de forma breve. Isso será feito em separado.

O CP polonês de 1970, nos arts. 27, 28, e 29, permite o arquivamento condicionado quando o grau de periculosidade social do fato não seja elevado, e a pena *in abstracto* não supere aos três anos de privação de liberdade. Não se exige a anuência do autor do fato, nem o controle jurisdicional. Esta suspensão é possível pelo prazo de um a três anos, sob as seguintes condições: pedido de perdão à vítima, prestação de trabalho a favor da comunidade até vinte horas, ou a entrega de uma quantidade em dinheiro a uma instituição de utilidade pública. No ano de 1980, 16% dos processos que passaram pelo Ministério Público foram suspensos condicionalmente. Esta suspensão, embora seja uma faculdade do órgão acusador, se converte em obrigação, diante da baixa potencialidade lesiva dos fatos.[159]

No Direito argentino, a Lei Nacional 24.316/94, de 4 de maio, incorporou a suspensão do processo ao CP, como forma de paralisação do processo, com potencialidade extintiva da ação penal, nos delitos em que haveria a possibilidade de o acusado obter uma condenação condicional (pena máxima em abstrato não superior aos 3 anos). A iniciativa é do acusado e deverá prometer a reparação dos danos à vítima, além de submeter-se a um plano futuro de conduta, por um período de 1 a 3 anos. A aceitação não implica confissão e nem reconhecimento de responsabilidade civil. Para sua concessão, exige-se a anuência do Ministério Público e a homologação do juiz. Quando a vítima não aceita a indenização, ter-se-á por exercitada a pretensão civil correspondente.[160]

19.1.1 – Direito Alemão

No Direito alemão, a suspensão pode ocorrer na fase preliminar, com ou sem controle jurisdicional, ou após a dedução da pretensão acusatória. Ademais, a suspensão pode ser provisória ou definitiva – após o cumprimento das condições –, com ou sem contraprestação

---

[159] Vid. PALIERO, Carlo Enrico. *Minima non curat praetor», ipertrofia del diritto penale e decriminalizzazione dei reati bagatelari*. Padova: Cedam, 1985, p. 481 e 482.

[160] BERTOLINO, P. J. "La situación de la víctima del delito en el proceso penal de la Argentina". *La victima en el proceso penal* (com BERMÚDEZ, Víctor Hugo; GOITÍA, Carlos Alberto; KRONAWETER, Alfredo Enrique; SCARANCE FERNANDES, Antonio; TAVOLARI OLIVEROS, Raúl). Buenos Aires: Depalma, 1997, p. 35 e 36.

do suspeito ou do acusado. Nas duas modalidades de suspensão, a concordância do autor do fato é um dos requisitos indispensáveis. Entretanto, o problema é que, na maioria das hipóteses, o imputado não participa pessoalmente, mas é comunicado, pelo defensor do resultado final das negociações, sem ser consultado.

O interesse na *persecutio criminis*, na sustentação da pretensão acusatória, ou na aplicação do *ius puniendi* pode ser satisfeito com o cumprimento, pelo suspeito ou pelo acusado, com ou sem controle judicial, de certas condições, legalmente estabelecidas, num prazo não superior a seis meses ou a um ano – prestação alimentar – (§ 153a, (1), (2), y (3), StPO). É possível o arquivamento condicional quando a pena mínima *in abstracto* seja inferior a um ano,[161] e a culpabilidade do autor seja ínfima.[162] Todavia, no lugar da culpabilidade mínima, a prática forense consagrou ser suficiente que seu grau não se oponha ao arquivamento, ampliando a aplicabilidade do preceito, da criminalidade insignificante à média criminalidade.

O § 153a, (1), 1-3, da StPO estabelece as seguintes condições: prestação monetária para reparar os danos causados pelo fato, calculados de acordo com as prescrições do direito civil; prestação pecuniária a uma instituição pública ou outras instituições de utilidade pública – prestação de serviços à comunidade-; cumprimento de obrigações alimentares – modalidade de prestação pecuniária, mas com finalidade específica. Também, a legislação sobre entorpecentes, de primeiro de janeiro de 1982, estabeleceu a possibilidade de suspensão da ação processual penal sob aceitação de submissão a tratamento de desintoxicação de ao menos três meses, sempre que a pena prevista seja inferior a dois anos, o que exclui o tráfico de drogas.[163]

---

[161] Segundo BARONA VILAR, S. *La conformidad...*, cit., p. 180, o arquivo condicionado tem seu principal campo de atuação na criminalidade de massa, a qual afeta a propriedade, a posse, matéria de trânsito, meio ambiente, fiscal, de direito econômico, e de tráfico de entorpecentes.

[162] Segundo SCHLÜCHTER, Ellen. *Derecho procesal penal*. Valência: Tirant lo Blanch, 1999, p. 104. Já SCHÜNEMANN, Bernard. "La política criminal y el sistema de derecho penal". *Anuario de Derecho Penal y Ciencias Penales*, 1991, tomo XLIV, fascículo I, p. 709-712, sublinha que a funcionalização do conceito jurídico-penal de culpabilidade, significando, em um sentido estrito, a possibilidade de comportar-se de outra forma, e em um sentido amplo – conceito social de culpabilidade –, a idéia de prevenção.

[163] Segundo ARMENTA DEU, Teresa. *Criminalidad de Bagatela y Principio de Oportunidad: Alemania y España*. Barcelona: PPU, 1991, p. 125, o pagamento de determinada quantidade de dinheiro a uma instituição pública representa 98% das condições fixadas, e que somente 0,5% se destina à reparação dos danos causados pelo fato. Vid., também, KARL-HEINZ GÖSSEL, "Principios fundamentales de las reformas procesales descriminalizadoras, incluidas las del procedimiento por contravenciones al orden administrativo y las del proceso por orden penal, en el proceso penal alemán", *Justicia*, 1985, n° IV, p. 885 y 886, sobre a repercussão de um caso de arquivamento com o pagamento destinado à indenização para as vítimas: no final dos anos 60 se descobriu que um

Além da suspensão condicional, o Direito alemão contempla duas espécies de suspensão incondicional (sem qualquer contraprestação), o ordinário (§§ 153, (1) e (2), 153b, 153c (1), 154 (1)-(5), 154a (1)-(3) e 154b (1)-(4), StPO), e o especial (§§ 153c, (2), 153, d, (1) e (2), 153e (1) e (2), 154c-e, e 376 StPO). No primeiro, o Estado não tem interesse[164] na *persecutio criminis* ou na sustentação da pretensão acusatória, enquanto no segundo, existe esse interesse, mas, a ele se contrapõem, num grau superior, outros interesses, de índole política (§§ 153d, (1) e (2); 153e, (1) e (2), StPO),[165] dogmático-criminal (§ 154c StPO), ou processual (§§ 154d, y 154e StPO).[166] Ainda, não se pode olvidar a consagração, pela prática forense alemã do acordo sobre o transcurso técnico do processo, com a finalidade de abreviá-lo, com a concordância das partes, e o *absprechen*, ou seja, o acordo sobre a sentença, quando não há dúvida sobre a culpabilidade, o imputado reparar o dano, ou colaborar no esclarecimento dos fatos, ou existirem outras circunstâncias justificativas da diminuição da pena. Este consenso informal já conta com a afirmação do Tribunal Constitucional, da inexistência de vulneração da Constituição, sempre que se tenha como limite a justiça.[167]

---

sonífero de um laboratório alemão tinha causado danos físicos a recém-nascidos. A culpabilidade foi considerada mínima, mas havia grande interesse na persecução penal, motivo por que se acordou uma indenização de vários milhões de marcos à criação de uma fundação de ajuda às vítimas, com suspensão das investigações.

[164] ARMENTA DEU, T. *Criminalidad de Bagatela...*, cit., p. 110 e 111, refere que a jurisprudência alemã entende existir interesse público quando "a paz jurídica se vê prejudicada além do círculo vital do prejudicado, e a persecução penal se constitui num objetivo atual da generalidade (§ 376 StPO)". Informa também que a doutrina alemã acrescenta que devem ser consideradas as circunstâncias determinantes da prevenção geral e especial da persecução, junto com outros elementos de ponderação (§ 46 StGB).

[165] O interesse político superior à investigação ou à sustentação da pretensão acusatória se aplica, como regra, nos delitos de colocação em perigo do Estado de Direito, e da defesa do Land.

[166] Vid. ARMENTA DEU, T. *Criminalidad de bagatela...*, cit., p. 97, e "Incremento de la llamada criminalidad de bagatela y tratamientos descriminalizadores arbitrarios en la R. F. A., con especial referencia al principio de oportunidad", em Justicia, 1990, I, p. 209, a classificação de ROXIN a respeito dos diversos tipos de interesses que se opõem à persecução ou a sustentação da pretensão acusatória. Ademais, exemplifica como un interesse político superior ao existente em determinados casos envolvendo estrangeiros, em delitos de perigo ao estado de direito, ao Land, nos casos de deportação, doação política, alta traição, de delitos contra o órgão constitucional, alguns fatos referidos na Lei de Patentes e na Lei dos Registros Públicos, o arrependimento dos autores de delitos ou partícipes em atos terroristas que colaborem no esclarecimento de um crime mais grave, que atinja a proteção do estado, como exemplo do interesse dogmático, refere a possibilidade de que a vítima de uma coação confesse o crime ou indique quem o tenha praticado, recebendo em troca, a suspensão do procedimento investigatório. Mesmo assim, a não-persecução de determinado delito até que se resolva uma questão de natureza civil ou administrativa é exemplo do interesse processual.

[167] Segundo BUTRÓN BALIÑA, P.M. *La Conformidad del Acusado en el Proceso Penal*. Madrid: McGraw-hill, 1998, p. 47 e 148, a utilização desses acordos, à margem da lei, chegam a 50%.

O Tribunal Constitucional vem reconhecendo, implicitamente, essas estratégias negociais, as quais trazem ínsita uma promessa de redução da pena, com dispensa da prática da prova. Além do mais, considera esses acordos como sendo constitucionais.[168] A doutrina admite constituir uma realidade a necessitar de regulamentação.[169]

A suspensão incondicional, além da ausência do interesse público, exige pena privativa de liberdade mínima abstrata não superior a um ano e ser mínima a culpabilidade do autor do fato. Na fase preliminar, como regra, não existe um controle jurisdicional, o que não ocorre com a judicial ou consensual – consenso do Ministério Público e da defesa. Até 1993 não se exigia a anuência judicial nos casos de delitos patrimoniais com danos ínfimos. Entretanto, foi retirado o requisito de delito praticado contra o patrimônio.[170] Assim, quando as consequências forem leves, como sói acontecer nos delitos de bagatela, a suspensão é determinada pelo Ministério Público, sem necessidade de controle jurisdicional. Ainda, o judicial prescinde da anuência do acusado quando a audiência principal não possa ser realizada pela ausência do acusado por um largo período de tempo, ou quando se a considera como oposição à audiência, ou pela criação de outro obstáculo (§ 153 (2), c/c § 231, (2), StPO). Mesmo assim, não é obrigatória a concordância do acusado quando este se afasta ou esteja ausente na continuação da audiência interrompida, sempre que tiver sido citado ou dispensado do comparecimento (§ 153 (2), c/c §§ 231, (2), 232, e 233 StPO). A investigação poderá ser retomada, pois a suspensão processual incondicional não produz a eficácia de coisa julgada, e o judicial permite o início de um novo procedimento investigatório, sempre que surgirem novas circunstâncias fáticas a desautorizá-lo.

> Critica-se a falta de transparência dos acordos realizados na fase de investigação, pelo Ministério Público – responsável pela persecutio criminis –, inclusive com a submissão do suspeito ao cumprimento de determinadas condições, sem o controle de um sujeito imparcial. Inclusive, a partir de 1993,[171] houve uma ampliação da atuação do Ministério Público, cujo poder de disposição passou dos delitos patrimoniais também aos demais.

---

[168] FERNÁNDEZ ENTRALGO, J., "Justicia a cien por hora", cit., p. 1053.

[169] MARTÍN OSTOS, J. "La conformidad...", cit., p. 1.503.

[170] O CP classifica as infrações criminais em delitos graves – *das Verbrechen* –, e delitos menos graves, ou seja, com sanção privativa de liberdade mínima inferior a um ano ou com uma sanção pecuniária – *das Verghen*. Entretanto, o roubo, v.g., somente tem uma sanção máxima de 5 anos de prisão, sem uma pena mínima. Por isto, é considerado como delito leve (§ 242). Esta classificação, além de influir nos delitos tentados, delimita a competência material dos Tribunais.

[171] Segundo SCHLÜCHTER, E., op. cit., p. 104, não se exige controle judicial quando o delito produziu meramente consequências leves, numa interpretação conjunta do § 153, (1), da StPO, com o § 142 da StGB, após a reforma efetuada em 11 de janeiro de 1993.

Nesses casos, o processo pode ser suspenso por decisão exclusiva do Ministério Público, sem que o ofendido possa forçar a formalização de uma acusação. Além disso, o consenso pode considerar outras circunstâncias, como a honra, a promessa de confiança, a seriedade, o estar de acordo, as quais não têm previsão legal e ficam na esfera subjetiva da interpretação.[172]

Também, o Direito alemão contempla, na jurisdição da infância e juventude, a possibilidade de o Ministério Público suspender a persecução, impor ao menor as condições que considere mais adequadas, inclusive educacionais, mas não pecuniárias, além de poder arquivar o procedimento, desde que estejam presentes os requisitos do §153 da StPO, e que não seja necessária a intervenção judicial. Esta decisão do Ministério Público não produz a eficácia de coisa julgada, e a suspensão exige o controle judicial, podendo ser postulada mesmo após o exercício da ação processual penal.[173]

19.1.2 – Direito Francês

Até o CPP francês de 1808 não se mencionava o princípio do consenso e/ou oportunidade na França, pois o Código napoleônico se fundamentava na legalidade. Com a entrada em vigor do Código de Instrução Criminal, foi sendo posto em prática o costume de arquivar os procedimentos sem grande significado, e que pouco afetavam a ordem pública. Depois, houve uma regulamentação através de uma circular do Ministério da Justiça, até chegar a uma admissão pela jurisprudência – acórdão do Tribunal Supremo de 1826.[174]

A doutrina francesa deduziu a disponibilidade do art. 40 do CPP, ainda que não esteja expressamente previsto em lei. A persecução penal pode terminar a pedido do *parquet*, nos casos da pequena delinqüência, mas não nos delitos graves. Isto se estende à determinada espécie de criminalidade, como a referente à droga, na qual é possível suspender o exercício da ação penal se o delinqüente se submete a um tratamento ou a uma terapia desintoxicantes, sempre que seja o primeiro delito ou, excepcionalmente, nos casos de reincidência.[175]

---

[172] BARONA VILAR, S. *La Conformidad...*, cit., p. 176 e ss., expõe, de forma exaustiva, as modalidades informais de consenso no sistema alemão; BUTRÓN BALIÑA, P. M. op. cit., p. 47, se manifesta sobre os acordos informais, que não têm regulamentação legal expressa, ainda que sejam admitidos e reconhecidos, tanto pela doutrina, como pela jurisprudência.

[173] ARMENTA DEU, T. *Criminalidad...*, cit., p. 43-46, e BAROSIO, V. "Il processo penale tedesco dopo la riforma del 19 diciembre 1964", em *Rivista Italiana de Diritto e Procedura Penale*, 1966, nº 2, p. 870.

[174] Idem, p. 30.

[175] ARMENTA DEU, T., *Criminalidad ...*, cit., p. 30.

Mesmo assim, instaurou-se no sistema francês, a exemplo do modelo alemão,[176] a possibilidade da suspensão condicionada à indenização ao prejudicado, ou mediante o compromisso de não cometer mais delitos. A falta de uma previsão legal das hipóteses em que se permite a suspensão, a prática sinaliza os casos de política criminal – culpabilidade mínima, economia processual e culpa-; as razões de ordem pública; quando a persecução implica maiores distúrbios que sua omissão; as hipóteses de necessidade pública – aborto em vésperas de sua despenalização, submissão a tratamento médico nos casos de dependência de álcool, *v.g.*[177]

A decisão que determina a suspensão se denomina *classement sans suite*, e não se constitui num ato jurisdicional, eis que não produz os efeitos de coisa julgada, e nem é recorrível, segundo a Corte de Cassação francesa, interpretando o art. 40 do CPP.[178] Não obstante, resta a possibilidade de o prejudicado exercer a ação civil perante o juiz instrutor, ou ante o órgão judicial.[179] Possibilita-se a suspensão durante a fase preliminar, nos delitos de escassa importância, ou quando o autor não tem antecedentes, ou quando a vítima não mostra interesse na reparação do dano, ou por motivação política ou social. Uma vez tomada a decisão de prosseguir, vigora o princípio de legalidade.[180]

19.1.3 – Direito Português

A suspensão provisória do processo português, por sua vez, influenciada pela suspensão alemã, pelo Direito francês, e pela suspensão

---

[176] Segundo VITÚ, A. "Los rasgos característicos del procedimiento penal francés", em *Justicia*, 1989, II, p. 442-444, o *Code d'instruction criminelle* de 1808 esteve em vigor por 150 anos, até o Code de procedure pénale de 1958, modificado por várias dezenas de leis. As infrações criminais se classificam em delitos graves – pena de reclusão de 5 a 20 anos ou a pena perpétua –, menos graves – penas de dois meses a 5 anos, ou com multa superior a 6.000 francos –, e as contravenções – um dia a dois meses de encarceramento, ou multa de 20 a 6.000 francos. Esta classificação influi na competência, pois os primeiros são processados diante da *Cour d'assises*, que se compõe de três magistrados e nove jurados; os menos graves pelo *Tribunal Correctionel*, formado por três juízes ou, em determinados casos, como nos acidentes de trânsito, por um; e as contravenções, pelo *Tribunal de Police*, órgão unipessoal.

[177] ARMENTA DEU, T. *Criminalidad* ..., cit., p. 30.

[178] Neste sentido, vid. *Códe de Procédure Pénale*. Paris: Litec, 1998-1999, p. 53, a decisão da Cour de Cassation de 5 de dezembro de 1972, Bull. 375.

[179] ARMENTA DEU, T. *Criminalidad* ..., cit., p. 30.

[180] VITÚ, A. "Los rasgos ...", cit., p. 448, afirma que no Direito Alemão vigora o princípio de oportunidade, pois o acusador pode eger três vias: iniciar a investigação penal diante do juiz de instrução para fins probatórios; iniciar a investigação ante a polícia ou no Tribunal correicional, se as provas já foram colhidas pela autoridade policial; ou, finalmente, arquivar a causa. Entretanto, o princípio de oportunidade não afeta mais que o exercício da acusação, a qual, uma vez promovida, não pode ser abandonada pelo *parquet*.

condicional polonesa, foi introduzida na reforma de 1987 – modificada pela Lei 59/98, de 25 de agosto –, "como espaço de pacificação e de reafirmação intersubjetiva e estabilizadora das normas".[181]

O processo penal português contempla a suspensão incondicional (art. 280 CPP) e a suspensão condicional do processo (arts. 281 e 282 CPP). O primeiro ocorre quando a lei penal estabelece a dispensa da pena para o fato cometido – culpabilidade mínima que não justifique a reação penal –, e estejam presentes os pressupostos para sua aplicação ao caso concreto, mediante concordância do Ministério Público e do órgão judicial. Exige-se a concordância do acusado quando já foi deduzida a pretensão acusatória. A decisão sobre a suspensão é irrecorrível.[182]

A suspensão condicional do processo[183] é possível nos delitos que não sejam apenados em abstrato, com uma sanção privativa de liberdade superior a cinco anos. Durante a suspensão do processo, que poderá estender-se até dois anos, não flui o prazo prescricional. É necessária a anuência do processado e do assistente,[184] a ausência de antecedentes criminais, o caráter diminuto da culpabilidade e a suficiência do cumprimento das condições para a prevenção de novos delitos. No caso de uma medida de segurança de internamento, não é possível a suspensão do processo.

A suspensão provisória e condicional do processo é controlada pelo juiz instrutor, após o pedido fundamentado do Ministério Público, quando já tenha terminado a fase preliminar. A natureza do acolhimento do pedido do Ministério Público, segundo Maia Gonçalves, é meramente homologatória.[185]

O legislador português estabeleceu as seguintes condições: a reparação do dano; a satisfação moral adequada aos ofendidos; a entrega de uma certa quantia ao Estado ou para entidades privadas de soli-

---

[181] Vid. COSTA ANDRADE, M. "Consenso ...", cit., p. 321 e 338.

[182] Segundo MAIA GONÇALVES, M. CPP Anotado. Coimbra: Livraria Almedina, 1999, p. 529 e 530, o arquivamento no caso da dispensa da pena se enquadra dentro do conteúdo do "princípio de oportunidade acusatória". Entretanto, obedece a critérios estritos de objetividade e de imparcialidade. Fundamenta-se no tratamento diferenciado dado à criminalidade de menor entidade, e na descarga de trabalho existente nos Tribunais.

[183] Segundo COSTA ANDRADE, M. "Consenso", cit., p. 320 e 321, trata-se de uma medida de política criminal de consenso que se enquadra dentro do binômio legalidade/oportunidade, sem paralelo no Direito comparado, pela quantidade de sujeitos envolvidos.

[184] Segundo o art. 50.1 do CPP, quando o processo criminal depende da acusação particular do ofendido ou de outras pessoas, é obrigatório que essas pessoas se queixem, se habilitem como assistentes e deduzam a acusação particular.

[185] Op. cit., p. 532.

daridade social; a proibição do exercício de determinadas condições; a proibição de frequentar ou de viver em determinados locais; não acompanhar, alojar ou receber determinadas pessoas; não ter em seu poder determinados objetos capazes de facilitar a prática de delitos; e qualquer outra condição exigível para o caso concreto, sempre que não vulnerem a dignidade do processado. Cumpridas as condições, o processo é arquivado, o qual não poderá ser reativado. O descumprimento das condições implica continuação ordinária do processo.

19.1.4 – Direito Anglo-Saxão: plea bargaining, guilty plea e nolo contendere

Na *probation* do Direito anglo-saxão,[186] o que se suspende não é o processo, nem a execução da pena, mas a fase processual de aplicação da pena – *sentence* –, mediante o cumprimento de determinadas condições, cujo descumprimento implica medição e execução da pena, pois já houve um prévio juízo de culpabilidade – *conviction*. Ainda que haja uma declaração de culpabilidade, o cumprimento das condições não gera efeitos sobre a primariedade do acusado. Na suspensão condicional do processo do nosso sistema, como veremos, não se chega à fase instrutória, não se exige uma declaração de culpabilidade, e nem há um juízo acerca desta. O sistema contempla, ainda, a *plea bargaining*, a qual contém uma *guilty plea*, e o *nolo contendere*[187] existentes nesse sistema jurídico. Na *plea bargaining*, o acusado se declara culpado e cumprirá a pena, com todos os efeitos legais, inclusive os de natureza civil, enquanto no *nolo contendere*, declara que não resistirá à pretensão acusatória, sem reconhecer sua culpabilidade ou inocência. Na suspensão brasileira não há declaração, juízo de culpabilidade, nem declaração de que não resistirá à pretensão acusatória, mas o exercício de uma modalidade de resistência com a aceitação das condições.

> O acusado, na *plea bargaining*, se declara culpado porque recebe algo em troca do órgão acusador. Existe um acordo entre a acusação e a defesa. Já no *nolo contendere*, cuja origem se encontra no primitivo *common law*, que continha a disposição do acusado em aceitar a imposição de uma multa no lugar de assumir o risco de receber uma pena de reclusão, confiando na graça do monarca, o acusado manifesta a intenção

---

[186] Vid. MAQUEDA ABREU, M. L. *Suspensión Condicional de la Pena y Probation*. Madrid: Centro de Publicaciones del Ministerio de Justicia, 1985, p. 48 e ss.

[187] Vid. SILVA SOARES, G. F. *Common law, introdução ao Direito nos EUA*. São Paulo: RT, 1999, p. 131, sobre a origem latina da expressão nolo contendere, a qual significa não quero litigar, sem que o acusado reconheça sua culpabilidade ou confesse, ainda que o juiz esteja autorizado a condenar. Tampouco significa reconhecimento da responsabilidade civil.

de não responder sobre sua culpabilidade ou inocência. Seus principais efeitos são a ausência de reflexos na esfera civil, e a prolação de uma sentença condenatória.[188]

19.1.5 – Direito interno

Não se encontra qualquer antecedente legal ou de prática forense da suspensão condicional do processo criminal no direito interno, embora tenha havido doutrina que a defendesse, principalmente a de Weber Martins Batista.[189] O previsto e ainda aplicável, é a suspensão da execução da pena privativa de liberdade. Ademais, a partir de 1996, suspende-se o processo quando o acusado, citado por edital, não comparece e nem constitui defensor. Trata-se de uma suspensão incondicional do processo e do prazo de prescrição, podendo o juiz determinar a produção antecipada de provas urgentes e decretar a prisão preventiva do acusado (art. 366 do CPP). Com a reforma do CPP de 2008 (Lei 11.719/08), o imputado não é mais citado para ser interrogado, mas para responder à acusação. Assim, o processo permanecerá suspenso quando o acusado, citado por edital, permanecer em lugar incerto e ignorado e não apresentar a resposta à acusação.

> Entretanto, no âmbito civil, as partes podem acordar a suspensão do processo (art. 265, II, do CPC). Ademais, segundo o Código Processo Civil, é possível a suspensão do processo pela morte, pela perda da capacidade processual das partes, representante legal ou do advogado; pela interposição da exceção declinatória de foro, de impedimento ou de suspensão do juiz; quando a sentença de mérito depender da declaração da existência ou da inexistência de relação jurídica constituinte de objeto de outro processo; quando não possa ser proferida sentença de mérito, senão após a verificação de determinado fato, de produzida determinada prova solicitada a outro juízo; quando a sentença de mérito tiver como pressuposto a decisão de uma questão de estado; por motivo de força maior; e nos demais casos previstos em lei (art. 265, I, II, IV, V, e VI).

A comissão encarregada da reforma do CPP também havia proposto a suspensão condicional do processo, por um período de um a três anos, mediante condições. Dentre elas estava a aceitação do acusado e a reparação do dano ao prejudicado. A suspensão não se restringia à postulação do acusador ou da defesa, mas o juiz poderia decretá-la de ofício, nos delitos cuja pena não superasse aos dois anos de privação de liberdade. Inclusive, as condições seriam fixadas pelo juiz. Apesar

---

[188] Vid. CABEZUDO RODRÍGUEZ, N., *El Ministerio Público y la Justicia Negociada en los Estados Unidos de Norteamérica*. Granada: Comares, 1996, p. 65 a 68.

[189] "A Suspensão Condicional do Processo", em *Estudos de Direito Processual em Homenagem a José Frederico Marques*. São Paulo: Saraiva, 1992, p. 315 a 330.

da limitação temporal, a sugestão da reforma era bem mais avançada no que diz respeito à garantia do benefício aos acusados.

A CF de 1988 não se referiu expressamente à suspensão condicional do processo criminal, mas introduziu o consenso no sistema criminal. Na expressão constitucional "transação" se pode incluir tanto a denominada "transação criminal", como a transação sobre a suspensão do processo. Ademais, a CF, no art. 129, I, aduz que o Ministério Público exercerá privativamente a ação penal na forma da lei. A Lei 9.099/95, no art. 89, regulamentou a transação sobre o desenvolvimento processual.

19.2 – Conceito: instituto despenalizador de amplo expectro, provocador da tutela jurídica antecipada

Na suspensão condicional do processo, persiste o interesse do Estado[190] na *persecutio criminis*, e não há uma disposição sobre o *ius puniendi*, cujo interesse público na punição, e não o subjetivo do acusador, se satisfaz com o cumprimento voluntário de certas condições, principalmente com a declaração do dever de indenizar a vítima, dentro do prazo da suspensão.[191] Há uma atuação proporcional do *ius puniendi* sobre o acusado, como retribuição jurídica ao fato criminal praticado, nas infrações de média ofensividade. Esta incidência proporcional do direito de penar, ainda que provisória, não está na esfera de disponibilidade de um determinado sujeito jurídico, mas a lei estabelece o caminho a ser tomado pelo acusador, quando presentes os requisitos legais. Por isso, do ponto de vista da acusação, não se trata de uma faculdade ou da exteriorização de um juízo ilimitado de oportunidade.

No momento da dedução da pretensão acusatória, segundo o legislador, o acusador oficial poderá solicitar ao juiz a suspensão condi-

---

[190] Na suspensão condicional do processo penal alemão, existe o interesse público na persecução ou na sustentação da pretensão acusatória ordinária, mas na suspensão incondicional comum, o Estado não tem interesse na investigação – fase preliminar –, ou na sustentação da pretensão acusatória já deduzida – fase judicial –, devido à escassa importância do fato. Ocorre a suspensão incondicional do processo, a qual, na primeira fase recebe controle judicial nos casos especialmente graves. Anteriormente, não se necessitava intervenção judicial no caso de delito contra o patrimônio, punido com pena privativa de liberdade inferior a um ano. Entretanto, a partir de 1993, houve uma ampliação dos poderes do MP, sem controle jurisdicional, sem que o ofendido possa forçar a acusação, como ocorre no arquivamento baseado na estrita legalidade.
[191] O mesmo ocorre na suspensão condicional alemã, na qual persiste o interesse público na persecução criminal ou na sustentação da pretensão acusatória, a qual é substituída por uma contraprestação.

cional do processo. Esta não é automática, mas depende da aceitação da defesa, essencialmente da concordância do acusado, como ocorre nas demais modalidades de consenso. Segundo a lei, se faz mister a declaração volitiva uniforme, do acusado e de seu defensor (art. 89, § 1º). Aqui, não há um dever jurídico de deduzir uma pretensão alternativa – multa ou restrição de direitos, sem eficácia de condenação –, como ocorre na transação criminal, mas um dever de não sustentar a acusação, após a dedução de uma pretensão acusatória ordinária, sempre que houver o cumprimento das condições. A marcha normal do processo fica suspensa, passando-se diretamente à execução das condições assumidas.

A situação é diferente da que ocorre na suspensão da execução da pena, de origem belgo-francesa, pois não há instrução probatória, nem juízo de culpabilidade. Suspende-se o trâmite normal do processo, e não a resultante – pena –, ainda que as condições de uma e de outra guardem relação e semelhança. Num plano hipotético, mas muito provável, nos casos da suspensão condicional do processo, o resultado final do curso normal levaria à concessão da suspensão da pena. Por isso, antecipa-se um resultado final, o que tem levado a doutrina a denominar a suspensão condicional do processo de *sursis* antecipado, ou de *sursis* processual.

O acusado aceita cumprir determinadas condições em troca da paralisação do processo, no exercício de seu direito de defesa, dentro da esfera facultativa da estratégia defensiva, evitando a incerteza de seu desenvolvimento, e da decisão final. O processo fica paralisado no seu início, pois não se interroga o acusado, e não se produz nenhuma espécie de prova. O acusado não está obrigado a aceitar a proposta de suspensão, pois se lhe garante o direito de provar que a acusação não é verdadeira, a uma manifestação judicial sobre o mérito. Para isto, pode utilizar todo o curso processual que lhe outorga a lei, com todos os meios legais – ampla defesa. Entretanto, tem a opção legal de trancar o curso natural do processo, de mudar o enfrentamento processual e a incerteza processual, pelo cumprimento de determinadas condições, sem a quebra de sua inocência.

Ao acusado se garante o direito de não declarar contra si mesmo, e de não emitir uma declaração de culpabilidade, cuja situação se enquadra dentro de um conceito genérico do direito de defesa. No momento em que o imputado aceita as condições está exercitando uma alternativa defensiva que lhe foi outorgada pelo legislador.

O terceiro imparcial não tem a opção de marcar ou não a audiência, de aceitar o não a suspensão, de concedê-la ou não, nas hipóteses subsumíveis na norma legal. Ante a proposta de suspensão do processo, o juiz está obrigado a viabilizar a suspensão do processo.

Para que isto seja possível, é necessário o consenso entre o acusador e a defesa, com o devido controle judicial. Portanto, o consenso entre as duas partes também é uma característica essencial da suspensão condicional do processo. Não se trata da aplicação do princípio de oportunidade ao acusador, mas da regulamentação de um certo poder de disposição sobre a sustentação da pretensão acusatória, mais precisamente, de uma opção legal de retribuição jurídica proporcional ao mesmo fato. Entretanto, para a defesa, a aceitação da suspensão se enquadra dentro de um poder de disposição total sobre a forma de exercer o direito de defesa, ou de uma estratégia defensiva.

O acusado não está fazendo uma declaração de reconhecimento dos fatos, da qualificação jurídica ou da culpabilidade. O legislador não estabeleceu esses requisitos à suspensão condicional do processo. Quando aceita a suspensão do processo e o cumprimento das *condições*, o acusado está exercendo sua defesa pessoal, uma estratégia defensiva legalmente reconhecida.

O juiz não pode examinar o mérito da pretensão acusatória, ou seja, condenar ou absolver o acusado. Sua decisão é de aceitação ou não da suspensão condicional do processo, homologando o consenso das partes, reconhecendo, indiretamente, a adequação jurídica aos fatos descritos, da pretensão acusatória, pois, quando não estão presentes os requisitos legais, cabe ao juiz não homologar o consenso e mandar seguir o curso natural do processo. Não pode acrescentar outros fatos ou alterar a qualificação jurídica.

Assim, a suspensão condicional do processo se constitui num instituto processual despenalizador, com reflexos no direito material, o qual permite que, após a formalização da acusação, sempre com a concordância do acusado, não se realize a audiência e não se profira sentença, em troca do cumprimento de determinadas condições, como reprovação jurídica suficiente, ou incidência proporcional do *ius puniendi*, nas infrações criminais de médio potencial ofensivo, sem que haja declaração de culpabilidade, provocando a tutela jurisdicional antecipada.

19.3 – Natureza jurídica: opção da defesa em suspender o curso do processo

Há sustentação de constituir-se a suspensão condicional do processo em um ato processual bilateral de postulação, com efeitos de direito processual e material;[192] uma espécie de transação processual despenalizadora, autorizada constitucionalmente;[193] um ato discricionário do Ministério Público sobre a *res deducta in judicio*;[194] uma transação processual e não penal, que implica disponibilidade da ação penal, como manifestação de oportunidade regrada.[195]

Não há dúvida de que a suspensão condicional ocorre no seio de um processo, pois já houve a formalização de uma acusação, sendo inegável tratar-se de um ato processual, pois depende da manifestação volitiva dos sujeitos processuais. Em princípio, o ato é bilateral, pois depende do consenso da acusação e da defesa. Entretanto, admitir a bilateralidade como essência da suspensão, é negar a possibilidade da defesa postulá-la quando o acusador não a tiver proposto, e negar um direito fundamental ao acusado – direito de defesa –, e a possibilidade de o juiz concedê-la, diante do pedido da defesa, ou de ofício, sempre que estiverem presentes os requisitos legais. Portanto, a essência da suspensão não reside na bilateralidade.

O ato e postulação ou de obtenção se caracteriza, segundo James Goldschmidt, por levar um fato à evidência, como são as petições, as afirmações e o fornecimento de prova, para obter uma resolução de um certo conteúdo. Por isso, passam pela análise da admissibilidade – prevenir a realização de uma ameaça jurídica –, ou seja, com a verificação do conteúdo do ato, e pela análise da fundabilidade, ou seja, se o conteúdo do ato tem entidade para conseguir sua finalidade. Os demais atos processuais são atos de causação, representados, *v.g.*, pelos convênios processuais e pelas declarações unilaterais de vontade, e passam pela valoração da atendibilidade, ou seja, pela análise da validez e da eficácia. Quando a suspensão processual resulta de um convênio entre a acusação e a defesa, é, ao mesmo tempo, um ato de causação e de postulação, pois as partes deverão provocar a manifestação judicial e, satisfeitos os pressupostos, o juiz não pode negá-la. Quando resulta da manifestação volitiva unilateral da defesa, por ausência de proposta da acusação ou de seu entendimento de que não estão satisfeitos os requisitos legais, trata-se de um ato processual de postulação.

---

[192] GRINOVER; GOMES FILHO; GOMES E SCARANCE FERNANDES, op. cit., p. 237 a 239.

[193] MIRABETE, J. F. *Juizados...*, cit., p. 151 e 152.

[194] JARDIM, Afrânio Silva. *Direito Processual Penal*. Rio de Janeiro: Forense, 1997, p. 133, 134 e 350. Não é uma faculdade do Ministério Público:

[195] GOMES, L. F. *Suspensão...*, cit., p. 147 e 148. Em fl. 200 acrescenta que a transação, na suspensão condicional do processo, tem a natureza do *nolo contendere*, pois o acusado assume certas condições, sem discutir sua culpabilidade.

Os efeitos da suspensão não são meramente instrumentais, pois atingem também o direito material, como por exemplo, a extinção da punibilidade após o cumprimento das condições.

A CF autoriza, de forma genérica, a transação, na qual pode enquadrar-se o convênio sobre a paralisação do processo. Nem sempre representará uma negociação, um convênio entre as partes, pois poderá ser concedido a partir da postulação da defesa, ou de ofício pelo juiz. Evidentemente que as condições representam uma reprovação jurídica despenalizadora, pois não têm a eficácia da pena advinda de uma sentença condenatória.[196] Não é um instituto descriminalizador, pois o delito cometido continua com a ameaça da sanção comum.

A realização ou não do convênio processual não está na disponibilidade subjetiva da parte-autora – acusador. Presentes os requisitos legais, o acusador está obrigado a negociar a suspensão condicional do processo, devendo, nas infrações de médio potencial ofensivo, motivar sua negativa. O cumprimento de determinadas condições em troca da suspensão do processo, com a declaração de extinção da punibilidade, não depende de um juízo subjetivo, arbitrário do acusador, mas se submete à determinação legal. Por isso, o Ministério Público não atua com um poder discricionário total e ilimitado.

Não há uma disponibilidade sobre a ação processual penal ou sobre a dedução de uma pretensão acusatória, pois no momento da suspensão do processo já houve uma provocação jurisdicional e uma delimitação, ainda que provisória, da pretensão acusatória. Com a suspensão, a pretensão muda de direção, pois não se dirige mais à obtenção de uma condenação mas, com o acréscimo da manifestação volitiva do acusado, toma outro rumo, também provisoriamente, pois o descumprimento das condições autoriza a retomada da pretensão originária.

Quiçá, o mais científico seja delimitar a natureza jurídica dos atos de cada sujeito e das condições que voluntariamente o acusado se sub-

---

[196] Vid. ARMENTA DEU, T. *Criminalidad de bagatela...*, cit., p. 124, sobre a polêmica existente no Direito alemão a respeito da natureza jurídica das condições da suspensão condicional. Para a doutrina majoritária – GÖSSEL, HIRSH, KUNZ, NAUCKE, DRHER, DECKER e KLEINKNECHT –, são medidas semelhantes à pena, pois o investigado as cumpre para livrar-se da investigação criminal, ou da continuação ordinária do processo criminal. Segundo RIES, não são penas, nem sanções no sentido das categorias do direito penal, já que não se pode estabelecer uma estreita relação com a reprovabilidade social que acompanha a pena, nem com a determinação da culpabilidade. RIES, ao analisar o § 153a da StPO, sublinha que se trata de uma "submisão voluntária" ou de uma manifestação volitiva voltada ao consenso, "e no qual se reconhecem diversos elementos similares aos contratuais". BARONA VILAR, S. *La conformidad...*, cit., p. 186, 187, 190 e 191, considera as condições como penas ordinárias, e que a manifestação do acusado é uma confissão, opinião com a qual não concordamos.

mete. Dentro dessa perspectiva, a negociação ou a proposição da suspensão condicional do processo não é uma faculdade do Ministério Público, mas um dever legal, mesmo a lei dizendo "poderá propor", entendendo-se como uma previsão abstrata de que haverá ou não a proposta de suspensão pelo Ministério Público, dependendo da presença ou não dos requisitos legais. Presentes os pressupostos legais, a previsão abstrata se converte em uma obrigatoriedade.

O acusador não está dispondo do *ius puniendi*, da ação ou da pretensão, pois provocou a atividade jurisdicional, delimitou a acusação e o direito de penar se satisfaz com o cumprimento das condições. A proposição do *parquet* se orienta pelos permissivos legais, e não por seu entendimento particular, subjetivo. O acusador oferece a acusação ordinária porque não tem certeza da aceitação da suspensão pela defesa, e nem se o juiz a homologará. A lei lhe permite dar um novo rumo à acusação, diante da aceitação do acusado, ou seja, não sustentar mais a pretensão acusatória ordinária, pois o *ius puniendi* se satisfaz com o cumprimento das condições. Não há uma diminuição ao princípio da obrigatoriedade da ação penal, pois esta foi exercida e continuará até o fim. O que ocorre é a modificação provisória do curso ordinário da ação e da pretensão, com a possibilidade de tornar-se definitivo com o cumprimento das condições.

Tampouco, a procedência da suspensão por parte do juiz significa disponibilidade do *ius puniendi*, o qual tem plena incidência com a fixação das condições. O juiz cumpre um dever legal de garantir a aplicação proporcional do direito de castigar, através de uma decisão interlocutória, sem os efeitos estigmatizantes de uma audiência, de uma condenação, e da pena privativa de liberdade. Porém, a decisão extintiva da punibilidade, após cumpridas as condições, é uma sentença, pois põe fim ao processo.

As condições representam uma reprovação jurídica consentida, e se constituem em substitutivos da pena criminal imposta de forma coativa e verticalizada, ou seja, não têm a dimensão jurídica da pena criminal aplicada após um juízo de culpabilidade. Cumpridas as condições, sem a superveniência de uma causa revogatória, extingue-se a punibilidade do acusado, cuja inocência permanece intocável.

Como referimos anteriormente, o acusado, quando se submete voluntariamente ao cumprimento de certas condições, está exercendo seu direito de defesa; não está confessando sua culpabilidade[197], pois

---

[197] Vid. SANTIN, Janaina Rigo. *Juizados Especiais Cíveis e Criminais*. Porto Alegre: Editora Verbo Jurídico, 2007, p.117.

a lei lhe permite a opção de resistir à pretensão acusatória mediante o cumprimento de certas condições. Esta opção não a tem o acusador oficial, nem o juiz, os quais deverão atuar em obediência à legalidade. A proposta de aplicação proporcional do *ius puniendi*, com a suspensão condicional do processo, depende, fundamentalmente, da defesa. Sem sua anuência é impossível a aplicação do instituto processual despenalizador, pois ao acusado se garante a ampla defesa, com todos os meios a ela inerentes (art. 5º, LV, da CF).

Por isso, a essência ou a natureza jurídica da suspensão condicional do processo radica na opção defensiva do acusado, capaz de suspender provisoriamente o curso ordinário do processo, de antecipar a tutela judicial com a incidência proporcional do *ius puniendi* do Estado, nas infrações criminais de médio potencial ofensivo.

19.4 – Fundamentos: criminológicos, materiais, político-criminais e processuais

Os fundamentos da suspensão condicional do processo não são unicamente de índole processual ou material, mas também criminológicos e de política criminal.

Pelo prisma da *política criminal* do Estado, o fundamento utilitário da suspensão condicional do processo é uma realidade, pois a intenção era diminuir as pautas das audiências e o número de processos para serem julgados, dando uma resposta mais rápida à criminalidade menos grave.[198] Entretanto, a suspensão condicional do processo não atua na abreviação do processo, pois a suspensão pode durar mais que um processo normal, ou seja, até os quatro anos, com necessidade de controle do cumprimento das condições. Ademais, a revogação da suspensão implica prosseguimento normal do processo.

A eficácia do instituto depende do efetivo controle do cumprimento das condições e do esclarecimento sobre os fundamentos, efeitos e benefícios da suspensão condicional. O legislador, quando introduziu a suspensão condicional do processo, não dotou os juizados e nem as unidades dos juízos comuns dos mecanismos necessários à execução do sursis antecipado. Não foi por falta de experiência, pois o mesmo ocorre com a suspensão condicional da execução da pena e com as medidas substitutivas da pena

---

[198] GÖSSEL, K. H. "Principios...", cit., p. 884, também, ao referir-se à suspensão condicional alemã, afirma que o Estado se contenta com o cumprimento de determinadas condições em vez da sanção penal comumente aplicável, com o objetivo de acelerar a resposta à criminalidade medianamente grave.

privativa de liberdade. Esta falta de confiabilidade no funcionamento de um sistema alternativo à pena privativa de liberdade, dificulta sua aplicação pragmática.

A suspensão do processo não evita a fase preliminar de investigação, uma acusação formal ou a existência de um processo criminal. Fundamenta-se, melhor, na possibilidade de evitar o desenvolvimento ordinário do processo penal, e de evitar uma sentença condenatória, com todos os efeitos de uma pena criminal comum, inclusive a privativa de liberdade.

Essa antecipação de um resultado final, sem as conseqüências danosas de uma condenação, se fundamenta, desde o *ponto de vista processual*, no exercício da defesa pessoal, com proteção do direito de liberdade, pois o acusado não está obrigado a aceitar a suspensão e, uma vez obtido o consenso e cumpridas as condições, não se lhe aplicará uma pena privativa de liberdade pelo mesmo fato.

As exigências legais à concessão da suspensão do processo praticamente são as mesmas da suspensão condicional da execução da pena privativa de liberdade. Inclusive, há uma referência expressa a seus requisitos no art. 89 da Lei 9.099/95. O que ocorre é uma antecipação de uma tutela jurídica, um *sursis* antecipado despenalizador,[199] mais vantajoso ao acusado, pois não contém os efeitos de um juízo condenatório.

É indubitável o caráter penal das condições da suspensão condicional do processo, ainda que não tenham os efeitos de uma sanção criminal advinda de um juízo condenatório. Como acentuamos, há a incidência do *ius puniendi* do Estado, mas de forma proporcional – fato praticado e sanção a ser cumprida. Fundamenta-se, pois, do ponto de vista do *direito penal material*, na retribuição criminal proporcional ao fato praticado pelo acusado.

Evitar o prejuízo de enfrentar o processo normal e principalmente o estigma de condenado ou de apenado é o fundamento da suspensão condicional do processo desde o ponto de vista da *criminologia*. A isso se adiciona o fundamento ressocializador, integrador e preventivo de uma sanção criminal alternativa, aceitada e discutida voluntariamente pelo acusado.

A preocupação com a reparação dos danos às vítimas erige-se em fundamento tanto de *política criminal*, como processual e crimino-

---

[199] Segundo ARMENTA DEU, T. *Criminalidad...*, cit., p. 123 e HASSEMER, W. "La persecución penal: legalidad y oportunidad", em *Jueces para la democracia*, 1988, n° 4, p. 9, a doutrina alemã refere que a suspensão condicional é um instrumento das atuais tendências descriminalizadoras, e de garantia do direito penal mínimo.

lógico. O legislador, além de possibilitar a composição dos danos no âmbito do processo criminal, de forma inédita, também estabeleceu a declaração da obrigação indenizatória como condição da suspensão do processo.

Entretanto, a vítima deveria ser chamada a participar da suspensão condicional do processo, para ter ciência da declaração da indenização e porque sua presença possibilitaria a demonstração, ainda que de forma unilateral, da extensão dos danos.

19.5 – Requisitos

O requisitos à suspensão condicional do processo são: dedução de uma pretensão acusatória, recebimento da denúncia ou queixa-crime, intervenção jurisdicional, publicidade, aceitação da defesa, não estar o réu sendo processado por outro crime, inexistência de condenação por outro delito, merecimento, declaração de que indenizará a vítima, pena privativa de liberdade mínima não superior a um ano e/ou multa para os delitos; contravenções penais, não-reincidência em crime doloso e aceitação das condições.

Assim como fizemos na transação criminal, em primeiro lugar, analisaremos os requisitos da suspensão condicional do processo no que tange aos sujeitos envolvidos e, posteriormente, aos objetivos e à atividade.

A suspensão do processo não é possível na fase inquisitorial, motivo por que a atuação da autoridade policial, em tese, não influenciará sobre este instituto. Quando a suspensão ocorre no processo sumaríssimo, já foram vencidos os filtros do arquivamento, da composição civil e da transação penal (o acusado pode não tê-la aceitado). Assim se garantem ao acusado três medidas despenalizadoras, na seguinte ordem, sob pena de vício processual: composição civil, transação criminal e suspensão condicional do processo.

O juiz competente ao processo é quem analisa os requisitos de admissibilidade da suspensão condicional. A formalização prévia da acusação é um requisito antecedente da atuação do órgão judicial. Além disso, antes de analisar o cabimento da suspensão do processo, o juiz deverá verificar se estão presentes os requisitos formais e substanciais da denúncia ou da queixa-crime (arts. 41 e 395 do CPP).

O legislador foi claro sobre a obrigatoriedade da intervenção do órgão jurisdicional ao acentuar que "aceitada a proposta pelo acusado e por seu defensor, na presença do juiz" (art. 89, § 1º). Portanto, a suspensão se submete à apreciação judicial.[200]

As partes discutirão a suspensão do processo e as condições a serem cumpridas, na presença do juiz. Não se admitem negociações prévias, nos corredores do fórum e/ou nos gabinetes do Ministério Público, como ocorre no sistema anglo-saxão.

Importante debate doutrinário e jurisprudencial tem surgido a respeito da possibilidade de o magistrado suspender de ofício o processo. Uma interpretação literal do dispositivo legal induz a proibição de o juiz suspender o processo sem que haja iniciativa do Ministério Público, pois a lei determina expressamente que "o Ministério Público, ao oferecer a acusação, poderá propor". Sendo o titular da ação processual penal pública, após sua afirmação em juízo, nos termos do art. 129, I, da CF, a ele cabe emitir um juízo de necessidade de prosseguimento do processo penal pelo rito tradicional (defesa, audiência, sentença, recurso, execução) ou propor ao imputado um rito alternativo, mais favorável (suspensão da rota tradicional, mediante condições), segundo uma corrente doutrinária e jurisprudencial ("poder discricionário"), a qual acabou predominando e firmando-se nos Tribunais Superiores.[201] Segundo este entendimento, somente o Ministério Público, na ação processual pública e o querelante, na ação processual penal privada poderão oferecer a suspensão condicional do processo. Adotada esta corrente, o magistrado, não concordando com a manifestação do Ministério Público, aplicará, analogicamente, o art. 28 do CPP. A matéria está sumulada pelo STF (*Súmula 696*: "reunidos os pressupostos legais permissivos da suspensão condiconal do processo, mas se recusando o Promotor de Justiça a propô-la, o Juiz, dissentindo, remeterá a questão ao Procurador-Geral, aplicando-se por analogia o art. 28 do CPP"). [202] Por outro lado, outro entendimento, o qual me filio, desde a primeira edição, entende que, presentes os pressupostos legais, a suspensão se

---

[200] Diferentemente ocorre com a suspensão no direito alemão, tanto no condicional, como no incondicional, onde não existe qualquer controle judicial, quando é realizado na fase preliminar, conduzida pelo MP.

[201] Vid. STF, HC 74.153-3/SP, Rel. Min. Sydney Sanches, DJ de 21.03.97; STJ, Resp. 318.745/MG, DJ de 24.03.2003; HC 208.923/SP, Rel. Min. Hélio Quaglia Barbosa, j. em 24.08.2004. Vid. outras anteriores decisões onde houve reconhecimento de que se trata de direito público subjetivo: STF, HC 75.197-1/SP, Rel. Min. Moreira Alves, DJ de 24.10.97; RE 222.265-1/SP, Rel. Maurício Correa, DJ de 21.09.98; STJ no RHC 6.410/PR, Rel. Min. Vicente Leal.

[202] O STJ acompanha esta orientação, AgReg no RESP 696.268/MG, Rel. Min. Nilson Naves, DJ de 05.05.2008.

constitui em um direito do acusado e, diante da inércia do acusador ou da improcedência de suas justificativas, caberá ao magistrado, como garante dos direitos fundamentais do acusado, analisar o pedido da defesa, do Ministério Público na ação penal privada (fiscal da lei) nesse sentido, ou propor ao acusado o cumprimento de condições, em substituição ao prosseguimento da fase cognitiva processual.

Com isso, o magistrado não estará exercendo uma função típica do Ministério Público, do acusador, pois o *parquet* já deduziu a pretensão acusatória. Ao propor a suspensão do processo, o magistrado estará garantindo ao acusado seu direito fundamental à ampla defesa, ou seja, atuando como guardião do *status libertatis*. Estará julgando e não acusando; não estará impulsionando o *ius puniendi*, mas limitando-o, exercendo uma função sua, e não de acusador. O poder-dever de ajustar o *ius puniendi* ao jurisdicionado, de aplicar a sanção proporcional é do magistrado, que estará somente cumprindo sua atribuição. A atuação do juiz não é a de mero homologador da vontade das partes, de um carimbador amorfo, petrificado e insensível, mas de controlador efetivo da suspensão condicional do processo. Ademais da aceitação ou não da proposta do acusador, também a discussão das condições, do prazo da suspensão e a forma de cumprimento, deverão ocorrer na presença do órgão judicial – publicidade –, o qual não está obrigado a aceitá-las, mas a medi-las e a fixá-las de acordo com a situação concreta, dentro do prazo de dois a quatro anos.

O juiz exerce uma função essencial tanto no consenso criminal material – composição civil e transação criminal –, como no processual – suspensão condicional do processo. É seu dever garantir o justo equilíbrio entre o acusador e o suspeito/acusado, por meio de sua participação ativa no consenso, instando as partes das possibilidades processuais, homologando ou não a suspensão do processo e as condições. Ainda, deverá certificar-se de que o acusado está sendo assistido por defensor com capacidade jurídica formal e material [203] e que a aceitação foi voluntária e pessoal. Portanto, as partes podem discutir as condições, mas é o magistrado quem emite um juízo de mérito acerca destas. Mesmo assim, a atividade do magistrado não se restringe à homologação ou à delimitação das condições da suspensão do processo, mas se estende ao controle efetivo do cumprimento do acordado e/ou aceito,

---

[203] Defensor capaz e juridicamente preparado não é o portador de autorização legal para atuar, mas o que, no mínimo, tem conhecimento do que está ocorrendo no processo e/ou na audiência. Cumpre ao magistrado conceder um prazo para que o acusado constitua outro defensor e, na inércia, nomear um defensor público ou dativo, sob pena de vulneração do princípio da ampla defesa.

pois pode revogar a suspensão e declarar a extinção da punibilidade (art. 89, §§ 3º, 4º, e 5º). O juiz exerce uma função essencial no esclarecimento das partes acerca do significado da medida despenalizadora e das possibilidades de prosseguimento do processo. Por isso, contraria o direito fundamental à defesa, cuja eficácia depende do conhecimento integral da acusação, quando a suspensão não se realiza em juízo ou quando o acusado não é cientificado efetivamente do que está ocorrendo na audiência, bem como quando se restringe a cumprir as formalidades legais.

O Ministério Público, ademais de deduzir a pretensão acusatória ordinária, deverá, ante a presença dos requisitos legais, oferecer a suspensão do processo. Portanto, a atividade do Ministério Público se constitui num poder-dever, e não numa faculdade sua, pois não está apostando na liberdade e nos direitos dos acusados. Os critérios pessoais ou institucionais vulneram um tratamento isonômico. Além disso, o Ministério Público deverá fundamentar quando não propõe a suspensão do processo, viabilizando a defesa do próprio acusado e, inclusive, a postulação deste, como um direito seu. Além disso, o art. 129, VIII, da CF, e o art. 43, III, da Lei Orgânica do Ministério Público, o obrigam a motivar suas manifestações.[204]

A obrigação do Ministério Público é tomar a iniciativa de propor a suspensão do processo e discutir as condições. Sua inércia ou seu subjetivismo não retira o direito do acusado à suspensão condicional do processo. No caso de recusa do Ministério Público, o STF[205] entende que deve ser aplicado o disposto no art. 28 do CPP, ou seja, a remessa do processo ao Procurador-Geral da Justiça, com o que não concordamos, como já afirmado,[206] pois o referido dispositivo legal se aplica quando o magistrado entender ausentes os requisitos à dedução a uma acusação e sustentação de uma pretensão acusatória, enquanto na suspensão condicional do processo entende ausentes os requisitos legais à paralisação do processo, à paralisação da pretensão acusatória comum, em troca de certas condições. Subscrever o entendimento da exclusividade do titular da ação processual penal é sepultar o direito do querelado à suspensão condicional do processo, na medida em que, nesse caso, não há como ser aplicado o art. 28 do CPP.

---

[204] "Art. 129. São funções institucionais do Ministério Público: VIII – determinar diligências investigatórias e a instauração do inquérito policial, indicando os fundamentos jurídicos de suas manifestações processuais".

[205] Para BITENCOURT, C., *Juizados...*, cit., p. 129, tanto o Ministério Público quanto o juiz devem manifestar-se motivadamente sobre a suspensão condicional do processo.

[206] Vid. item 9.8.5

O defensor atuará orientando o acusado sobre as conveniências da aceitação, primeiro da suspensão do processo e, posteriormente, das condições, as quais deverão ser adequadas à situação pessoal do acusado (art. 89, § 2º). Para que a suspensão seja válida, o legislador exige a anuência do acusado e de seu defensor. Entretanto, entendemos que deverá preponderar a manifestação volitiva do acusado nos casos de divergência, pois é quem se submeterá ao cumprimento das condições. Caberá ao defensor que não concordar com a manifestação volitiva do acusado retirar-se do processo, oportunizando-se ao acusado a nomeação de outro defensor ou, quando se tratar de advogado dativo, sua substituição pelo magistrado.[207]

A suspensão do processo depende, fundamentalmente, da aceitação do acusado. Este tem duas alternativas: resistir normalmente à pretensão acusatória, submetendo-se ao processo ordinário, clássico, verticalizado e coativo, com todas as garantias, inclusive com a incerteza da sentença, ou aceitar o desvio do rito processual, a suspensão do curso tradicional, cumprindo determinadas condições, as quais representam uma reprovação jurídica menor e mais favorável, horizontalizada e dialogada, na perspectiva restauradora.

O acusado, para obter a suspensão, não poderá estar sendo processado por outro delito, segundo a Lei 9.099/95.[208] Como as infrações criminais, no ordenamento jurídico brasileiro se dividem em delitos e contravenções, e porque não se admite interpretação *in malam partem* na esfera criminal, o fato de o acusado estar respondendo a um processo por uma contravenção, não impede a suspensão condicional do processo. E se o acusado for absolvido do processo que havia impedido a suspensão? Quando este foi o único motivo da negativa do benefício, com o trânsito em julgado da sentença absolutória, sempre que não tenha ocorrido o trânsito em julgado da sentença na qual ocorreu a negativa, deverá ser renovada a suspensão, pois o impeditivo legal foi afastado. Também, o fato de estar respondendo a um processo que esteja suspenso condicionalmente não impede, por si só, uma nova suspensão. Entretanto, o imputado poderá não merecer uma segunda suspensão. Caberá uma avaliação, no plano fático da situação de cada acusado, pois as situações no mundo dos fatos são múltiplas e impossíveis de serem previstas e afastadas *ab initio*.

---

[207] Vid. item 9.8.8, o mesmo raciocínio.

[208] Segundo o STF no HC 79.460-2 (plenário), Rel. Min. Nelson Jobim, DJ de 18.05.2001; RE nº 299.781, Rel. Min. Sepúlveda Pertence, DJ de 05.10.2001 e HC 85.751/SP, Rel. Min. Marco Aurélio, DJ de 03.06.2005, a exigência de que o réu não esteja sendo processado para que lhe seja conferida a suspensão condicional do processo não ofende o princípio da inocência.

A lei está considerando culpado o sujeito que responde a um processo. O simples fato de estar respondendo a um processo não significa condenação do sujeito. De lege ferenda, defendemos que unicamente o trânsito em julgado de uma sentença condenatória seja motivo impeditivo à concessão da suspensão condicional do processo, adequando-se a lei à CF (art. 5º, LVII).

A condenação do acusado por outro delito impede a suspensão do processo, segundo a lei. Esta não distingue a espécie de crime, se doloso ou culposo. Assim, a interpretação há ser mais favorável ao acusado, pois os benefícios penais e as regras permissivas recebem uma interpretação ampla, reservando-se a interpretação restritiva aos prejuízos ou às regras incriminadoras. Nessa mesma perspectiva, uma condenação por uma contravenção não impede a suspensão condicional do processo, a qual é cabível nessas espécies de infrações, mesmo que o art. 89 faça referência aos delitos. Igualmente, condenação à pena de multa, interpretando-se analogicamente com o *sursis*, não impede a suspensão condicional do processo (art. 77, § 1º, CP). O fato de ter aceito uma transação criminal, anteriormente, não impede a suspensão condicional do processo por outro fato.

Quando se considera um acusado condenado? O trânsito em julgado da sentença penal condenatória altera o estado natural e jurídico de inocência do cidadão. Portanto, uma condenação pendente de recurso, por si só, não se constitui em um requisito impeditivo da suspensão do processo. Aqui também, como afirmamos à transação criminal, os efeitos de uma condenação subsistem até os cinco anos do cumprimento da pena ou da extinção da punibilidade.[209]

O acusado deverá apresentar méritos à suspensão do processo, informado por seus antecedentes, sua conduta social, sua personalidade, motivos e circunstâncias do delito (art. 89 da Lei 9.099/95, c/c art. 77, II, do CP).

Observa-se que os fatores do merecimento da suspensão condicional do processo e da transação criminal são os mesmos. Ademais, têm relação com as circunstâncias que obrigatoriamente o juiz analisa quando aplica a pena, conforme art. 59 do CP.

Diferentemente da transação criminal, a vítima poderá obter, com a suspensão do processo, uma declaração imediata da obrigação de reparação dos danos. No momento da suspensão do processo, basta a manifestação volitiva do acusado de reparação dos danos, pois a efetiva indenização constitui um dos requisitos da extinção da punibilida-

---

[209] Vid. STF, HC nº 86.646/SP, Rel. Min. Cezar Peluso, DJ de 09.06.06, no sentido de que "o limite temporal de cinco anos, previsto no art. 64,I, do CP, aplica-se, por analogia, aos requisitos da transação penal e da suspensão condicional do processo".

de, frente ao cumprimento das condições (art. 89º, § 3º). Entretanto, a Lei 9.099/95 não exigiu a participação direta da vítima no momento da suspensão condicional do processo. Na segunda edição desta obra afirmei: *De lege ferenda*, deverá ser exigida a presença da vítima, sucessores ou representantes legais no ato da suspensão do processo, na discussão do dever de reparação, fixando-se o *quantum debeatur*, e garantindo-se a execução. Isso representa a efetiva reparação, ou, pelo menos, um título judicial executivo efetivo. Ademais, como a vítima saberá, se não estiver presente, que o autor do fato declarou que a indenizará? A Lei 11.690, de 9 de junho de 2008, ao alterar o art. 201 do CPP, no § 2º determinou a comunicação do ofendido dos atos processuais não só aos relativos ao ingresso e à saída do acusado da prisão, da sentença e do acórdão, mas também da designação da data das audiências. Já me manifestei de forma crítica ao interpretar a nova redação deste dispositivo processual, com seus acréscimos, mormente em razão da desvirtuação dos objetivos do processo penal, mas há casos em que se justifica a ciência do ofendido (Violência doméstica, Composição Civil, Transação Penal, Suspensão condicional do processo, *v.g*).

Para a aplicação da pena alternativa (multa ou restritiva de direito – transação penal), a Lei 9.099/95, inicialmente, havia estabelecido o parâmetro da pena privativa de liberdade máxima *in abstracto*, não superior a um ano (atualmente, dois anos). Todavia, para a suspensão condicional do processo, é a quantidade mínima da pena privativa de liberdade em abstrato, prevista ao tipo penal, que não poderá exceder a um ano de prisão. Evidentemente que a suspensão condicional do processo não está excluída das infrações criminais em que se comine a pena de multa, de forma cumulativa com a pena de prisão mínima não superior a um ano, nos delitos em que está prevista de forma isolada, bem como nos crimes em que a pena de multa estiver prevista de forma alternativa à pena privativa de liberdade, mesmo sendo o mínimo superior a um ano (art. 7º da Lei 8.137/90, v.g.). Idêntico raciocínio há de ser feito nos casos em que nos tipos penais constarem outras espécies de penas (Lei 9.504/97 e 11.343/06). Havendo cominação no tipo penal, de outra sanção, com grau de reprovabilidade inferior à privação de liberdade, de forma isolada ou alternativa, desconsidera-se o norte da pena privativa de liberdade (o mínimo é a multa, v.g.).[210] A lei, ao referir-se a delitos e não a infrações criminais, omitiu as contravenções. Devido a menor lesividade das contravenções, admitimos uma interpretação extensiva *in bonam partem*, com espeque no princípio da

---

[210] Vid. STF HC 83.926/RJ, Rel. Min. Cezar Peluso, DJ de 14.09.2007.

proporcionalidade, possibilitando a suspensão condicional do processo também nas contravenções. Pelo mesmo princípio, o período de prova deverá ser menor dos parâmetros estabelecidos aos delitos.[211]

Já com o advento da Lei 10.259/01, a qual havia ampliado o conceito de infração penal de menor potencial ofensivo de um para dois anos, entendíamos que, simetricamente, pelo princípio da proporcionalidade, também teria havido uma ampliação do conceito de infração de médio potencial ofensivo, nos mesmos parâmetros,, com admissibilidade da suspensão condicional do processo nos crimes cuja pena mínima não superasse aos dois anos, preenchidos os demais requisitos legais. Aliás, esta era a idéia original existente quando da discussão do referido instituto, conforme Weber Martins Batista.[212] Posteriormente, a Lei 11.313/06 deu nova redação ao art. 61 da Lei 9.099/95, alterando o conceito de infração penal de menor potencial ofensivo de um para dois anos, excluindo a restrição dos ritos especiais, especificando ser a pena privativa de liberdade o parâmetro, independentemente de haver a sanção de multa cumulada. Entretanto, assim como ocorreu em 2001, em 2006 o legislador não alterou a base da suspensão condicional do processo. A interpretação predominante, nos Tribunais Superiores foi a interpretação literal, inclusive constante em súmula (*Súmula 723 do STF*: não se admite a suspensão condicional do processo por crime continuado se a soma da pena mínima da infração mais grave com o aumento mínimo de 1/6 for superior a um ano).[213] Porém, como no conceito de infração penal de menor potencial ofensivo, ao cabimento da transação penal, na suspensão condicional do processo, o norte é a pena privativa de liberdade cominada, independentemente de haver ou não previsão da sanção pecuniária no tipo penal.[214]

A suspensão condicional do processo é cabível em todas as espécies de processos: comuns ou especiais, sempre que estejam presentes os requisitos legais. Também tem aplicação na Justiça Militar para os delitos militares impróprios, apesar de a Lei 9.839/99 ter acrescentado o art. 90-A na Lei 9.099/95, o qual refere, expressamente, não ter aplicação as disposições desta lei não se aplicam no âmbito da Justiça

---

[211] GOMES, L. F. *Suspensão...*, cit., p. 181, propõe de 1 a 3 anos, numa interpretação analógica ao art. 11 da LCP.

[212] Palestra proferida em Gramado/RS no dia 20 de outubro de 2001, no Congresso Brasileiro de Direito Processual & Penal e Juizados..., cit., p. 360-362.

[213] Vid. STF, HC 83104/RJ, Rel. Min. Gilmar Mendes, DJ de 21.11.2003; STJ, Resp. 323938/SP, Rel. Min. Laurita Vaz, DJ 4.8.2003; REsp. 48.1985/SP, Rel. Min. Gilson Dipp, DJ de 16.3.03.

[214] Vid. STF HC 83.926, Rel. Min. Cezar Peluso, DJU de 14.09.2007.

Militar. Isso porque os crimes militares impróprios não se referem, exclusivamente à disciplina da caserna. Aplica-se também na Justiça Eleitoral,[215] inclusive nos feitos de competência originária dos Tribunais.[216]

Uma exegese literal não admitiria a suspensão do processo nas hipóteses de infrações que se processam por ação penal privada,[217] cuja provocação jurisdicional está na esfera de disponibilidade do legitimado, pois o art. 89 refere, expressamente: "o Ministério Público, ao oferecer a denúncia". Todavia, não se justifica a proibição de uma certa disponibilidade da sustentação da pretensão nos delitos privados, os quais têm, na sua essência, esse poder de disposição, inclusive na ação penal privada subsidiária cabe a suspensão condicional do processo, pois permanecem as propriedades da ação processual penal pública. A alegação de que não seria possível o benefício na ação penal privada, por implicar perdão ou perempção, não procede, pois o perdão e a perempção ocorrem após ter iniciado a demanda. Pode o querelante, num primeiro momento, pretender a incidência de um provimento penal condenatório, mas, num segundo, diante dos esclarecimentos do magistrado e do Ministério Público (fiscal da lei), contentar-se com o estabelecimento de certas condições ao querelado, sem os consectários de uma condenação, inclusive com a reparação dos danos.

Na mesma perspectiva do afirmado à transação penal, na suspensão condicional do processo, interessa a pena cominada ao tipo básico ou ao tipo derivado (qualificado), incidindo as causas especiais de aumento e de diminuição de pena, mas não as demais circunstâncias da dosimetria da pena: art. 59 do CP, agravantes e atenuantes.[218] Por tratar-se de suspensão do processo, a incidência não é sobre a pena máxima cominada, mas sobre a sanção mínima prevista. De qualquer forma, o cálculo deverá ser feito de forma que mais favoreça o acusado e o consenso. Assim, em se tratando de causa especial de aumento, a elevação deverá ser em seu grau mínimo e na causa especial de diminuição, a redução deverá ser em grau máximo. O STF sumulou a questão, nesse

---

[215] O TSE, HC nº 332, DJU de 5.02.99, p. 105, decidiu que a suspensão condicional do processo se aplica no âmbito da Justiça Eleitoral. Vid. também, do TSE, o HC 523, Rel. Min. Cesar Asfor Rocha, DJ de 16.12.2005 e o REsp. nº 25.137, Rel. Min. Marco Aurélio, DJ de 16.09.2005.

[216] De acordo com o TRF da 3ª Região, Ap. nº 108, DJU de 18.03.97, p. 15.336, cabe a suspensão nos processos de sua competência originária.

[217] Vid. item 9.8.5; STF, HC 81.720/SP, Rel. Min. Sepúlveda Pertence, DJ de 19.04.2002; STJ, RHC 12.276/RJ, Rel. Min. Laurita Vaz, em DJ 07.04.2003 e APn 296-PB, Rel. Min. Gilson Dipp, em DJ de 12.09.2005.

[218] Vid. item 3.3.

sentido (*Súmula 723*: não se admite a suspensão condicional do processo por crime continuado, se a soma da pena mínima da infração mais grave com o *aumento mínimo* de um sexto for superior a um ano).[219]

No concurso de delitos, que estão sendo processados no mesmo feito por uma questão instrumental, deverá ser considerado cada delito em separado. Não há impedimento para que os dois sejam incluídos na mesma acusação e que o processo seja suspenso parcialmente, isto é, contemplando unicamente um deles. Essa posição foi defendida nesta obra antes mesmo da Lei 11.313/06. É certo que esta lei determinou o processamento da infração de menor potencial ofensivo juntamente com outra, inclusive do Júri, mas, frente a de menor lesividade, determinou a aplicação da composição civil e da transação penal (art. 60, parágrafo único da Lei 9.099/95). Ora, por simetria, a suspensão condicional do processo há de receber o mesmo tratamento e consideração. Entretanto, o STJ sumulou a questão (*Súmula 243*: o benefício da suspensão do processo não é aplicável em relação às infrações penais cometidas em concurso material, concurso formal ou continuidade delitiva, quando a pena mínima cominada, seja pelo somatório, seja pela incidência da majorante, ultrapassar o limite de um (01) ano).

Na perspectiva do defendido quando tratado de infração penal de menor potencial ofensivo, cada infração, de forma individualizada é que fornecerá o conceito de média lesividade. Sobre esta individualidade típica incidem as causas especiais de aumento e de diminuição de pena, desconsiderando-se a exasperação e o cúmulo material do concurso formal, do crime continuado e do concurso material, salvo os casos em que a situação favoreça o consenso, a paralisação do processo (o entendimento dos Tribunais Superiores é diverso).

Na linha da aplicação à suspensão do processo dos demais requisitos do *sursis*, o acusado não poderá ser reincidente em crime doloso. Esta expressa remissão é mais um motivo para considerar que o reincidente em delito culposo e o condenado por uma contravenção possam ser beneficiados pela suspensão. A reincidência em crime culposo, portanto, não impede a suspensão condicional do processo. Também, como a condenação a uma pena de multa não impede a suspensão da execução da sanção, com mais razão, pelo princípio da proporcionalidade, não se justifica a incidência de uma causa proibitiva da suspensão condicional do processo.

---

[219] Vid. HC 84.608/SP, STJ, Rel. Min. Napoleão Nunes Maia Filho, DJ de 12.05.2008, de que, "para efeito da suspensão condicional do processo, é de ser considerada a causa de diminuição da pena prevista no art. 14, II do CP (crime tentado), aplicando-se, neste caso, a redução máxima (2/3) a fim de averiguar a pena mínima em abstrato".

Evidentemente que o inciso III do art. 77 do CP não tem aplicação na suspensão condicional do processo, pois aqui não há dosimetria de pena, impossibilitando qualquer forma de conversão da prisão em pena restritiva de direitos, prevista no art. 44 do CP.

A aceitação das condições é outro requisito da suspensão condicional do processo. Quiçá o mais determinante, pois é o primeiro a ser analisado. Além da declaração da reparação do dano causado à vítima, o legislador estabeleceu como condições: a proibição de freqüentar determinados lugares, a vedação de ausentar-se do âmbito da competência da comarca, sem autorização judicial e o comparecimento pessoal, mensalmente, para informar e justificar as suas atividades. Estas são as condições enunciadas pelo legislador. Entretanto, a própria lei permite ao juiz especificar outras condições, sempre adequadas ao fato e à situação pessoal do acusado.

Cabe ao magistrado o controle das condições da situação fática e penológica. Não há referência legal à forma de indenizar a vítima ou de estipular o *quantum debeatur*. As condições válidas são aquelas amparadas na CF, no respeito à dignidade da pessoa (art. 1º, III, CF) e nos direitos fundamentais do cidadão (art. 5º, CF). Ademais, o processo penal não é o *locus* apropriado à obtenção de vantagens pecuniárias, embora se permita a fixação de indenização.

Omitiu-se o legislador sobre a possibilidade de alteração das condições durante a suspensão do processo. Como a existência de outro processo por uma contravenção não obriga a revogação, concluímos ser possível a alteração das condições fixadas no início, assim como a prorrogação do período da suspensão, numa interpretação analógica com as disposições referentes ao *sursis*.

Também, dentro dos requisitos objetivos, cabe acentuar perfectibilizar-se a suspensão do processo em audiência pública, com prévia intimação do Ministério Público, do acusado, de seu advogado e da vítima (art. 201, § 2º, do CPP). Ainda que a proposta do Ministério Público possa ocorrer por escrito, a discussão, a aceitação e a fixação das condições devem ocorrer em audiência pública, dialogada, num plano horizontalizado.

O prazo de suspensão do processo é o mesmo outorgado à suspensão da execução da pena (dois a quatro anos), o que consideramos demasiado, desproporcional, pois na suspensão do processo de execução houve uma condenação. O legislador não considerou o princípio da proporcionalidade no processo de formação da lei. Além disso, não estabeleceu a base fática e jurídica a ser considerada em sua fixação.

Cumpre ao magistrado suprir esta injustificável omissão legal com a utilização das mesmas diretrizes utilizadas na fixação das condições, ou seja, determinar um certo prazo adequado à necessidade e suficiência à reprovação jurídica.

Como requisito de atividade, cumpre analisar o momento processual em que é possível a suspensão condicional do processo. A lei refere que o Ministério Público, ao oferecer a denúncia, poderá propor a suspensão e que, uma vez aceita a proposta, na presença do juiz, este receberá a denúncia e poderá suspender o processo. Portanto, ao oferecer uma denúncia por uma infração cuja pena mínima seja possível a suspensão do processo, o Ministério Público deverá manifestar-se acerca desta, cumprindo ao magistrado viabilizá-la, após o recebimento da denúncia. Idêntica situação aplica-se à queixa-crime. A rejeição liminar da denúncia ou da queixa-crime (art. 395 do CPP) são prejudiciais frente à suspensão condicional do processo e está é prejudicial frente aos atos processuais seguintes. Um dos objetivos da suspensão condicional do processo é evitar a marcha normal do processo, a prática de atos processuais previstos na ritualística legal – estigmatização – motivo por que não se justifica teleologicamente a postergação da suspensão condicional do processo e a antecipação dos atos processuais.

Poderá o magistrado receber em parte a denúncia ou a queixa, rechaçar *ab initio* uma qualificação mais grave? Isso é importante porque o juiz poderá entender que a descrição típica correta enseja a suspensão. A acusação deverá estar baseada em fatos, não em um *minimum* de substrato fático. Quando a tipificação não tiver nenhum suporte nos elementos já carreados, é dever e função do juiz receber em parte a acusação e propiciar a suspensão condicional do processo (direito e garantia do imputado), de forma fundamentada, em motivos fáticos e jurídicos, em razão dos efeitos irradiados no direito de liberdade do imputado.

Recusada a suspensão condicional do processo, poderão as partes, em conjunto ou separadamente, no decorrer do processado solicitá-la? Uma interpretação literal mantém a possibilidade unicamente antes da citação. Entretanto, no desenvolvimento do processo poderão ser demonstrados os pressupostos que não existiam no momento da formalização da acusação. Modificada a situação fática existente no momento processual preconizado pelo legislador, entendemos possível a suspensão até o trânsito em julgado da sentença. Nos casos de desclassificação de uma infração onde, inicialmente não era possível a suspensão, para outra em que isso é possível, há que se possibilitar ao acusado a alternativa processual, pois esta é a tipicidade adequada ao fato, a qual é a mesma do início do processo, sem que isso cause tumulto. Mesmo que causasse, acima de qualquer concepção utilitária, estão os direitos e as liberdades fundamentais, cuja motivação para garanti-las esta na CF. Isto poderá ocorrer, por exemplo, nos casos em que prepondera o estelionato tentado frente à falsidade documental, de um furto qualificado para furto simples de extorsão para constrangimento ilegal. Esse entendimento foi defendido na segunda edição deste livro, de 2002, adotado pelo STJ e, inclusive, sumulado (*Súmula 337*: é cabível a suspensão condicional do processo na desclassificação do crime e na procedência parcial da pretensão punitiva) e agora acolhido na reforma do CPP de 2008, no art. 383, § 1º (Lei 11.719/08).

O primeiro momento à análise da suspensão condicional do processo ocorre logo depois de recebida a denúncia ou a queixa-crime. Antes de prosseguir o processo, faz-se mister verificar o cabimento ou não dessa medida suspensiva da marcha ordinária do processual, concebida, para ter aderência constitucional, como estratégia ao exercício da ampla defesa, cujo direito há de ser assegurado pelos magistrados e Tribunais. Esse juízo de viabilidade acusatória recebe uma tipificação judicial provisória, nos termos da peça acusatória ou não (recebimento parcial), inclusive de censurabilidade provisória (causas especiais de aumento – arts. 155, § 1º, e 171, § 3ª, do CP *v.g.* e de diminuição da pena – arts. 14, II, e 29, § 1º, CP, *v.g.* ao cabimento ou não da suspensão), motivo por que, nos termos da CF (art. 93, IX), deverá ser devidamente fundamentado, permitindo o seu controle interno e externo. Após ter sido instruído o processo, no momento de ser proferida a sentença, verificada uma tipicidade adequada ao cabimento da suspensão condicional do processo, pela desclassificação ou pelo afastamento em parte da pretensão acusatória, antes de ser proferido o veredicto condenatório, há de ser propiciada a suspensão condicional do processo.[220]

---

[220] Vide GIACOMOLLI, Nereu José. *Legalidade, Oportunidade e Consenso no Processo Penal, na Perspectiva das Garantias Constitucionais*. Porto Alegre: Livraria do Advogado, 2006, p. 381, ocasião em que foi defendida esta tese, posteriormente admitida pela Súmula 337 do STJ e, agora, acolhida pelo art. 383, § 1º, do CPP, com a redação dada pela Lei nº 11.719, de 20 de junho de 2008. Em p. 357 a 362 se pode ver que na Alemanha, a suspensão condicional do processo pode ocorrer na fase preliminar, com ou sem controle jurisdicional, ou após a dedução de uma pretensão acusatória. Além disso, o sistema contempla duas modalidades de suspensão incondicional do processo e o *absprechen* – acordo sobre a sentença, quando não há dúvida acerca da culpabilidade, o autor do fato colaborar no esclarecimento dos fatos e reparar o dano. O modelo alemão foi adotado, em parte, na práxis francesa, embora não previsto no CPP, mas interpretado a partir do art. 40 do CPP. A suspensão condicional do processo também está prevista no CPP polaco de 1970, no CPP de Portugal de 1988, na Argentina e no Chile. A previsão no sistema continental-europeu guarda semelhança com a *probation* do sistema anglo-americano (suspensão da fase processual da medição da pena, mas não do processo e nem da execução da pena).

Portanto, o afastamento dos impedimentos do cabimento da suspensão condicional do processo, pelo reconhecimento de uma qualificação menos grave do fato ou pela absolvição do que impedia a suspensão condicional do processo (concurso material, formal ou crime continuado), purifica e lapida o juízo inicial de tipicidade, ainda que de forma parcial. Para que seja propiciada a suspensão condicional do processo faz-se mister emitir um juízo de tipicidade, sem a provisoriedade do existente no momento do recebimento da denúncia ou da queixa-crime, na medida em que se realizou a dialética probatória e há necessidade de ser garantido o direito ao recurso. Esse juízo de tipicidade há de ser fundamentado, de modo a propiciar o seu controle recursal. Na metodologia da decisão, há uma delimitação da tipicidade, mas não da ilicitude e nem da culpabilidade. Assim, não há uma sentença, não há um juízo condenatório e nem absolutório, mas uma decisão interlocutória mista, sujeita ao duplo grau jurisdicional (apelação residual). Inviabilizada a suspensão condicional do processo, o julgamento prossegue com a análise do mérito da causa.

Modificada a tipicidade, pelo juízo *a quo*, de molde a ser possível a suspensão do processo, havendo impugnação da acusação, o objeto do recurso limitar-se-á a esta apreciação, sem exame do mérito, mesmo sendo a solução absolutória, sob pena de supressão de um grau jurisdicional. Procedente ou não o recurso, o processo há de retornar à origem para ser viabilizada a suspensão condicional do processo (negado provimento ao recurso da acusação) ou para prosseguir no julgamento (provimento do recurso da acusação). Tal entendimento também se aplica nas hipóteses de desclassificação nos delitos dolosos contra a vida, inclusive na ocorrida em plenário de julgamento, pelos jurados.[221]

Quando a desclassificação ou o provimento parcial da acusação afastar o óbice da suspensão condicional do processo for uma decisão do órgão *ad quem*, o juízo condenatório há de ser desconstituído, mantendo-se a tipicidade, com retorno dos autos ao juízo *a quo* para viabilizar a suspensão condicional do processo[222]. Negada ou não aceita a suspensão condicional do processo, os autos deverão retornar à Câmara julgadora para continuação do julgamento. Os julgamentos, tanto de primeiro quanto de segundo graus também prosseguirão nas hipó-

---

[221] Vid. STF, HC 76.262/SP, Rel. Min. Octávio Gallotti, DJ de 29.05.1998 e RHC 81.925/SP, Rel. Min. Ellen Gracie, DJ de 21.02.2003 e do STJ, nos REsp. 223.538/SP, Rel. Min. Fernando Gonçalves, DJ de 06.05.2002; e REsp. 237.625/RJ, Rel. Min. Vicente Leal, DJ de 16.09.2002.

[222] Vid. STJ, REsp. 474.931, Rel. Min. Paulo Gallotti, DJ de 11.06.07; TRF da 5ª Reg., Ap. 2004.83.00.015970-5, Rel. Des. Edílson Nobre, DJ de 30.03.2007.

teses de revogação da suspensão condicional do processo. Nos casos de descumprimento das condições, antes da revogação, faz-se mister possibilitar a justificação da falta.

Os Tribunais Superiores, ao verificarem a falta de aplicação da Súmula 337 do STJ, desconstituirão a sentença ou o acórdão no que tange à condenação e a aplicação da pena, viabilizando a suspensão condicional do processo no juízo de primeiro grau.

19.6 – Efeitos

A suspensão condicional do processo penal produz os seguinte efeitos: suspensão do processo cognitivo, interrupção provisória da pretensão acusatória comum, imutabilidade do fato, da qualificação jurídica, alteração provisória do pedido, inexistência de reconhecimento ou de declaração de culpabilidade, reprovação jurídica proporcional, extinção da punibilidade após o cumprimento das condições, não-produção de antecedentes, revogação e prorrogação de sua duração, possibilidade de alteração das condições, consequências na cumulação subjetiva e objetiva e na prisão processual.

A suspensão do processo não intefere na fase preliminar, pois ocorre após a formalização da acusação, como já afirmamos. O expediente investigatório já está concluído, passou pelo juízo da viabilidade acusatória do Ministério Público e do magistrado. *Prima facie*, parece ter o órgão acusador duas opções: acusar sem pedir a suspensão do processo ou acusar e manifestar-se pela suspensão condicional do processo. Entretanto, antes de oferecer a denúncia, o caso poderá ser de arquivamento ou de pedido de diligências e, presentes os requisitos legais, o acusador tem o dever de propor a suspensão (direito e garantia do imputado).

O efeito imediato da proposta, de sua aceitação e da homologação da manifestação volitiva das partes é a suspensão do curso processual ordinário por um período de dois a quatro anos. Não se produz a terminação antecipada do processo, como ocorre na transação criminal, pois nesta se aplica uma sanção, a qual produz o término do processo cognitivo. A suspensão do processo sempre está condicionada ao cumprimento das condições, isto é, tornar-se-á definitiva após a execução voluntária. Ocorre a suspensão da fase cognitiva do processo, pois este continua com o cumprimento das condições, com a particularidade que poderá retomar seu curso ordinário.

Um dos poucos atos processuais judiciais típicos, ou seja, como se não tivesse ocorrido a suspensão, é o recebimento da peça incoativa, pois interrompe a prescrição (art. 117, I, CP), cujo prazo, como regra, inicia a contar novamente a partir deste ato (art. 117, § 2º, CP). Entretanto, durante a suspensão, poderão ser praticados atos processuais típicos do processo suspenso – revogação da suspensão, *v.g.* –, pois existe um controle sobre o cumprimento das condições. Ademais, o próprio recebimento da peça incoativa (denúncia ou queixa-crime) poderá ser questionado. O êxito da impugnação do imputado produzirá efeitos na suspensão condicional do processo, embora já aceita.[223]

O prazo prescricional não fluirá enquanto durar a suspensão do processo (art. 89, § 6º). O curso normal é retomado com a eventual revogação da suspensão condicional do processo. Os efeitos da interrupção e da suspensão dos prazos são distintos. Porém, o recebimento da denúncia ou da queixa-crime (interrupção) e a suspensão condicional do processo (suspensão) poderão ocorrer no mesmo dia, situação em que a interpretação há de ser a mais favorável ao imputado.

A suspensão do processo não influi no exercício da ação, nem na dedução da pretensão acusatória. O que ocorre é uma alternativa legal de interrupção provisória da pretensão ordinária coativa verticalizada. Não há incidência do princípio de oportunidade puro, pois a concessão ou não da suspensão do processo não se limita à esfera subjetiva do acusador oficial ou do juiz, mas se constitui em uma alternativa à sustentação da pretensão acusatória. Entendendo-se que a ação penal se estende à sustentação da pretensão até as últimas consequências legais, podemos dizer ter havido uma certa mitigação do princípio da obrigatoriedade da ação penal.

Não ocorre uma imputação alternativa ou a dedução de uma pretensão alternativa, mas um *petitum* alternativo à sanção comum, mais tecnicamente, uma proposta alternativa, substitutiva do *petitum*. Não há uma alteração na descrição típica, nem na qualificação jurídica, pois o juiz não poderá modificar os fatos ou a qualificação jurídica.

---

[223] Vid. STF, RHC nº 82.365/SP, Rel. Min. Cezar Peluso, DJU de 26.06.2008, onde consta, expressamente: "a aceitação de proposta de suspensão condicional do processo não subtrai ao réu o interesse jurídico para ajuizar pedido de *habeas corpus* para trancamento de ação penal por falta de justa causa". No mesmo sentido, HC 85.747/SP, Rel. Min. Marco Aurélio, DJ de 14.10.2005 e o STJ no HC 57.232-ES, Rel. Min. Laurita Vaz, DJ de 1º.10.2007; RHC 20.939/MT, Rel. Min. Arnaldo Esteves Lima, DJ de 01.12.2008.

A decisão judicial produz os efeitos de coisa julgada unicamente após o cumprimento das condições. Portanto, a decisão que homologa a suspensão do processo somente tem o efeito de impedir seu prosseguimento e o da prescrição. A decisão extintiva da punibilidade, após o cumprimento das condições, produz os efeitos de coisa julgada formal e material.

Discute-se se há uma declaração de culpabilidade do acusado; se há um juízo de culpabilidade por parte do magistrado e se as condições são penas. Não se exige e não é admissível que haja uma declaração de culpabilidade como pressuposto da suspensão do processo. Tampouco o juiz, quando acolhe a suspensão, emite uma declaração de culpabilidade, pois se restringe a homologar a emissão volitiva das partes.[224] O juízo de culpabilidade somente é possível após a realização de todas as fases processuais: acusação, defesa pessoal e técnica, produção contraditória da prova, conclusões das partes, e juízo de mérito ditado por um terceiro. Mesmo assim, a suspensão só é definitiva após o cumprimento das condições, cujo processo retoma seu curso originário quando ocorre a revogação da suspensão.

As condições representam uma reprovação jurídica proporcional aos fatos, consentida, ou a incidência proporcional do *ius puniendi*. São sanções criminais atípicas, por não gerarem os efeitos de uma pena criminal aplicada após um juízo criminal com todas as garantias.[225]

O cumprimento das condições fixadas pelo juiz implica terminação do processo, com a declaração de extinção da punibilidade (art. 89, § 5º), com o acréscimo de mais uma causa ao art. 107 do CP. O acusado continua inocente, vedando-se a consideração da suspensão como um antecedente processual desfavorável.

Na ocorrência de alguma das hipóteses de revogação, o processo poderá retomar seu curso ordinário. A suspensão será obrigatoriamente revogada em duas situações: quando o imputado, durante o prazo da suspensão, for processado por outro delito, ou quando não reparar

---

[224] *O STF, no* RE 568030/RN, Rel. Min. Menezes Direito, 2.9.2008, Informativo 518, de 10 de setembro de 2008, impediu um candidato de prosseguir num concurso público porque estava cumprindo as condições da suspensão. "não tem capacitação moral para o exercício da atividade policial o candidato que está subordinado ao cumprimento das exigências decorrentes da suspensão condicional do processo", afastando a infringência à presunção de inocência que havia sido reconhecida pelo Tribunal Estadual.

[225] Vid. GÖSSEL K H. "*Principios* ...*, cit.*, p. 885, a doutrina alemã de GOSSNER e MEYER propugnam por não considerar as condições da suspensão como uma sanção criminal comum, pois não gera antecedentes penais, e o acusado se livra das perturbações de um processo judicial, constituindo-se num rechaço às condenações estatais, mediante o emprego de outras sanções, sem a marca de uma condenação.

o dano.[226] Quando o novo processo for por uma contravenção ou quando o sujeito não cumprir qualquer outra condição, a revogação será facultativa (art. 89, §§ 3º e 4º). Mesmo assim, a conseqüência, diante da absolvição do acusado no processo que produziu a revogação, é o retorno ao *status quo ante*, com a reativação do processo.

> Por isso, *de lege ferenda*, deverá haver uma adequação constitucional para que as as hipóteses de revogação da suspensão condicional do processo, nos casos de outros processos, sejam aplicadas a partir do trânsito em julgado da sentença, com a previsão expressa da possibilidade de prorrogação da suspensão.

Mesmo que o legislador não tenha previsto, é de ser admitida a revogação voluntária da suspensão do processo. O acusado poderá ter interesse na continuação do processo (descobrimento de uma prova que o isenta de culpa, *v.g.*), e, ao mesmo tempo não desejar quebrar a confiança nele depositada, o que poderia influenciar na próxima suspensão, ou numa eventual dosimetria da pena.[227] Diferentemente é a situação na transação criminal, pois nesta já houve a extinção do processo, um juízo de mérito sobre a pretensão alternativa. Aqui, o processo está paralisado momentaneamente, esperando sua extinção ou sua continuação.

O acusado terá alguma compensação pela execução parcial das condições, na hipótese de revogação? Não há como proceder a restituição, tanto na esfera criminal, como na civil, pois o cumprimento foi voluntário. O eventual pagamento de indenização à vítima poderá ser compensado numa demanda civil de reparação, não havendo óbice que o magistrado considere os fatos numa possível dosimetria da pena, como circunstância judicial favorável ou atenuante inominada.

Mesmo assim, apesar do silêncio do legislador, não se evidencia nenhum impedimento para que, durante a execução das condições, as partes acordem uma modificação destas ou o próprio acusado as postule, com o fito de adequá-las ao caso concreto, com base no princípio da individualização da pena, o qual se aplica ao legislador, ao juízo *a quo*, ao *ad quem* e ao da execução criminal.[228]

---

[226] Segundo o CPP alemão, descumpridas as condições, a investigação ou o processo penal são retomados, mesmo que haja possibilidade de prorrogar-se o prazo de suspensão por um tempo não excedente de três meses, por uma vez (§ 153ª, (1), 4).

[227] Segundo o STF, HC nº 79.810, Rel. Min. Celso de Mello, Informativo nº 189, a aceitação da proposta de suspensão condicional do processo se constitui num ato irretratável, exceto nos casos em que a manifestação volitiva do acusado estiver afetada por algum vício de consentimento, como o erro e a coação.

[228] Segundo ARMENTA DEU, T. *Criminalidad....*, cit., p. 130, RIES menciona as possibilidades de que as condições na suspensão alemã possam ser diminuídas ou aumentadas, total ou parcialmente.

A declaração do *an debeatur* não implica reconhecimento da culpabilidade ou do dever de *restitutio in integrum* (reconhecimento da responsabilidade civil). Não reparado o dano, o autor tem o encargo de provar, no juízo civil, a responsabilidade do autor do fato. O *quantum debeatur*, eventualmente estipulado, não implica reconhecimento da responsabilidade civil, e nem gera título executivo, pois o descumprimento da obrigação de indenizar implica revogação obrigatória da suspensão. Ademais, a extinção da punibilidade não impede a dedução de uma pretensão civil (art. 67, II, CPP).

O próprio legislador delimitou ser a efetiva reparação do dano uma condição de extinção da punibilidade. Assim, diante da prova da falta de condições de reparar o dano, o juiz deverá extinguir a punibilidade.

Como fizemos quando tratamos da transação criminal, é necessário estabelecer quais são os efeitos nas hipóteses de pluralidade subjetiva e/ou objetiva. Seguimos a mesma linha de raciocínio, ou seja, da interpretação favorável ao consenso, possibilitando-se a separação dos processos.[229]

O legislador não enunciou nenhuma espécie de impugnação da decisão acolhedora ou não da suspensão condicional do processo, revocatória ou não desta, e nem a extintiva ou não da punibilidade. Como o art. 92 determina a aplicação subsidiária do CPP, a ele se recorre. O art. 581 contém uma enumeração de 24 casos em que poderá ser interposto o recurso em sentido estrito. Como o CPP é de 1941, evidentemente que não está prevista nenhuma hipótese referente à suspensão condicional do processo, introduzida em 1995. Os incisos VIII e IX do art. 581 do CPP autorizam, de forma expressa, o recurso em sentido estrito contra a decisão que decreta ou nega a extinção da punibilidade. Segundo o inciso XI, do mesmo artigo cabe o recurso em sentido estrito da decisão concessiva, não concessiva, revocatória da suspensão condicional da execução da pena privativa de liberdade. Assim, não vemos óbice para que se aplique esta disposição legal aos casos de acolhimento, não-aceitação, aplicação *ex officio*, ou revogação da suspensão condicional do processo. A decisão que não acolhe o pedido de revogação do *sursis* não consta no rol do art. 581 do CPP. Seria irrecorrível a decisão que não acolhe o pedido de revogação da suspensão condicional do processo? A resposta é positiva, na medida em que não se pode aplicar a analogia contra o imputado.

---

[229] Vid. item 5.4.

Também não se pode descartar a revisão criminal para desconstituir a decisão que extinguiu a punibilidade, pois o acusado que aceitou a suspensão condicional do processo poderá ter conhecimento de alguma prova de sua inocência, aplicando-se analogicamente o art. 621, III, do CPP, ainda que a sentença homologatória da suspensão condicional do processo não tenha efeitos de uma condenação, pois ao acusado se garante o direito a que um órgão judicial declare sua inocência.

Quando a decisão for de um juiz do JECrim ou de uma TRCrim, aplica-se o dito em relação à transação criminal no que se refere à interposição dos remédios jurídicos: recursos, ações autônomas e medidas correicionais. Inclusive, quando o recorrente for absolvido, sendo objetivo o motivo desta, este é de ser aplicado, por força do art. 580 do CPP, ao co-réu que, eventualmente, tenha aceitado a suspensão condicional do processo. Porém, da decisão concessiva ou denegatória da suspensão condicional do processo, aplica-se o art. 92 da Lei 9.099/95 e o art. 581, XI (concede ou não concede o *sursis*), do CPP, de modo a ser cabível a impugnação mediante recurso em sentido estrito.

O afastamento do cabimento da suspensão condicional do processo, no caso concreto, passou a ser um dos requisitos especiais à homologação da prisão em flagrante (art. 321 do CPP) e um elemento integrante da necessidade ou não da decretação da prisão preventiva (art. 312 do CPP).

19.7 – Condições

Além de outras condições a serem especificadas, o legislador tipificou as seguintes condições: reconhecimento da obrigaçãode indenizar, proibição de freqüentar determinados lugares, proibição de ausentar-se da comarca, sem autorização e comparecimento mensal ao juízo.

A reparação do dano não é propriamente uma condição da suspensão do processo, mas da extinção da punibilidade, nos termos do art. 89, § 5º. No momento da discussão da aceitação da suspensão do processo, basta a declaração de indenização dos danos, no período de prova. Findo este, mas sem reparação ou declaração da impossibilidade de fazê-la, o processo seguirá seu curso normal, isto é, não haverá extinção da punibilidade. A reparação do dano é condição somente do *sursis* especial (art. 78, § 2º, CP). Entretanto, a vítima poderá renunciar à indenização.

A proibição de freqüentar determinados lugares também é uma condição do *sursis*. Esta há que guardar relação com o fato praticado e com a situação pessoal do acusado. Igualmente, a proibição de ausentar-se da comarca onde reside, sem autorização judicial, encontra simetria com o *sursis*. O comparecimento mensal ao juízo da suspensão para informar e justificar as atividades também é condição do *sursis*. O comparecimento é no juízo da suspensão e não no da execução, pois não houve aplicação de pena e o feito permanece na origem, podendo ser retomado, uma vez operada a revogação da suspensão. Residindo o acusado em outra comarca, a fiscalização das condições, assim como o comparecimento, poderão ser efetuados na comarca onde reside o acusado. Nesse aspecto, também há que ser aplicado o princípio da proporcionalidade, podendo haver estipulação de apresentações mais dilatadas, dependendo do fato e das condições do acusado.

Além dessas, outras condições, adequadas ao fato e à situação pessoal do acusado (disposição idêntica ao *sursis*), denominadas condições judiciais, poderão ser fixadas. Deverão ser evitadas as condições vexatórias, despropositadas, de menosprezo ao acusado, causadoras de constrangimento ilegal, preservando-se a dignidade do imputado (passíveis de serem afastadas por hábeas corpus). Poderão ser especificadas condições de natureza educativa e caritativa, observados os princípios da proporcionalidade (adequação) e da dignidade da pessoa (art. 1º, III, da CF). Ademais, deve ser observado a espécie de delito (tóxicos, por exemplo) e as condições pessoais do acusado (histórico de delitos sexuais, v.g.).[230]

Como ocorre no *sursis*, durante o prazo de suspensão as condições podem ser modificadas pelo magistrado, com o intuito de propiciar a obtenção da finalidade desta e manutenção da eficácia do instituto.

19.8 – Período de prova

O período de prova situa-se entre dois a quatro anos. Dentro desse mínimo e máximo, o magistrado, fundamentadamente, fixará a duração da suspensão. As condições pessoais do acusado, a gravidade

---

[230] Vid. STJ, no HC 39.576/BA, Rel. Hélio Quaglia Barbosa, j em 24.02.2005, a anulação de condição vexatória em crime ambiental.

da infração, a suficiência e a necessidade, bem como as finalidades do instituto servirão de critérios norteadores do tempo do período de prova. É o mesmo prazo previsto ao *sursis* (art. 77 do CP).

Durante a suspensão do processo, o prazo prescricional não fluirá, conforme expressa disposição no art. 89, § 6º. Portanto, o curso da prescrição se suspende (havendo revogação da suspensão, reinicia-se o curso prescricional suspenso). O recebimento da denúncia é que interrompe a prescrição (começa a contar novo prazo).

19.9 – Atuação dos sujeitos: julgadores, acusadores, defensores, acusados e vítimas.

Ao magistrado cabe receber ou rejeitar a peça acusatória, antes de viabilizar a suspensão condicional do processo. Recebendo-a, possibilitará a aceitação da proposta e submeterá o acusado ao período de prova, por decisão interlocutória. Não é mero homologador da proposta, e nem sujeito inerte. Assim, poderá não aceitar a suspensão quando esta não preencher os requisitos legais.

Atua o magistrado como mediador, controlador da proposta e da discussão das condições. É quem fixa as condições, decide pela revogação ou não; dá por justificada ou não a impossibilidade de reparar o dano; declara extinta ou não a punibilidade. A fixação das condições é atribuição do magistrado. Por isso, mesmo quando a suspensão condicional do processo é deferida pelo órgão *ad quem*, as condições serão discutidas e/ou fixadas no juízo de origem.

É de suma importância a condução dialogada da suspensão condicional do processo, de forma comunicativa e compreensível dos significados e dos objetivos do processo, de sua suspensão e das possibilidades da continuação, bem como das hipóteses de revogação.

Por se tratar de um direito do acusado, uma vez que extingue a pretensão punitiva do Estado, havendo inércia do Ministério Público, improcedência das razões da acusação, ausência de requerimento do acusado, é dever do magistrado propor a suspensão.[231]

---

[231] Vid entendimento contrário do STF e do STJ. A idéia do projeto original, segundo Weber Martins Batista, em palestra proferida em Gramado/RS, já referida, era de possibilitar ao Juiz a concessão da SCP de ofício, uma vez preenchidos os requisitos legais, o que não foi aceito pela comissão, sob o argumento de valorização do MP, situação que não retira o direito público subjetivo do acusado.

Não oportunizada a suspensão condicional do processo, o juízo *ad quem*, não sendo o caso de provimento absolutório, deverá determinar o retorno dos autos à origem para que seja oportunizada a medida despenalizadora.

O Ministério Público, ao oferecer a peça acusatória, proporá a suspensão, dentro da esfera de regulamentação de um certo poder discricionário, ainda que não absoluto. Uma vez recebida a denúncia, o magistrado viabilizará a discussão da suspensão condicional do processo. Não se trata de liberalidade ou de mera faculdade do Ministério Público, mas de um poder-dever, diante do direito do acusado de, uma vez presentes os requisitos legais, obter a suspensão condicional do processo. Assim, evitam-se os juízos arbitrários, o tratamento diferenciado entre os acusados, bem como os favorecimentos injustificados.

Nos termos do art. 129, VIII, da CF, o Ministério Público haverá de fundamentar juridicamente "suas manifestações processuais". Portanto, o juízo positivo ou negativo da suspensão haverá de ser fundamentado na situação fática e legal. Não havendo manifestação do Ministério Público sobre o cabimento ou não da suspensão condicional do processo e tampouco decisão judicial a respeito, não subsiste eventual decreto condenatório, pois incumbia ao órgão acusador e ao magistrado manifestarem-se a respeito.

A pretensão punitiva coativa, tradicional do Estado fica suspensa, isto é, o prazo prescricional não flui durante a suspensão do processo. O Estado se contenta, por medida de política criminal, com o cumprimento das condições como alternativa à prevenção de novos delitos, bem como à repreensão do infrator.

Há oferecimento de acusação formal. Por isso exteriorizou-se um juízo provisório de culpa e de culpabilidade (necessidade de pena). O definitivo advirá com o pedido de condenação final e da aplicação da sanção.

O acusado, ao comparecer perante a autoridade judiciária, deverá estar acompanhado e ser defendido por defensor técnico. Não basta estar acompanhado; caso isso fosse suficiente, o acompanhante do imputado não precisaria ser advogado. Há necessidade de prévia ciência, também do defensor técnico, do conteúdo dos autos, do que existe no processo.

Cabe ao defensor técnico orientar o acusado sobre a aceitação ou não da proposta, bem como dos termos desta. O defensor encarna o exercício da defesa técnica, essencial e obrigatória em todos os atos do processo penal. A ele incumbe indicar ao imputado as diversas chances, as estratégias possíveis, as soluções prováveis. Entretanto, a decisão de aceitação ou não da proposta e das condições é do imputado, pois é ele quem as cumprirá e sofrerá com a estigmatização do processo ou das condições.

Ao acusado caberá aceitar ou não a proposta de suspensão do processo, bem como as cláusulas propostas, discutindo dialeticamente as condições, dentro da esfera do consenso. Poderá preferir o enfrentamento processual, o jogo dialético e contraditório, o provimento jurisdicional definitivo.

Ao aceitar a suspensão condicional do processo, não está admitindo a responsabilidade criminal, a culpa penal, mas obrando numa linha de "estratégia de defesa", de "exercício de um direito constitucional". Por isso, emite um juízo de conveniência defensiva, deverá estar presente na audiência e ter capacidade de discernimento.

A vítima poderá obter uma declaração reparatória dos danos e terá a possibilidade de receber a indenização sem ingressar no juízo cível. Por isso é de ser aplicado o art. 201, § 2º, do CPP, com a intimação da vítima à audiência onde será discutida a proposta de suspensão condicional do processo. Entretanto, a atuação da vítima não poderá desequilibrar os pólos do processo e desvirtuar a função do processo penal, derivando-o para finalidades estranhas à discussão do *ius puniendi* e do *status liberatis*.

19.10 – Revogação obrigatória e facultativa

A conseqüência lógica da revogação, obrigatória ou facultativa, é o prosseguimento do processo até final decisão, com a cessação do período de prova. A Lei 9.099/95 estabeleceu causas de revogação obrigatórias e facultativas da suspensão condicional do processo. Entretanto, a revogação somente pode operar-se no prazo da suspensão; findo este, a conseqüência natural é a extinção da punibilidade, cabendo ao Estado fiscalizar o cumprimento do *sursis* processual. A omissão fiscalizatória do órgão detentor do *ius puniendi*, durante o prazo da suspensão, não poderá prejudicar o acusado.

Antes de revogar a suspensão condicional do processo, independentemente da causa, ao acusado deverá ser oportunizado o contraditório, ou seja, a justificação do descumprimento da condição direta ou indireta, cabendo ao magistrado manter ou não a suspensão do processo. Sem a oportunização da defesa pessoal e técnica, a revogação da suspensão padecerá de nulidade.

A *revogação obrigatória* ocorre, segundo a Lei 9.099/95, quando, no curso do prazo da suspensão, o acusado "vier a ser processado" (§ 4º) por outro crime. Mas, se este crime foi cometido antes do delito objeto da suspensão? Evidente não poder o imputado ser prejudicado pela omissão, inércia ou ineficiência do Estado. Assim, a revogação é válida quando o acusado vier a ser processado por *delito cometido durante* a suspensão condicional do processo, para aqueles que admitem o mero processamento para revogar a suspensão.[232] No *sursis* e no livramento condicional, a revogação obrigatória ocorre diante de sentença penal condenatória irrecorrível. O fato de o sujeito estar sendo processado, ou ter sido condenado, sem trânsito em julgado, só excepcionalmente pode ser considerado contra ele, em razão da garantia constitucional da inocência. Por isso, a melhor interpretação é considerar como causa de revogação obrigatória somente o processo com resultado condenatório definitivo, por crime cometido durante o prazo da suspensão, podendo ser adotada, analogicamente, a prorrogação do período de prova (art. 81, §§ 2º e 3º, do CP). Conseqüências irreversíveis advirão da pura e simples revogação, com o seguimento do processo, vindo o acusado a ser absolvido no feito causador da revogação. Com a suspensão condicional do processo, o fato recebeu a devida imputação jurídica e não mais comporta outra qualificação mais gravosa, revocatória da suspensão condicional do processo. Por isso, veda-se o aditamento posterior, no que tange ao aumento da qualificação jurídica do mesmo fato objeto da suspensão.

A ausência de reparação do dano, salvo motivo justificado, é outra causa de revogação obrigatória. Então, antes de revogar o benefício, ao acusado deverá ser oportunizada a justificação da impossibilidade de reparar o dano, por qualquer meio de prova admissível. Cabe ao réu demonstrar os fatos impossibilitadores da reparação, nos próprios autos do processo criminal ou em incidente apartado, provocado pelo juiz, pelo Ministério Público ou pela defesa. O simples fato de não ter reparado o dano não é causa suficiente à revogação. Devem ser investigados os motivos, pois somente a injustificada não-reparação ensejará a revogação. A reparação do dano, salvo impossibilidade de fazê-lo, é um dos requisitos do livramento condicional (art. 83, IV, CP). O tramitar de processo civil de indenização é motivo justificado para não reparar o dano no período de prova.

---

[232] Vid. STJ, HC 84.376/DF, Rel. Min. Arnaldo Esteves Lima, DJ de 09.12.2008, de que, "tratando-se de benefício de índole processual, mostra-se irrelevante que os fatos apurados no novo processo instaurado sejam anteriores ao período da suspensão".

O recebimento de aditamento da acusação para tipo penal onde seria incabível a suspensão acarretará, embora não prevista em lei, a revogação obrigatória da suspensão condicional do processo.

A revogação facultativa da suspensão condicional do processo situa-se na esfera da *ultima ratio*, isto é, somente quando não houver outra solução, outra medida alternativa, revoga-se a suspensão. O magistrado poderá advertir o acusado, substituir todas as condições, ou uma delas por outra, e até prorrogar o período de prova, pois a finalidade do instituto é evitar a aplicação da pena privativa de liberdade, fazer incidir o *ius puniendi*, mas sem os efeitos estigmatizantes de uma condenação.

Quando o acusado vier a ser processado, no curso do prazo de suspensão, por contravenção criminal, é passível a revogação da suspensão condicional do processo. No processamento por crime, a revogação é obrigatória. O fato contravencional poderá ter ocorrido antes da suspensão ou após, pois a lei não faz restrição. No *sursis*, a revogação facultativa ocorre quando o acusado é irrecorrivelmente condenado por crime culposo ou por contravenção. No livramento condicional, a condenação irrecorrível por crime ou contravenção à pena não privativa de liberdade implica revogação facultativa (art. 87 do CP). Aplica-se aqui, também, o referido na revogação obrigatória supra, a respeito da condenação definitiva.

A suspensão condicional do processo também pode ser revogada quando o acusado descumprir qualquer condição imposta. É claro que, antes da revogação, devem ser tentadas outras soluções pelo magistrado, conforme asseverado acima. Também, é causa de revogação facultativa do *sursis* (art. 81, § 1º, do CP). No livramento condicional, quando o apenado descumprir qualquer obrigação imposta na sentença, o juiz poderá revogá-lo (art. 87 do CP).

A lei não mencionou a hipótese de o acusado arrepender-se de ter aceitado a suspensão condicional do processo. Não há vedação de assim proceder, através de seu direito de petição (art. 5º, XXXIV, "a", CF), postulando o prosseguimento do processo. O acusado poderá não desejar trair a confiança nele depositada, não quebrar o pacto feito, honrar os compromissos assumidos e pleitear o prosseguimento do processo.[233] Assim ocorrendo, o tempo de cumprimento das condições não poderá ser abatido de uma possível condenação, pois essas não possuem a mesma dimensão da pena advinda de uma sentença con-

---

[233] Vid. STF, HC 79.810/RJ, Rel. Min. Celso Mello, j. em 16.05.2006, em Informativo do STF, 189, em sentido contrário, ou seja, de que a aceitação é irretratável, salvo se comprovado que a manifestação de vontade do acusado acha-se viciada (erro, coação).

denatória. Poderá, entretanto, ser considerado na dosimetria da pena, como circunstância judicial ou atenuante inominada.

O recurso cabível da decisão revogatória da suspensão condicional do processo, nos termos do art. 92 da Lei 9.099/95 e do art. 581, XI (revogação do *sursis*), do CPP, é o recurso em sentido estrito. A decisão que não acolhe o pedido de revogação do *sursis* não consta no rol do art. 581 do CPP. Seria irrecorrível a decisão que não acolhe o pedido de revogação da suspensão condicional do processo? A resposta é positiva, na medida em que não se pode aplicar a analogia contra o imputado.

19.11 – Extinção da punibilidade

Findo o prazo de suspensão, sem revogação, o juiz declarará extinta a punibilidade do imputado. Como não houve aplicação de uma pena advinda de um juízo condenatório, extingue-se a "pretensão punitiva", e não a "pretensão executória", isto é, extinguem-se todos os efeitos do processo criminal (antecedentes, perda de bens ou numerário, *v.g.*). Eventual cumprimento parcial das condições impostas não implica extinção da punibilidade ou impossibilidade de revogação do benefício, pois o cumprimento extintivo do *ius puniendi* há de ser integral. Entretanto, situações excepcionais, no plano concreto, poderão autorizar o magistrado a antecipar a extinção da punibilidade.

As hipóteses impeditivas da extinção da punibilidade (revogação obrigatória e facultativa) são verificáveis durante o lapso temporal da suspensão. A extinção da punibilidade do imputado, com o término do prazo, sem pedido de revogação, demonstrado em circunstâncias fáticas e jurídicas (fundamentado), insere-se no rol dos direitos e garantias fundamentais do imputado. Cabe ao Estado, detentor do *ius puniendi*, durante o prazo de suspensão, ser diligente, fiscalizar não só o cumprimento das condições, mas também eventuais causas de revogação. Findo o prazo da suspensão, possíveis situações que acarretariam a revogação, estão consolidadas e superadas pela dinâmica processual e temporal.[234]

---

[234] Vid. STJ, em sentido contrário, no REsp 725.190-MG, Rel. Min. Félix Fischer, DJ de 14.05.2007; REsp 1.051.799/SP, Rel. Min. Félix Fischer, DJ de 03.11.2008; HC 94.786/GO, Rel. Min. Félix Fischer, DJ de 30.06.2008, desde que não tenha havido a extinção da punibilidade. No mesmo sentido, RHC 16.608/SP, Rel. Min. Nilson Naves, Rel. para acórdão Min. Hamilton Carvalhido, DJ de 1º.09.2008.

Uma vez declarada a extinção da punibilidade, em definitivo, não poderá haver modificação do *status* do acusado, mesmo se vier a comprovação de fatos ensejadores da revogação obrigatória ou facultativa.

O recurso cabível da decisão extintiva ou não da punibilidade é o recurso em sentido estrito, por aplicação dos arts. 92 da Lei 9.099/95 e 581, VIII (julgar extinta a punibilidade) e IX (indeferir a extinção da punibilidade), do CPP.

20 – Disposições Intertemporais, Subsidiárias e Finais

Art. 90. As disposições desta Lei não se aplicam aos processos penais cuja instrução já estiver iniciada.

Art. 90-A....

Art. 91. Nos casos em que esta Lei passa a exigir representação para a propositura da ação penal pública, o ofendido ou seu representante legal será intimado para oferecê-la no prazo de trinta dias, sob pena de decadência.

Art. 92. Aplicam-se subsidiariamente as disposições dos Códigos Penal e de Processo Penal, no que não forem incompatíveis com esta Lei.

Art. 93. Lei Estadual disporá sobre o Sistema de Juizados Especiais Cíveis e Criminais, sua organização, composição e competência.

Art. 94. Os serviços de cartório poderão ser prestados, e as audiências realizadas fora da sede da Comarca, em bairros ou cidades a ela pertencentes, ocupando instalações de prédios públicos, de acordo com audiências previamente anunciadas.

Art. 95. Os Estados, Distrito Federal e Territórios criarão e instalarão os Juizados Especiais no prazo de seis meses, a contar da vigência desta Lei.

Art. 96. Esta Lei entra em vigor no prazo de sessenta dias após a sua publicação.

Art. 97. Ficam revogadas a Lei nº 4.611, de 2 de abril de 1965 e a Lei nº 7.244, de 7 de novembro de 1984.

- vid. ADIn nº 1.719-9, acerca do art. 90;[235]
- vid. art. 1º da Lei 10.259/01.

---

[235] O julgamento da ADIn 1.719-9, requerida pelo Conselho Federal da OAB, cuja medida cautelar foi deferida em parte, sem redução de texto, na sessão plenária de 03.11.1997 (DJ de 27.02.1998), foi concluído na sessão de 18.06.2007 (DJ de 03.08.2007), Rel. Min. Joaquim Barbosa, em face da aposentadoria do Min. Moreira Alves. Constou na ementa: "Art. 90 da lei 9.099/1995 determina que as disposições da lei dos Juizados Especiais não são aplicáveis aos processos penais nos quais a fase de instrução já tenha sido iniciada. Em se tratando de normas de natureza processual, a exceção estabelecida por lei à regra geral contida no art. 2º do CPP não padece de vício de inconstitucionalidade. Contudo, as normas de direito penal que tenham conteúdo mais benéfico aos réus devem retroagir para beneficiá-los, à luz do que determina o art. 5º, XL da CF. Interpretação conforme ao art. 90 da Lei 9.099/1995 para excluir de sua abrangência as normas de direito penal mais favoráveis ao réus contidas nessa lei".

Segundo o art. 90 da Lei 9.099/95, as disposições não se aplicam aos processos criminais cuja instrução já tenha sido iniciada. A inconstitucionalidade deste dispositivo emerge cristalina, em face do comando da retroatividade da lei penal mais benigna (art. 5º, XL, da CF).

As normas de efeitos penais, de direito material, retroagem, nos termos do art. 5º, XL, da CF. Porém, a disposição do CP se aplica somente às normas puramente materiais. As disposições mistas, contidas na Lei 9.099/95, por não serem essencialmente de direito material, atingem os processos em andamento, até a sentença com trânsito em julgado.

Na medida em que o art. 88 condicionou à representação os delitos de lesões corporais leves e culposas, houve necessidade de intimação dos legitimados para manifestarem interesse na representação naqueles expedientes e processos em andamento, cujos fatos eram anteriores à Lei 9.099/95. Porém, isso restringiu-se às lesões corporais leves e culposas praticadas anteriormente, na medida em que se trata de dispositivo intertemporal.

Nos termos do art. 92, o CP e o CPP somente terão aplicação subsidiária, isto é, quando as regras e os princípios da Lei 9.099/95 não forem capazes de solucionar o problema.

Ao legislador estadual, a Lei Federal possibilitou dispor sobre o Sistema do JECrim: funcionamento, organização, composição e competência. O prazo concedido foi de seis meses, a contar da vigência da Lei 9.099/95. Embora a disposição do art. 95 da Lei 9.099/95 não obrigue as unidades da Federação a criarem e instalarem os juizados em todas as Comarcas, o objetivo da lei é que em todas elas haja um JECrim para atender a demanda a ele afeta. Isso se justifica na medida em que os princípios da Justiça Consensual se afastam dos da Justiça Conflitiva.

A possibilidade de funcionamento dos JECrim em Bairros e Centros Comunitários, na modalidade de "Justiça Itinerante", aproximará a prestação jurisdicional e os órgãos públicos da cidadania, propiciando a efetivação dos direitos.

21 – Justiças Militar e Eleitoral

Art. 90-A. As disposições desta Lei não se aplicam no âmbito da Justiça Militar.
- Incluído pela Lei 9.839, de 27.9.1999;
- Vid. Súmula 09 do STM.

A Lei 9.839, de 27 de setembro de 1999 incluiu na Lei 9.099/95 o art. 90-A, o qual, literalmente, veda a aplicação da Lei dos JECrim no âmbito da Justiça Militar. Desde a implantação das alternativas penológicas, observou-se uma certa resistência nos meios castrenses à aplicação dos novos institutos da Justiça Consensual naquele âmbito (essa resistência, inclusive, foi observada nas outras esferas da *law in action*, desde a investigação até a sua execução, passando por todos os sujeitos processuais). A questão nos Tribunais Superiores não era pacífica, embora a tendência do STF fosse pela sua aplicação,[236]até que a Lei 9.839/99 vedou, sem nenhuma justificação científica, a aplicação da Lei 9.099/95 na Justiça Militar, colocando-a à margem das novas tendências do Direito Penal e do Direito Processual Penal contemporâneos. A discussão, após a referida lei, cingiu-se à sua retroatividade ou não.[237]

---

[236] Vid. DUCLERC, Elmir. *Direito Processual Penal*. Rio de Janeiro: Lumen Juris, 2008, p. 292 a 294, acerca da competência dos JECrim *versus* a competência da Justiça Militar e Eleitoral. Vid. STF: HC nº 77.466, Rel. Min. Marco Aurélio, DJU de 09.04.99, p. 03; HC nº 78.212-6, Rel. Min. Nélson Jobim, DJU de 13.10.00, p. 10; HC nº 80.117-0, Rel. Min. Nélson Jobim, DJU 13.10.00, p. 10; HC nº 74.606-3, Rel. Min. Maurício Corrêa, em RT 743/553; HC nº 77.017-5, Rel. Min. Maurício Corrêa, DJU de 11.11.98; HC nº 77.006-3, Rel. Maurício Corrêa, em RT 757/486; HC 78.954-4, Rel. Min. Ilmar Galvão, DJU 43/E/25, 5.3.99; HC nº 79.318-5, Rel. Min. Ilmar Galvão, DJU de 17.09.99. Vid. STJ: HC nº 9.398, Rel. Min. Fernando Gonçalves, DJU de 21.07.99, p. 205, também foi pela impossibilidade de aplicação da Lei 9.099/95 na Justiça Castrense (nesse caso, tratava-se de crime militar próprio – dormir em serviço). Consta no REsp. 254.898/RS, Rel. Min. Félix Fischer, CJ de 18.3.2002, "que até a edição da Lei nº 9.839/99, que acrescentou o art. 90-A ao texto da Lei nº 9.099/95, prevaleceu, com ressalva de entendimento do relator, a dicção de que seriam aplicáveis à Justiça Castrense as disposições da citada *lex specialis*".

[237] Vid. STF, HC nº 79.390, HC nº 79.520 e HC nº 79.550, Rel. Min. Ilmar Galvão, DJU de 10.12.99, p. 04; 79.988-4, Rel. Min. Maurício Corrêa, DJU de 28.04.00; 80.274, Rel. Min. Sydney Sanches, DJU de 24.11.00, p. 87.0; HC nº 81186, Rel. Min. Néri da Silveira, Informativo nº 240 de 2001, p. 04. HC nº 10.841, Rel. Min. Vicente Leal, DJU de 11.09.00; HC nº 80.039, Rel. Min. Moreira Alves, em RT

Porém, a não-aplicação da Lei 9.099/95 da Justiça Militar pacificou-se nos Tribunais Superiores.[238]

O Superior Tribunal Militar sumulou a questão, pela inaplicabilidade da Lei 9.099/95 no âmbito da Justiça Militar Federal (*Súmula n° 9 – publicada em 24.12.96* : "A Lei 9.099, de 26.09.95, que dispõe sobre os Juízos Especiais Cíveis e Criminais e dá outras providências, não se aplica à Justiça Militar da União").[239]

O art. 98, I, da CF não restringe a aplicação dos institutos despenalizadores a determinado âmbito do Poder Judiciário e nem veda sua aplicação a determinada Justiça Especializada, como o é a Justiça Militar. As ressalvas da Carta Constitucional referem-se à prisão processual, ao referir que "ninguém será preso senão em flagrante delito ou por ordem escrita e fundamentada de autoridade judiciária competente, *salvo nos casos de transgressão militar ou crime propriamente militar*, definidos em lei" (art. 5°, LXI) e no art. 142, § 2°, na questão do *habeas corpus*: "não caberá *habeas corpus* em relação a *punições disciplinares militares*". Portanto, uma leitura constitucional do art. 90-A da Lei 9.099/95 o restringe aos casos de transgressão disciplinar e ao crimes militares próprios.[240] Estes dizem respeito, essencialmente à hierarquia e disciplina, base organizacional das Forças Armadas (art. 142, *caput*, da CF).[241]

No caso específico do art. 28 da Lei 11.343/06, não há como distinguir uma aplicação diferenciada na Justiça Comum e outra na Justiça Militar. As penas são as mesmas, e a lei determina a lavratura de termo circunstanciado, e não a elaboração de inquérito policial, vedando a lavratura do auto de prisão em flagrante.[242]

785/514. Vid. STJ, REsp. 254.898/RS, Rel. Min. Félix Fischer, DJ de 18.3.2002; REsp 233.598/RS, Rel. Min. Jorge Scartezzini, DJ de 8.4.2002.

[238] Vid. STF, HC 90.015-1/SP, Rel. Min. Joaquim Barbosa, DJ de 27.06.2008; HC 90.3380, Min. Rel. Cármen Lúcia, DJ de 30.11.2007; STJ, HC n° 11.128, Rel. Min. José Arnaldo, DJU de 22.05.00; HC n° 10.862, Rel. Min. Edson Vidigal, DJU de 01.10.01, HC 15.573/RS, Rel. Min. José Arnaldo da Fonseca, DJ de 20.08.2001; HC 10.842/RS; REsp 233.598/RS, Rel. Min. Jorge Scartezzini, DJ de 8.4.2002, o entendimento de que após a vigência da Lei 9.839/99, não se aplica mais os institutos da Lei 9.099/95, inclusive a suspensão condicional do processo aos fatos cometidos após a sua edição.

[239] Referências: HC n° 33.183-3/SP, sessão de 06.08.96; HC n° 33.196-4/MS, sessão de 27.08.96; Correição Parcial n° 1.504-6/CE, sessão de 13.08.96; Correição Parcial n° 1.506-2/CE, sessão de 22.08.96 e Recurso Criminal n° 6.292-6/DF, sessão de 13.08.96; Recurso Criminal n° 6.299-3/SP, sessão de 05.09.96 e Recurso Criminal n° 6.320-5/RS, Sessão de 17.09.96.

[240] Nos crimes militares impróprios, até o civil poderá ser sujeito ativo de crime previsto no CP Militar.

[241] Vid. KARAM, Maria Lúcia. *Juizados Especiais Criminais: A Concretização Antecipada do Poder de Punir*. Rio de Janeiro: Lumen Juris, 2006,p. 76 a 78, sobre a disciplina e a hierarquia, as quais servem a qualquer organização e instituição, e não só às Forças Armadas.

[242]Vid. STF, HC 90.125/RS, Rel. Min. Ellen Gracie, DJ de 04-09-2008; HC 92.961/SP, Rel. Min. Eros Grau, DJ de 01.02.2008.

Entretanto, isso não ocorreu com a Justiça Eleitoral, também considerada uma "Justiça Especializada". Aliás, com a alteração do art. 90, a aplicação dos institutos despenalizadores da Justiça Consensual à Justiça Eleitoral restou reforçada do ponto de vista hermenêutico, tanto aos crimes eleitorais puros ou específicos, quanto aos impróprios ou acidentais. Tem aplicação, inclusive no caso do art. 350 do Código Eleitoral, o qual não prevê uma pena mínima, mas limita a pena em cinco anos quando o documento for público e em três anos quando for particular. Portanto, embora esteja excluída a competência do JECrim, em razão da Justiça Especializada, aplicam-se as medidas despenalizadoras.[243]

---

[243] Vid. STF, Ap 363/RS, Rel. Min. Marco Aurélio, DJ de 04.03.2005; TSE, RJTSE, 14/407, Rel. Min. Sálvio de Figueiredo Teixeira.

22 – Estatuto da Criança e do Adolescente (Lei 8.069/90) e a Lei 9.099/95

O Oitavo Congresso das Nações Unidas sobre Prevenção do Delito e Tratamento do Delinqüente (Diretrizes de Riad), no item 52, estabeleceu que "nenhuma criança ou jovem deverá ser objeto de medidas severas ou degradantes de correção ou castigo no lar, na escola ou em qualquer instituição". No item 54, enfatizou: "com o objetivo de impedir que se prossiga à estigmatização, à vitimização e à incriminação dos jovens, deverá ser promulgada uma legislação pela qual seja garantido que todo ato que não seja considerado um delito, nem seja punido quando cometido por um adulto, também não deverá ser considerado um delito, nem ser objeto de punição quando for cometido por um jovem".

É certo que os sujeitos menores de 18 anos, conforme art. 228 da CF, ao serem acusados da prática de algum ato infracional, serão submetidos à legislação especial, ou seja, ao Estatuto da Criança e do Adolescente (ECA), o qual prevê procedimento e medidas socioeducativas. Mas nestas e há incidência do *ius puniendi* do Estado (verticalização coativa), embora com efeitos específicos à inimputabilidade. A criança e o adolescente não podem ser tratados pelo Estado em situação de inferioridade à resposta dada ao maior de 18 anos. Além das práticas restaurativas e terapêuticas e das alternativas do próprio ECA, as quais, em tese, oferecem maior proteção à criança e ao adolescente, atendendo à prevenção geral, aos processos de socialização (família, escola, comunidade), não podem ser alijadas as soluções consensuais contidas na Lei 9.099/95 (composição civil, diálogo acerca da medida a ser aplicada e suspensão condicional do procedimento) e na legislação especial que determina a aplicação específica dessas medidas (Lei Antidrogas, por exemplo), sempre que a punição à criança ou ao adolescente for pior que o adulto, em iguais condições, receberia.

23 – Código de Trânsito (Lei 9.503/97) e Lei 9.099/95

A Lei 9.503, de 23 de setembro de 1997, instituiu o Código de Trânsito, tipificando onze delitos (arts. 302 a 312). Em dez deles, exceção feita ao homicídio culposo na direção de veículo automotor, a pena privativa de liberdade mínima é igual, ou seja, de seis meses de detenção. Sete delitos possuem a mesma pena privativa de liberdade máxima, ou seja, um ano de detenção. O princípio da proporcionalidade, ordem constitucional direcionada também ao legislador no processo de tipificação criminal restou soterrado. O ponto positivo foi a exigência de uma situação de perigo concreto nos delitos, eliminando-se a punição criminal do perigo abstrato. Entretanto, atávico e burlesco retrocesso ocorreu com a Lei 11.705/08, ao dar nova redação ao art. 306 do Código de Trânsito.

O art. 291 determinou a aplicação da Lei 9.099/95 aos crimes cometidos na direção de veículos automotores, previstos no Código de Trânsito, no que couber. Originariamente, o parágrafo único deste art. determinava a aplicação aos crimes de trânsito de lesão corporal culposa (art. 303), embriaguez ao volante (art. 306) e participação em competição não autorizada (art. 308), o disposto nos arts. 74 (composição civil), 76 (transação criminal) e 88 (representação na ação processual penal). Mesmo com pena privativa de liberdade máxima superior a um ano, esses três delitos comportavam a aplicação da composição civil e da transação criminal (na época, eram consideradas infrações penais de menor potencial ofensivo os crimes cuja pena privativa de liberdade máxima não fosse superior a um ano. Somente após é que houve a elevação para dois anos), mas não no âmbito dos JECrim. Discussão havia acerca da representação nas hipóteses dos arts. 306 e 308. Porém, a Lei 11.705/08, incluiu mais um parágrafo ao art. 291, de sorte que o antigo parágrafo único passou a ser o § 1º, mas com uma nova redação.

Várias foram as modificações. Primeiramente, observa-se ter sido mantido no parágrafo somente o delito de lesão corporal culposa (art. 303). Foram retiradas as referências aos delitos dos arts. 306 (embriaguez ao volante) e 308 (participação em competição não autorizada), motivo por que, nesses dois casos, não resta mais discussão acerca de ser a ação processual penal pública incondicionada. A pena privativa de liberdade máxima do art. 306 é de três anos, motivo por que está fora da competência dos JECrim.[244] Já o art. 308, em tese, representa uma infração de menor potencial ofensivo, pois a pena privativa de liberdade máxima não excede a dois anos. [245]

Em razão do conteúdo do art. 291, § 1º, incisos I, II e III, do Código de Trânsito, com a redação dada pela Lei 11.705/08, as lesões corporais culposas na direção de veículo automotor comportam uma análise particularizada, na medida em que restaram diferenciadas dos demais delitos praticados nessas circunstâncias. Assim como as demais lesões culposas (vid. discussão acerca da violência doméstica), as lesões culposas praticadas na direção de veículo automotor continuam de ação processual penal pública condicionada à representação, com aplicação do art. 88 da Lei 9.099/95. Não se vislumbra outra interpretação racional e minimamente justificável, do ponto de vista científico, nesse aspecto. A pena privativa de liberdade máxima, norte a guiar a menor ofensividade dos delitos, não excede a dois anos. Portanto, o ponto de partida é considerar as lesões culposas do art. 303 como sendo infrações penais de menor potencial ofensivo. A modificação da base legal de infração penal de menor potencial ofensivo é encargo da acusação, a quem, no processo penal, tem o ônus de provar não somente a autoria, a materialidade e a culpabilidade do agente, mas as elementares e circunstanciais típicas narradas na imputação. Sem lastro probatório consistente, convincente e obedecidas as regras do CPP, resta mantida a menor potencialidade da infração.

Ocorre que a Lei 11.705/08 (retrocesso aos crimes de perigo), ao elencar as hipóteses em que as lesões corporais culposas na direção de veículo automotor não comportam a aplicação da composição civil e da transação criminal, praticamente vedou a incidência dessas duas medidas despenalizadoras, num verdadeiro retrocesso, em termos de política criminal despenalizadora e de aplicação alternativa, dialogada e horizontalizada do *ius puniendi*. Isso porque um número significa-

---

[244] Trata-se de tipo de perigo abstrato, consagrador da antecipação da intervenção penal diante da mera possibilidade de ocorrência de um dano, na perspectiva de uma política criminal de recrudescimento punitivo, simbólica, de antecipação da incidência de um incerto *ius puniendi*.

[245] Vid. arts. 61 do CP e 298, I, do CTB, bem como o princípio do *non bis in idem*.

tivo das colisões no trânsito, com lesões, ocorrem quando os agentes estão sob a influência de álcool (I) ou em velocidade acima da máxima permitida para a via em 50 km/h (III). A outra vedação expressa diz respeito à lavratura do Termo circunstanciado. Mesmo em se tratando de infração penal de menor potencial ofensivo, demonstrada uma das hipóteses dos incisos I, II ou III do § 1º do art. 291, deverá ser instaurado o inquérito policial.

Entretanto, essas são as únicas diferenciações: composição civil, transação criminal, termo circunstanciado e ação processual penal. Fora disso, tem inteira incidência a Lei 9.099/95, inclusive no que tange à suspensão condicional do processo, a qual não tem nenhuma restrição.

Não há como vedar a realização da composição civil, mesmo na incidência de qualquer um dos incisos antes referidos, pois estes poderão ser realizados, inclusive, fora da esfera jurisdicional. O problema está nos efeitos no plano criminal, mais precisamente, na renúncia do direito de representação, o qual, segundo a nova redação, não ocorrerá, sempre que demonstradas as hipóteses do art. 291, § 1º, I, II ou III, do Código de Trânsito. No momento da sentença ou do acórdão, a situação processual poderá retornar ao *status quo* originário da Lei 9.099/95, sem nenhuma exclusão, ocasião em que deverão ser propiciadas as medidas despenalizadoras, as quais se constituem em direitos dos imputados.

24 – Lei dos Crimes Ambientais (Lei 9.605/98) e Lei 9.099/95

A Lei 9.605/98, ao tratar especificamente da aplicação dos institutos da Justiça Consensual, refere depender a proposta de aplicação das medidas alternativas à pena privativa de liberdade (multa ou restritivas de direito) da prévia composição do dano ambiental, ressalvada a hipótese de comprovação da impossibilidade reparatória (art. 27). Portanto, a particularidade diz respeito à exigência de que o autor do fato assuma a obrigação de reparar o dano ambiental para que possa compor criminalmente. É um dos requisitos da transação criminal, em se tratando de infrações criminais afetas a esta lei.[246] Acerca da suspensão condicional do processo, o art. 28 aventa a hipótese de prorrogação do período de prova quando o laudo constatar ser incompleta a reparação do dano ambiental, pois esta é condição da extinção da punibilidade. Assim, a prorrogação poderá atingir o máximo previsto na Lei 9.099/95, acrescido de um ano, ou seja, 5 anos. O lapso prescricional permanecerá suspenso.

Na hipótese de prorrogação da suspensão condicional do processo, por expressa vedação legal, são inaplicáveis as condições de proibição de freqüentar determinados lugares, de ausentar-se da comarca onde reside, sem autorização judicial e do comparecimento periódico ao juízo da suspensão do processo.

A extinção da punibilidade deveria ocorrer somente quando fosse constatada a reparação integral do meio ambiente. Entretanto, o legislador permitiu a declaração de extinção da punibilidade quando o laudo concluir ter o acusado tomado as providências necessárias à reparação integral do dano ambiental (art. 28, V).[247]

---

[246] Vid. BITENCOURT, C. R., "Transação...", cit. p. 4 e 5.

[247] Vid. TRF 3ª Reg. RSE 1999.61.06.009429-9, Rel. Des. Federal Baptista Pereira, DJ de 02.10.2007, cuja decisão asseverou ser a reparação do dano ambiental uma "condição necessária à extinção

25 – Lei Maria da Penha (Lei 11.340/06) e a Lei 9.099/95

O maior retrocesso em termos de alternativas ao processo penal tradicional adveio com a Lei Maria da Penha (Lei 11.340/06), na medida em que vedou as soluções penais e processuais penais consensuais justamente nas situações onde este é a melhor solução, pois a verticalização das soluções penais, nessas espécies de processos aumenta a litigiosidade. Situações ofensivas aos arts. 5°, *caput*, 226, § 5°, e 227, § 7°, da CF se multiplicarão na *law in action* e mutilarão o tratamento criminal isonômico e racional.

O art. 41, expressamente, determinou a exclusão da aplicação da Lei 9.099/95 aos crimes praticados com violência doméstica e familiar contra a mulher, inclusive vedando, categoricamente, a aplicação de pena de cesta básica, situação peculiar nos Juizados Especiais Criminais, um contributo ao descrédito das soluções alternativas ao processo penal tradicional. Várias perguntas passaram a ser feitas a partir desta lei. Há aderência constitucional na vedação do consenso? Em razão dos arts. 16 e 41, a ação processual penal, nos casos de lesão corporal leve e culposa nas situações preconizadas pela nova lei, passou a ser pública incondicionada, sem aplicação do art. 88 da Lei 9.099/95? A suspensão condicional do processo, prevista no art. 89 da Lei 9.099/95 está compreendida na restrição do art. 41 da Lei 11.340/06?

Ocorre, como já dito, permitir a Lei Maria da Penha a existência de delitos processáveis mediante condicionamento à representação. É o que se infere do art. 16 da referida lei, ao admitir a retratação da representação somente em audiência. Qual o motivo de excluir somente as lesões corporais? O tratamento diferenciado faria com que o

---

da punibilidade", "um dos principais escopos da criminalização das condutas lesivas ao meio ambiente", sendo necessário, nos casos de dano ambiental, que o imputado "repare o dano ambiental ou logre comprovar a absoluta impossibilidade de fazê-lo, antes de ver julgada extinta a sua punibilidade". Porém, quando do estabelecimento das condições, a forma de reparação deverá resultar clara e compreensível ao imputado.

processo de lesões leves dependesse do local onde cometido (mulher agredida em casa ou no trabalho). Situações desproporcionais também seriam estabelecidas, caso não se exigisse a representação, entre as lesões corporais e os delitos contra a liberdade. Ademais, emerge clara a pretensão legislativa de excluir a aplicação de medidas penais alternativas no âmbito da violência doméstica (vedação de cestas básicas, prestação pecuniária e multa – art. 17). Portanto, uma interpretação sistemática dos dispositivos legais permite concluir pela manutenção do condicionamento à representação das lesões corporais leves e culposas no âmbito do violência doméstica.[248]

Observa-se que a Lei 11.340/06 deu nova redação ao § 9º do art. 129 do CP, o qual havia sido incluído pela Lei 10.886/04 (se a lesão for praticada contra ascendente, descendente, irmão, cônjuge ou companheiro, ou com quem conviva ou tenha convivido, ou, ainda, prevalecendo-se o agente das relações domésticas, de coabitação ou de hospitalidade. Pena – detenção, de 6 (seis) meses a 1 (um) ano), excluindo as lesões corporais leves, praticadas nas situações da Lei Maria da Penha, da qualificação de infração penal de menor potencial ofensivo, pois elevou a pena máxima cominada para três anos de reclusão (se a lesão for praticada contra ascendente, descendente, irmão, cônjuge ou companheiro, ou com quem conviva ou tenha convivido, ou, ainda, prevalecendo-se o agente das relações domésticas, de coabitação ou de hospitalidade. Pena – detenção, de 3 (três) meses a 3 (três) anos).

Ademais, o § 10 do art. 129 do CP, incluído pela Lei 10.886, de 2004, determina que, nos casos previstos nos §§ 1º a 3º do referido dispositivo, se as circunstâncias são as indicadas no § 9º deste artigo, aumenta-se a pena em 1/3 (um terço). Trata-se de causa especial de aumento de pena, a qual interfere nos conceitos de infração de pequeno (competência do JEC, transação penal, *v.g.*) e médio potencial ofensivo (suspensão condicional do processo). Outra causa especial de aumento de pena foi incluída pela Lei Maria da Penha no § 11 do art. 129 do CP (na hipótese do § 9º deste artigo, a pena será aumentada de um terço se o crime for cometido contra pessoa portadora de deficiência).

---

[248] Vid. itens 7.6 e 10.4

26 – Lei Antidrogas (Lei 11.343/06) e Lei 9.099/95

A opção de política criminal no que tange às substâncias entorpecentes catalogadas como sendo "drogas", na Lei 11.343/06, continuou sendo de transferência da problemática ao campo legal, à esfera da repressão, e não da saúde individual e pública, um dos direitos fundamentais menos efetivados. Constata-se ser a mercantilização das drogas um dos negócios internacionais mais rentáveis; um fenômeno complexo, multifacetário, individual, coletivo, nacional e internacional. Ademais, há mercados, produtores e consumidores bem delineados e demarcados. Essa complexidade torna duvidosa qualquer resposta sem um estudo aprofundado, global e científico, com um atuar restrito nas consequências e um esquecimento olímpico de suas causas.

Há casos de competência do JECrim e da TRCrim na Lei 11.343/06 (arts. 28, *caput* e § 1º; 33, § 3º, e 38). Embora ao art. 28 da Lei 11.343/06 não haja cominação de pena privativa de liberdade,[249] a qual é a base

---

[249] O STF, na QO em RE 430.105-9/RJ, Rel. Min. Sepúlveda Pertence, DJ de 27.04.2007 decidiu que "1. O art. 1º da LICP – que se limita a estabelecer um critério que permite distinguir quando se está diante de um crime ou de uma contravenção – não obsta a que lei ordinária superveniente adote outros critérios gerais de distinção, ou estabeleça para determinado crime – como o fez o art. 28 da L. 11.343/06 – pena diversa da privação ou restrição da liberdade, a qual constitui somente uma das opções constitucionais passíveis de adoção pela lei incriminadora (CF/88, art. 5º, XLVI e XLVII). 2. Não se pode, na interpretação da L. 11.343/06, partir de um pressuposto desapreço do legislador pelo 'rigor técnico', que o teria levado inadvertidamente a incluir as infrações relativas ao usuário de drogas em um capítulo denominado 'Dos Crimes e das Penas', só a ele referentes. (L. 11.343/06, Título III, Capítulo III, arts. 27/30). 3. Ao uso da expressão 'reincidência', também não se pode emprestar um sentido 'popular', especialmente porque, em linha de princípio, somente disposição expressa em contrário na L. 11.343/06 afastaria a regra geral do C. Penal (C.Penal, art. 12). 4. Soma-se a tudo a previsão, como regra geral, ao processo de infrações atribuídas ao usuário de drogas, do rito estabelecido para os crimes de menor potencial ofensivo, possibilitando até mesmo a proposta de aplicação imediata da pena de que trata o art. 76 da L. 9.099/95 (art. 48, §§ 1º e 5º), bem como a disciplina da prescrição segundo as regras do art. 107 e seguintes do C. Penal (L. 11.343, art. 30). 6. Ocorrência, pois, de 'despenalização', entendida como exclusão, para o tipo, das penas privativas de liberdade. 7. Questão de ordem resolvida no sentido de que a L. 11.343/06 não implicou *abolitio criminis* (C.Penal, art. 107). II. Prescrição: consumação, à vista do art. 30 da L. 11.343/06, pelo decurso de mais de 2 anos dos fatos, sem qualquer causa interruptiva. III. Recurso extraordinário julgado prejudicado".

determinante da competência dos JECrim e do cabimento das medidas despenalizadoras, a nova situação penológica dos incisos do art. 28 situa-se num patamar de reprovabilidade abaixo das infrações criminais, crimes ou contravenções, aos quais são cominadas as sanções tradicionais: privação de liberdade e multa. Ademais, o próprio art. 48, § 1º, da Lei 11.343/06 determina o processo e o julgamento nos termos da Lei 9.099/95, nos casos do art. 28 da Lei Antidrogas, salvo nas hipóteses de concurso de crimes. Nos casos de conexão e continência, há que ser observado o disposto no art. 60, parágrafo único da Lei 9.099/95 e art. 2º, parágrafo único, da Lei 10.259/01.

O processo no âmbito do JECrim segue a ritualística prevista na Lei 9.099/95, ou seja, o rito sumaríssimo. Portanto, as medidas do art. 28, I, II e III, quando aplicadas na qualidade de sanção alternativa à denúncia/processo/sentença (transação penal), por expressa autorização legal (art. 48, § 5º, da Lei 11.343/06) produzem os efeitos próprios do art. 76 da Lei 9.099/95. Podem, também, ser as penas de um juízo condenatório, após o devido processo constitucional, vencidos os filtros despenalizadores da transação penal e da suspensão condicional do processo. A prestação de serviços à comunidade, embora não haja obrigatoriedade, deverá ser prestada em estabelecimentos relacionados à prevenção do consumo e à recuperação de usuários e dependentes (art. 28, § 5º). Esta é uma das peculiaridades desta lei especial.

Há outras especialidades previstas na lei: a fixação da multa: mínimo de 40 dias-multa (10 no CP) e máximo de 100 (360 no CP), com valores entre 1/30 até três vezes o valor do maior salário mínimo (entre 1/30 do maior salário mínimo mensal, e não superior a cinco vezes esse salário, no CP). A destinação da multa também possui a particularidade de ser depositada ao Fundo Nacional Antidrogas (art. 29, parágrafo único) e, por fim, a prescrição é de dois anos (art. 30).

Na hipótese de descumprimento da transação penal, nos casos do art. 28 da Lei 11.343/06, independentemente de já ter sido homologado ou não o consenso, a lei veda o oferecimento de denúncia. Isso se infere claramente do art. 28, § 6º. No descumprimento da advertência (art. 28, I), da prestação de serviços à comunidade (art. 28, II) ou de medida educativa (art. 28, III), de forma injustificada (haverá necessidade de marcar audiência de justificação), as alternativas são a admoestação verbal (art. 28, § 6º, I) e a multa (art. 28, § 6º, II). Portanto. o oferecimento de denúncia gerará constrangimento ilegal.

A submissão ao tratamento é legítimo quando resultar de consenso, não havendo como compelir o usuário ao tratamento. A eficácia depende do diálogo, da horizontalização e da compreensão.

Nas hipóteses de conexão ou continência, a nova redação do art. 60 e parágrafo único da Lei 9.099/95 e art. 2º, parágrafo único, da Lei 10.259/01, dada pela Lei 11.313/06, determina a reunião dos processos no juízo comum, mas com aplicação dos benefícios da composição civil e da transação criminal.[250]

Observa-se que na hipótese do usuário de drogas (art. 28 da Lei 11.343/06), por este delito, não está mais prevista a pena privativa de liberdade, motivo pelo qual não cabe mais a lavratura do auto de prisão em flagrante e nem o seu recolhimento ao cárcere, mesmo diante da negativa do flagrado em assumir o compromisso de não comparecer a juízo. É o que se infere do art. 48, § 2º, da Lei Antidrogas. Ademais, não poderá nem permanecer detido, devendo ser imediatamente encaminhado ao juízo competente ou ser tomado o seu compromisso, lavrado o termos circunstanciado e liberdado imediatamente (art. 48, §§ 2º e 3º, da Lei 11.343/06).

A suspensão condicional do processo além de ser cabível nos tipos penais antes referidos, também incide nas hipóteses dos arts. 33, § 2º, e 39 da Lei 11.343/06. Ainda, nas hipóteses de desclassificação ou procedência em parte da pretensão acusatória, no primeiro grau ou pelos Tribunais, aplica-se a Súmula 337 do STJ.[251]

---

[250] Vid. item 2.3 acerca da conexão e continência.
[251] Vid. item 3.5.

Bibliografia

ALBERTON, Genacéia da Silva. "Considerações sobre o juizado especial criminal: competência, infrações de menor potencial ofensivo e audiência preliminar". *Revista da Ajuris*, 67/252-275.

ALCALÁ-ZAMORA Y CASTILLO, Niceto. *Proceso, Autocomposición y Autodefensa*. México: Imprenta Universitaria, 1947.

ALEXY, Robert. "Sistema jurídico, principios jurídicos y razón práctica". *Cuadernos de Filosofía del Derecho*, 1988, nº 5, p.139-151.

——. *Teoría del Discurso y Derechos Humanos*. Bogotá: Universidad Externado de Colombia, 1995.

ANDRIGHI, Fátima et al. *Juizados Especiais Cíveis e Criminais*. Belo Horizonte: Del Rey, 1996.

ARMENTA DEU, Teresa. *Criminalidad de Bagatela y Principio de Oportunidad*: Alemania y España. Barcelona: PPU, 1991.

——. "Incremento de la llamada criminalidad de bagatela y tratamientos descriminalizadores arbitrarios en la R.F.A., con especial referencia al principio de oportunidad", em *Justicia*, 1990, I, p. 201-223.

AZAMBUJA, Carmen. *Magistrates' Court. Pequenas Causas Criminais Inglesas*. Porto Alegre: Editora da Ulbra, 1997.

AZEVEDO GHIRINGHELLI, Rodrigo. *Informalização da Justiça e Controle Social*. São Paulo: IBCCRIM, 2000.

BADARÓ, Gustavo Henrique. et al. *Direito ao Processo Penal no Prazo Razoável*. Rio de Janeiro. Lumen Juris, 2006.

BARONA VILAR, Silvia. *La Conformidad en el Proceso Penal*. Valência: Tirant lo Blanch, 1994.

——. *Prisión Provisional y Medidas Alternativas*. Barcelona: Bosch, 1988.

BAROSIO, Vittorio. "Il processo penale tedesco dopo la riforma del 19 dicembre 1964". *Revista Italiana di Diritto e Procedura Penale*, 1966, nº 2, p. 869-875, 1238-1275.

BATISTA, Nilo. *Introdução Crítica ao Direito Penal Brasileiro*. Rio de Janeiro: Renavan, 1990.

BECCARIA, Cesare. *De los Delitos y de las Penas*. Madrid: Alianza, 1998.

BENETTI, Sidnei et al. *Juizados Especiais Cíveis e Criminais*. Belo Horizonte: Del Rey, 1996..

BERMÚDEZ, Víctor Hugo. "La participación del damnificado (víctima) en el proceso penal uruguayo"., em *La Víctima en el Proceso Penal*. Buenos Aires: Depalma, 1997, p. 207 a 229.

BERTOLINO, Pedro. "La situación de la víctima del delito en el proceso penal de la Argentina". *La Víctima en el Proceso Penal*. Buenos Aires: Depalma, 1997, p. 1 a 68.

BITENCOURT, Cezar Roberto. *Juizados Especiais Criminais Federais*. São Paulo: Saraiva, 2003.

——. "Competência para execução da pena de multa à luz da Lei nº 9.268", em *Boletim do IBC-Crim*, nº 69, p. 17 e 18.

——. *Falência da pena de prisão, causas e alternativas*. São Paulo: Revista dos Tribunais, 1993.

——. *Juizados Especiais Criminais e Alternativas à Pena de Prisão*. Porto Alegre: Livraria do Advogado, 1997.

BONAVIDES, Paulo. *Curso de Direito Constitucional*. São Paulo: Malheiros, 1996.

BRUNO Accarino. *Le Figure del Consenso. Soggetto Morale e Instituzioni Politiche nella Filosofia Moderna*. Lecce: Milella, 1989.

BUTRÓN BALIÑA, Pedro M. *La Conformidad del Acusado en el Proceso Penal*. Madrid: McGraw-Hill, 1998.

CABEZUDO RODRÍGUEZ, Nicolás. *El Ministerio Público y la Justicia Negociada en los Estados Unidos de Norteamérica*. Granada: Comares, 1996.

CALLEGARI, André Luís. "Questões procedimentais e suspensão condicional do processo", em *Revista de Estudos Jurídicos da Universidade do Vale do Rio dos Sinos*, v. 29, nº 27, 1996.

CANOTILHO, Gomes. *Direito Constitucional e Teoria da Constituição*. Coimbra: Almedina, 1998.

CAPPELLETTI, Mauro. "Acesso à Justiça", em *Separata da Revista do Ministério Público do RGS*, Porto Alegre. v.1, nº 18, 1995.

CARNELUTTI, Francesco. *Instituciones de Derecho Procesal Civil*. México: Editorial Pedagógica Iberoamericana, 1997.

CARVALHO, Luís Gustavo Grandinetti *et al*. Lei dos Juizados Especiais Criminais Comentada e Anotada. Rio de Janeiro: Lumen Juris, 2006.

CARVALHO, Salo. *Antimanual de Criminologia*. Rio de Janeiro: Lumen Juris, 2008.

CHIAVARIO, Mario. "I procedimenti speciali", em *Il Codice di Procedura Penale, Esperienze, Valutazioni, Prospettive*. Milano: Giuffrè, 1994.

——. "La justice negociée: une problématique a construire", em *Archives de Politique Criminelle*, 1993, nº 15, p. 27-35.

CHOUKR, Fauzi Hassan. CPP. *Comentários Consolidados e Crítica Jurisprudencial*. Rio de Janeiro: Lumen Juris, 2009.

CONSO, Giovani. *Commentario Breve al Codice di Procedura Penale*. Itália: Padova, 1987.

COSTA ANDRADE, Manuel. "Consenso e oportunidade", em *O Novo CPP*. Coimbra: Almedina, 1977.

——. et al. *Criminologia, o Homem Delinquente e a Sociedade Criminógena*. Coimbra: Coimbra Editora, 1997, p. 400.

DALIA, A.A. et al. *Manuale di diritto processuale penale*. Padova: Cedam, 2000.

DAMÁSIO DE JESUS. *Lei dos Juizados Especiais Criminais Anotada*. São Paulo: Saraiva, 2009.

DIEGO DIÉZ, Luís Alfredo. *Justiça Criminal Consensuada* (algunos modelos del derecho comparado en los EE.UU., Italia y Portugal). Valencia: Tirant lo Blanch, 1999.

DÍEZ RIPOLLÉS, José Luís. *Los elementos subjetivos del delito* – base metodológica. Valência: Tirat lo Blanch, 1990.

DUCLERC, Elmir. *Direito Processual Penal*. Rio de Janeiro: Lumen Juris, 2008.

ESPÍNOLA FILHO, Eduardo. *CPP Brasileiro Anotado*, v. 5. Rio de Janeiro: Borsoi, 1961.

FAIRÉN GUILLÉN, Víctor. "Autodefensa, autocomposición, pacto, contrato, proceso (la defensa)", em *Estudios de Derecho Procesal Civil, Penal y Constitucional III*. Madrid: Edersa, 1992, p. 36 a 99.

FERNÁNDEZ ENTRALGO, Jesús. "Justicia a cien por hora. El principio de consenso en el procedimiento abreviado", em *La Ley*, 1991, nº 3, p. 1048 a 1065.

FERRAIOLI, Marzia; DALIA, A.A. *Manuale di diritto processuale penale*. Padova: Cedam, 2000.

FIGUEIRA JÚNIOR, Joel Dias et al. *Juizados Especiais Federais Cíveis e Criminais*. São Paulo: RT, 2008.

FIGUEIREDO DIAS, Jorge. *CPP e outra legislação processual penal*. Lisboa: Aequitas, 1992.

—— et al. *Criminologia, o Homem Delinqüente e a Sociedade Criminógena*. Coimbra: Coimbra Editora, 1997.

FRIEDMANN, Lawrence M. *Introducción al Derecho Norteamericano*. Barcelona: Bosch, 1988.

FUX, Luiz; BATISTA, Weber Martins. *Juizados Especiais Cíveis e Criminais e Suspensão Condicional do Processo*. Rio de Janeiro: Forense, 1999.

GARCÍA-PABLOS DE MOLINA, Antônio. *Derecho Penal, Introducción*. Madrid: Servicio de Publicaciones de La Facultad de Derecho de La Universidad Complutense, 2000.
GHIRINGHELLI, Rodrigo Azevedo. *Informalização da Justiça e Controle Social*. São Paulo: IBCCRIM, 2000.
GIACOMOLLI, Nereu José. *Legalidade, Oportunidade e Consenso no Processo Penal, na Perspectiva das Garantias Constitucionais*. Porto Alegre: Livraria do Advogado, 2006.
——. *Reformas (?) do Processo Penal*: Considerações Críticas. Rio de Janeiro: Lumen Juris, 2008.
GIACOMUZZI, Vladimir, "Aspectos penais na Lei nº 9.099/95", em *Revista da Ajuris*, 67/247.
GOITÍA, Carlos Alberto. "La situación de la víctima del delito en el proceso penal boliviano", em *La víctima en el proceso penal*. Buenos Aires: Depalma, 1997, p. 69 a118.
GOMES FILHO, Antônio Magalhães *et al*. *Juizados Especiais Criminais*. São Paulo: RT, 1999.
GOMES, Luiz Flávio. *Suspensão condicional do processo*. São Paulo: RT, 1997.
—— *et al*. *Juizados Especiais Criminais*. São Paulo: RT, 1999.
GONZÁLEZ-CUÉLLAR SERRANO, Nicolás *et al*. *La Reforma Procesal Civil, Penal y Administrativa de 1992*. Madrid: Colex, 1992.
——. *Proporcionalidad y Derechos Fundamentales en el Proceso Penal*. Madrid: Colex, 1990.
GÖSSEL, Karl-Heinz. "Principios fundamentales de las reformas procesales descriminalizadoras, incluidas las del procedimiento por contravenciones al orden administrativo y las del proceso por orden penal, en el proceso penal alemán", em *Justicia*, 1985, nº IV, p. 877 a 892.
GRINOVER, Ada Pellegrini *et al*. *Juizados Especiais Criminais*. São Paulo: RT, 1999.
HASSEMER, Winfried. *Fundamentos del derecho penal*. Barcelona: Bosch, 1984.
——. "La persecución penal: legalidad y oportunidad", em *Jueces para la Democracia*, 1988, p. 8 a 11.
——. "Rasgos y crisis del derecho penal moderno", em *Anuario de Derecho Penal y Ciencias Penales*, 1992, tomo XLV, fascículo I, p. 235 a 249.
HECK, Luís Afonso. *O tribunal federal constitucional e o desenvolvimento dos princípios constitucionais*. Porto Alegre: Fabris, 1995.
JARDIM, Afrânio Silva. *Direito Processual Penal*. Rio de Janeiro: Forense, 1997.
JUNG, Heike. "Le ministere public: portrait d'une institution", em *Archives de Politique Criminelle*, 1993, nº 15, p. 15 a 26.
KARAM, Maria Lúcia. *Juizados Especiais Criminais*: A Concretização Antecipada do Poder de Punir. Rio de Janeiro: Lumen Juris, 2006.
KRONAWETTER, Alfredo Enrique *et al*. "La emergencia de un 'Nuevo' sujeto: la víctima y el imperativo constitucional de su participación en el proceso penal paraguayo", em *La víctima en el proceso penal*. Buenos Aires: Depalma, 1997, p. 181 a 206.
LARENZ, Karl. *Derecho justo. Fundamentos de Ética Jurídica*. Madrid: Civitas, 1985.
LOPES JÚNIOR, Aury. LOPES Jr, Aury *et al*. *Direito ao Processo Penal no Prazo Razoável*. Rio de Janeiro. Lumen Juris, 2006.
——. *Direito Processual Penal e sua Conformidade Constitucional*. Rio de Janeiro: Lumen Juris, 2009.
LUHMANN, Niklas. *Procedimenti Giuridici e Legitimazione Sociale*. Milano: Giuffrè, 1995.
MAGALHÃES GOMES FILHO, Antônio. *Juizados Especiais Criminais*. São Paulo: RT, 1996.
MAGALHÃES NORONHA. *Curso de Direito Processual Penal*. São Paulo: Saraiva, 1984.
MAIA GONÇALVES, Manuel Lopes. *CPP Anotado*. Coimbra: Livraria Almedina, 1999.
MAQUEDA ABREU, Maria Luisa. *Suspensión Condicional de la Pena y Probation*. Madrid: Centro de Publicaciones del Ministerio de Justicia, 1985.
MARTÍN OSTOS, José. "La conformidad en el proceso penal", em *La Ley*, 1996, nº 5, p. 1497 a 1505.
MARTINS BATISTA, Weber. "A suspensão condicional do procedimento", em *Estudos de direito processual em homenagem a José Frederico Marques*. São Paulo: Saraiva, 1992.

―――― et al. *Juizados Especiais Cíveis e Criminais e Suspensão Condicional do Processo Penal*. Rio de Janeiro: Forense, 1999.

MONTEIRO AROCA, Juan. *Principios del Proceso Penal, una Explicación basada en la Razón*. Valencia: Tirant lo Blanch Alternativa, 1997.

NASSIF, Aramis. *O Novo Júri Brasileiro*. Porto Alegre: Livraria do Advogado, 2008.

NUCCI, Guilherme de Souza. *Lei Penais e Processuais Penais Comentadas*. São Paulo: RT, 2008.

OLIVA SANTOS, A. Derecho Procesal Penal (coordenador). Madrid: Centro de Estudios Ramón Areces, 1997.

OLIVEIRA, Eugênio Pacelli. *Curso de Processo Penal*. Rio de Janeiro: Lumen Juris, 2009.

PALIERO, Carlo Enrico. *Minima non Curat Praetor, Ipertrofia del Diritto Penale e Decriminalizzazione dei Reati Bagatellari*. Padova: Cedam, 1985.

PALUDO, Leonello Pedro. "Juizado especial de pequenas causas faz sucesso na Europa", em *Revista dos Juizados de Pequenas Causas do RGS 02/15*.

PIOVESAN, Flávia Pires et al. *O Sistema Interamericano de Proteção dos Direitos Humanos e o Direito Brasileiro*. São Paulo: SP, 2000.

PRADO, Geraldo el al. Lei dos Juizados Especiais Criminais Comentada e Anotada. Rio de Janeiro: Lumen Juris, 2006.

――――. Transação Penal. Rio de Janeiro: Lumen Juris, 2006.

RANGEL, Paulo. *Direito Processual Penal*. Rio de Janeiro: Lumen Juris, 2009.

ROSA, Alexandre Morais da. *Decisão Penal:* a bricolage de significantes. Rio de Janeiro: Lumen Juris, 2006.

ROSA, Fábio Bittencourt da. "Juizados especiais de pequenas causas na justiça federal", em *Revista da Ajuris 67/ 379 a 383*.

SAAVEDRA, Edgar R. *Penas Pecuniárias*. Bogotá: Editorial Temis Librería, 1984.

SAITO, Seiji. "El proceso penal japonés: un compromiso entre el modelo Alemán y el angloamericano", em *Justicia*, 1992, III, p. 717-723.

SANTIN, Janaína Rigo. *Juizados Especiais Cíveis e Criminais*. Porto Alegre: Verbo Jurídico, 2007.

SANTOS, Marcos Paulo Dutra. *Transação Penal*. Rio de Janeiro: Lumen Juris, 2006.

SCAPARONE, Metello. *Profili del Nuovo Codice di Procedura Penale*. Coords. CONSO, G. y GREVI, V. Padova: Cedam, 1999.

――――. "I procedimenti speciali", em *Il Codice di Procedura Penale, Esperienze, Valutazioni, Prospettive*, 1994, p. 90.

SCARANCE FERNANDES, Antônio et al. "A vítima no processo penal brasileiro", em *La Víctima en el Proceso Penal*. Buenos Aires: Depalma, 1997, p. 119 a 157.

―――― et al. *Juizados Especiais Criminais*. São Paulo: RT, 1999.

SCHLÜCHTER, Ellen. *Derecho Procesal Penal*. València: Tirant lo Blanch, 1999.

SCHÜNEMANN, Bernard. "¿Crisis del procedimiento penal? (¿Marcha triunfal del procedimiento penal americano en el mundo?)", em *Cuadernos del Consejo General del Poder Judicial*, VIII, 1991, p. 49 a 58.

――――. "La política criminal y el sistema de derecho penal", em *Anuario de Derecho Penal y Ciencias Penales*, 1991, tomo XLIV, fascículo I, p. 693-713.

SILVA SOARES, Guido Fernando. Common Law, Introdução ao Direito dos EUA. São Paulo: RT, 1999.

SIRACUSANO, D. "I procedimenti speciali", em *Il Codice di Procedura Penale*, 1994.

TAORMINA, Carlo et al. *Il Codice di Procedura penale*. Milano: Giuffrè, 1994.

TAVOLARI OLIVEROS, Raúl et al. "La situación de la víctima del delito en el proceso penal chileno", em *La Víctima en el Proceso Penal*. Buenos Aires: Depalma, 1997, p. 159 a 180.

TOURINHO FILHO, Fernando. *Comentários à Lei dos Juizados Especiais Criminais*. São Paulo: Saraiva, 2002 .

――――. *Manual de Processo Penal*. São Paulo: Saraiva, 2009

TOURINHO NETO, Fernando da Costa *et al*. *Juizados Especiais Federais Cíveis e Criminais*. São Paulo: RT, 2008.

TRANCHINA, Giovanni. *et al*. Il Codice di Procedura Penale. M lano: Giuffrè, 1994.

VIDAL, Jane Maria K. "Origem do juizado de pequenas causas e seu estágio atual". *Revista do Juizado de Pequenas Causas do RGS*, 01/06.

VIGONI, Daniela. "L'aplicazione della pena su richiesta delle parti", em *Procedimenti Speciali in Materia Penale*. Coord. PISANI, M. Milano: Giuffrè, 1997, p. 109 a 342.

VITÚ, André. "Los rasgos característicos del procedimiento penal francés", em *Justicia*, 1989, II, p. 441 a 454.

ZANATTA, Airton. *A Transação Penal e o Poder Discriconário do Ministério Público*. Porto Alegre: Fabris, 2001.

Anexos

LEI 9.099, DE 26 DE SETEMBRO DE 1995

O PRESIDENTE DA REPÚBLICA
Faço saber que o Congresso Nacional decreta e eu sanciono a seguinte Lei:

CAPÍTULO I – DISPOSIÇÕES GERAIS
Art. 1º Os Juizados Especiais Cíveis e Criminais, órgãos da Justiça Ordinária, serão criados pela União, no Distrito Federal e nos Territórios, e pelos Estados, para conciliação, processo, julgamento e execução, nas causas de sua competência.
Art. 2º O processo orientar-se-á pelos critérios da oralidade, simplicidade, informalidade, economia processual e celeridade, buscando, sempre que possível, a conciliação ou a transação.

CAPÍTULO II – DOS JUIZADOS ESPECIAIS CÍVEIS
...

CAPÍTULO III – DOS JUIZADOS ESPECIAIS CRIMINAIS DISPOSIÇÕES GERAIS
Art. 60. O Juizado Especial Criminal, provido por juízes togados ou togados e leigos, tem competência para a conciliação, o julgamento e a execução das infrações penais de menor potencial ofensivo, respeitadas as regras de conexão e continência.
Parágrafo único. Na reunião de processos, perante o juízo comum ou o tribunal do júri, decorrentes da aplicação das regras de conexão e continência, observar-se-ão os institutos da transação penal e da composição dos danos civis.
Art. 61. Consideram-se infrações penais de menor potencial ofensivo, para os efeitos desta Lei, as contravenções penais e os crimes a que a lei comine pena máxima não superior a 2 (dois) anos, cumulada ou não com multa.
Art. 62. O processo perante o Juizado Especial orientar-se-á pelos critérios da oralidade, informalidade, economia processual e celeridade, objetivando, sempre que possível, a reparação dos danos sofridos pela vítima e a aplicação de pena não privativa de liberdade.

SEÇÃO I – DA COMPETÊNCIA E DOS ATOS PROCESSUAIS
Art. 63. A competência do Juizado será determinada pelo lugar em que foi praticada a infração penal.

Art. 64. Os atos processuais serão públicos e poderão realizar-se em horário noturno e em qualquer dia da semana, conforme dispuserem as normas de organização judiciária.

Art. 65. Os atos processuais serão válidos sempre que preencherem as finalidades para as quais foram realizados, atendidos os critérios indicados no artigo 62 desta Lei.

§ 1º Não se pronunciará qualquer nulidade sem que tenha havido prejuízo.

§ 2º A prática de atos processuais em outras comarcas poderá ser solicitada por qualquer meio hábil de comunicação.

§ 3º Serão objeto de registro escrito exclusivamente os atos havidos por essenciais. Os atos realizados em audiência de instrução e julgamento poderão ser gravados em fita magnética ou equivalente.

Art. 66. A citação será pessoal e far-se-á no próprio Juizado, sempre que possível, ou por mandado.

Parágrafo único. Não encontrado o acusado para ser citado, o Juiz encaminhará as peças existentes ao Juízo comum para adoção do procedimento previsto em lei.

Art. 67. A intimação far-se-á por correspondência, com aviso de recebimento pessoal ou, tratando-se de pessoa jurídica ou firma individual, mediante entrega ao encarregado da recepção, que será obrigatoriamente identificado, ou, sendo necessário, por oficial de justiça, independentemente de mandado ou carta precatória, ou ainda por qualquer meio idôneo de comunicação.

Parágrafo único. Dos atos praticados em audiência considerar-se-ão desde logo cientes as partes, os interessados e defensores.

Art. 68. Do ato de intimação do autor do fato e do mandado de citação do acusado, constará a necessidade de seu comparecimento acompanhado de advogado, com a advertência de que, na sua falta, ser-lhe-á designado defensor público.

SEÇÃO II – DA FASE PRELIMINAR

Art. 69. A autoridade policial que tomar conhecimento da ocorrência lavrará termo circunstanciado e o encaminhará imediatamente ao Juizado, com o autor do fato e a vítima, providenciando-se as requisições dos exames periciais necessários.

Parágrafo único. Ao autor do fato que, após a lavratura do termo, for imediatamente encaminhado ao juizado ou assumir o compromisso de a ele comparecer, não se imporá prisão em flagrante, nem se exigirá fiança. Em caso de violência doméstica, o juiz poderá determinar, como medida de cautela, seu afastamento do lar, domicílio ou local de convivência com a vítima.

Art. 70. Comparecendo o autor do fato e a vítima, e não sendo possível a realização imediata da audiência preliminar, será designada data próxima, da qual ambos sairão cientes.

Art. 71. Na falta do comparecimento de qualquer dos envolvidos, a Secretaria providenciará sua intimação e, se for o caso, a do responsável civil, na forma dos artigos 67 e 68 desta Lei.

Art. 72. Na audiência preliminar, presente o representante do Ministério Público, o autor do fato e a vítima e, se possível, o responsável civil, acompanhados por seus advogados, o Juiz esclarecerá sobre a possibilidade da composição dos danos e da aceitação da proposta de aplicação imediata de pena não privativa de liberdade.

Art. 73. A conciliação será conduzida pelo Juiz ou por conciliador sob sua orientação.

Parágrafo único. Os conciliadores são auxiliares da Justiça, recrutados, na forma da lei local, preferentemente entre bacharéis em Direito, excluídos os que exerçam funções na administração da Justiça Criminal.

Art. 74. A composição dos danos civis será reduzida a escrito e, homologada pelo Juiz mediante sentença irrecorrível, terá eficácia de título a ser executado no juízo civil competente.

Parágrafo único. Tratando-se de ação penal de iniciativa privada ou de ação penal pública condicionada à representação, o acordo homologado acarreta a renúncia ao direito de queixa ou representação.

Art. 75. Não obtida a composição dos danos civis, será dada imediatamente ao ofendido a oportunidade de exercer o direito de representação verbal, que será reduzida a termo.

Parágrafo único. O não oferecimento da representação na audiência preliminar não implica decadência do direito, que poderá ser exercido no prazo previsto em lei.

Art. 76. Havendo representação ou tratando-se de crime de ação penal pública incondicionada, não sendo caso de arquivamento, o Ministério Público poderá propor a aplicação imediata de pena restritiva de direitos ou multas, a ser especificada na proposta.

§ 1º Nas hipóteses de ser a pena de multa a única aplicável, o Juiz poderá reduzi-la até a metade.

§ 2º Não se admitirá a proposta se ficar comprovado:

I – ter sido o autor da infração condenado, pela prática de crime, à pena privativa de liberdade, por sentença definitiva;

II – ter sido o agente beneficiado anteriormente, no prazo de cinco anos, pela aplicação de pena restritiva ou multa, nos termos deste artigo;

III – não indicarem os antecedentes, a conduta social e a personalidade do agente, bem como os motivos e as circunstâncias, ser necessária e suficiente a adoção da medida.

§ 3º Aceita a proposta pelo autor da infração e seu defensor, será submetida à apreciação do Juiz.

§ 4º Acolhendo a proposta do Ministério Público aceita pelo autor da infração, o Juiz aplicará a pena restritiva de direitos ou multa, que não importará em reincidência, sendo registrada apenas para impedir novamente o mesmo benefício no prazo de cinco anos.

§ 5º Da sentença prevista no parágrafo anterior caberá a apelação referida no artigo 82 desta Lei.

§ 6º A imposição da sanção de que trata o § 4º deste artigo não constará de certidão de antecedentes criminais, salvo para os fins previstos no mesmo dispositivo, e não terá efeitos civis, cabendo aos interessados propor ação cabível no juízo cível.

SEÇÃO III – DO PROCEDIMENTO SUMARIÍSSIMO

Art. 77. Na ação penal de iniciativa pública, quando não houver aplicação de pena, pela ausência do autor do fato, ou pela não ocorrência da hipótese prevista no art. 76 desta Lei, o Ministério Público oferecerá ao Juiz, de imediato, denúncia oral, se não houver necessidade de diligências imprescindíveis.

§ 1º Para o oferecimento da denúncia, que será elaborada com base no termo de ocorrência referido no artigo 69 desta Lei, com dispensa do inquérito policial, prescindir-se-á do exame do corpo de delito quando a materialidade do crime estiver aferida por boletim médico ou prova equivalente.

§ 2º Se a complexidade ou circunstâncias do caso não permitirem a formulação da denúncia, o Ministério Público poderá requerer ao Juiz o encaminhamento das peças existentes, na forma do parágrafo único do artigo 66 desta Lei.

§ 3º Na ação penal de iniciativa do ofendido poderá ser oferecida queixa oral, cabendo ao Juiz verificar se a complexidade e as circunstâncias do caso determinam a adoção das providências previstas no parágrafo único do artigo 66 desta Lei.

Art. 78. Oferecida a denúncia ou queixa, será reduzida a termo, entregando-se cópia ao acusado, que com ela ficará citado e imediatamente cientificado da designação de dia e hora para a audiência de instrução e julgamento, da qual também tomarão ciência o Ministério Público, o ofendido, o responsável civil e seus advogados.

§ 1º Se o acusado não estiver presente, será citado na forma dos artigos 66 e 68 desta Lei e cientificado da data da audiência de instrução e julgamento, devendo a ela trazer suas testemunhas ou apresentar requerimento para intimação, no mínimo cinco dias antes de sua realização.

§ 2º Não estando presentes o ofendido e o responsável civil, serão intimados nos termos do artigo 67 desta Lei para comparecerem à audiência de instrução e julgamento.

§ 3º As testemunhas arroladas serão intimadas na forma prevista no artigo 67 desta Lei.

Art. 79. No dia e hora designados para a audiência de instrução e julgamento, se na fase preliminar não tiver havido possibilidade de tentativa de conciliação e de oferecimento de proposta pelo Ministério Público, proceder-se-á nos termos dos artigos 72, 73, 74 e 75 desta Lei.

Art. 80. Nenhum ato será adiado, determinando o Juiz, quando imprescindível, a condução coercitiva de quem deva comparecer.

Art. 81. Aberta a audiência, será dada a palavra ao defensor para responder à acusação, após o que o Juiz receberá, ou não, a denúncia ou queixa; havendo recebimento, serão ouvidas a vítima e as testemunhas de acusação e defesa, interrogando-se a seguir o acusado, se presente, passando-se imediatamente aos debates orais e à prolação da sentença.

§ 1º Todas as provas serão produzidas na audiência de instrução e julgamento, podendo o Juiz limitar ou excluir as que considerar excessivas, impertinentes ou protelatórias.

§ 2º De todo o ocorrido na audiência será lavrado termo, assinado pelo Juiz e pelas partes, contendo breve resumo dos fatos relevantes ocorridos em audiência e a sentença.

§ 3º A sentença, dispensado o relatório, mencionará os elementos de convicção do Juiz.

Art. 82. Da decisão de rejeição da denúncia ou queixa e da sentença caberá apelação, que poderá ser julgada por turma composta de três Juízes em exercício no primeiro grau de jurisdição, reunidos na sede do Juizado.

§ 1º A apelação será interposta no prazo de dez dias, contados da ciência da sentença pelo Ministério Público, pelo réu e seu defensor, por petição escrita, da qual constarão as razões e o pedido do recorrente.

§ 2º O recorrido será intimado para oferecer resposta escrita no prazo de dez dias.

§ 3º As partes poderão requerer a transcrição da gravação da fita magnética a que alude o § 3º do artigo 65 desta Lei.

§ 4º As partes serão intimadas da data da sessão de julgamento pela imprensa.

§ 5º Se a sentença for confirmada pelos próprios fundamentos, a súmula do julgamento servirá de acórdão.

Art. 83. Caberão embargos de declaração quando, em sentença ou acórdão, houver obscuridade, contradição, omissão ou dúvida.

§ 1º Os embargos de declaração serão opostos por escrito ou oralmente, no prazo de cinco dias, contados da ciência da decisão.

§ 2º Quando opostos contra sentença, os embargos de declaração suspenderão o prazo para o recurso.

§ 3º Os erros materiais podem ser corrigidos de ofício.

SEÇÃO IV – DA EXECUÇÃO

Art. 84. Aplicada exclusivamente pena de multa, seu cumprimento far-se-á mediante pagamento na Secretaria do Juizado.

Parágrafo único. Efetuado o pagamento, o Juiz declarará extinta a punibilidade, determinando que a condenação não fique constando dos registros criminais, exceto para fins de requisição judicial.

Art. 85. Não efetuado o pagamento de multa, será feita a conversão em pena privativa da liberdade, ou restritiva de direitos, nos termos previstos em lei.

Art. 86. A execução das penas privativas de liberdade e restritivas de direitos, ou de multa cumulada com estas, será processada perante o órgão competente, nos termos da lei.

SEÇÃO V – DAS DESPESAS PROCESSUAIS

Art. 87. Nos casos de homologação do acordo civil e aplicação de pena restritiva de direitos ou multa (arts. 74 e 76, § 4º), as despesas processuais serão reduzidas, conforme dispuser lei estadual.

SEÇÃO VI – DISPOSIÇÕES FINAIS

Art. 88. Além das hipóteses do Código Penal e da legislação especial, dependerá de representação a ação penal relativa aos crimes de lesões corporais leves e lesões culposas.

Art. 89. Nos crimes em que a pena mínima cominada for igual ou inferior a um ano, abrangidas ou não por esta Lei, o Ministério Público, ao oferecer a denúncia, poderá propor a suspensão do processo, por dois a quatro anos, desde que o acusado não esteja sendo processado ou não tenha sido condenado por outro crime, presentes os demais requisitos que autorizariam a suspensão condicional da pena (art. 77 do CP).

§ 1º Aceita a proposta pelo acusado e seu defensor, na presença do Juiz, este, recebendo a denúncia, poderá suspender o processo, submetendo o acusado a período de prova, sob as seguintes condições:

I – reparação do dano, salvo impossibilidade de fazê-lo;

II – proibição de freqüentar determinados lugares;

III – proibição de ausentar-se da comarca onde reside, sem autorização do Juiz;

IV – comparecimento pessoal e obrigatório a juízo, mensalmente, para informar e justificar suas atividades.

§ 2º O Juiz poderá especificar outras condições a que fica subordinada a suspensão, desde que adequadas ao fato e à situação pessoal do acusado.

§ 3º A suspensão será revogada se, no curso do prazo, o beneficiário vier a ser processado por outro crime ou não efetuar, sem motivo justificado, a reparação do dano.

§ 4º A suspensão poderá ser revogada se o acusado vier a ser processado, no curso do prazo, por contravenção, ou descumprir qualquer outra condição imposta.

§ 5º Expirado o prazo sem revogação, o Juiz declarará extinta a punibilidade.

§ 6º Não correrá a prescrição durante o prazo de suspensão do processo.

§ 7º Se o acusado não aceitar a proposta prevista neste artigo, o processo prosseguirá em seus ulteriores termos.

Art. 90. As disposições desta Lei não se aplicam aos processos penais cuja instrução já estiver iniciada.

Art. 90-A. As disposições desta Lei não se aplicam no âmbito da Justiça Militar

Art. 91. Nos casos em que esta Lei passa a exigir representação para a propositura da ação penal pública, o ofendido ou seu representante legal será intimado para oferecê-la no prazo de trinta dias, sob pena de decadência.

Art. 92. Aplicam-se subsidiariamente as disposições dos Códigos Penal e de Processo Penal, no que não forem incompatíveis com esta Lei.

CAPÍTULO IV – DISPOSIÇÕES FINAIS COMUNS

Art. 93. Lei Estadual disporá sobre o Sistema de Juizados Especiais Cíveis e Criminais, sua organização, composição e competência.

Art. 94. Os serviços de cartório poderão ser prestados, e as audiências realizadas fora da sede da Comarca, em bairros ou cidades a ela pertencentes, ocupando instalações de prédios públicos, de acordo com audiências previamente anunciadas.

Art. 95. Os Estados, Distrito Federal e Territórios criarão e instalarão os Juizados Especiais no prazo de seis meses, a contar da vigência desta Lei.

Art. 96. Esta Lei entra em vigor no prazo de sessenta dias após a sua publicação.

Art. 97. Ficam revogadas a Lei nº 4.611, de 2 de abril de 1965 e a Lei nº 7.244, de 7 de novembro de 1984.

Brasília, 26 de setembro de 1995; 174º da Independência e 107º da República.

FERNANDO HENRIQUE CARDOSO
Nelson A. Jobim

LEI 10.259, DE 12 DE JULHO DE 2001

O PRESIDENTE DA REPÚBLICA
Faço saber que o Congresso Nacional decreta e eu sanciono a seguinte Lei:

Art. 1º São instituídos os Juizados Especiais Cíveis e Criminais da Justiça Federal, aos quais se aplica, no que não conflitar com esta Lei, o disposto na Lei nº 9.099, de 26 de setembro de 1995.

Art. 2º Compete ao Juizado Especial Federal Criminal processar e julgar os feitos de competência da Justiça Federal relativos às infrações de menor potencial ofensivo, respeitadas as regras de conexão e continência.

Parágrafo único. Na reunião de processos, perante o juízo comum ou o tribunal do júri, decorrente da aplicação das regras de conexão e continência, observar-se-ão os institutos da transação penal e da composição dos danos civis.

...

Art. 10. As partes poderão designar, por escrito, representantes para a causa, advogado ou não.

Parágrafo único. Os representantes judiciais da União, autarquias, fundações e empresas públicas federais, bem como os indicados na forma do caput, ficam autorizados a conciliar, transigir ou desistir, nos processos da competência dos Juizados Especiais Federais.

Art. 11. A entidade pública ré deverá fornecer ao Juizado a documentação de que disponha para o esclarecimento da causa, apresentando-a até a instalação da audiência de conciliação.

Parágrafo único. Para a audiência de composição dos danos resultantes de ilícito criminal (arts. 71, 72 e 74 da Lei nº 9.099, de 26 de setembro de 1995), o representante da entidade que comparecer terá poderes para acordar, desistir ou transigir, na forma do artigo 10.

...

Art. 18. Os Juizados Especiais serão instalados por decisão do Tribunal Regional Federal. O Juiz presidente do Juizado designará os conciliadores pelo período de dois anos, admitida a recondução. O exercício dessas funções será gratuito, assegurados os direitos e prerrogativas do jurado (art. 437 do CPP).

Parágrafo único. Serão instalados Juizados Especiais Adjuntos nas localidades cujo movimento forense não justifique a existência de Juizado Especial, cabendo ao Tribunal designar a Vara onde funcionará.

...

Art. 21. As Turmas Recursais serão instituídas por decisão do Tribunal Regional Federal, que definirá sua composição e área de competência, podendo abranger mais de uma seção.

§ 1º Não será permitida a recondução, salvo quando não houver outro juiz na sede da Turma Recursal ou na Região.

§ 2º A designação dos juízes das Turmas Recursais obedecerá aos critérios de antigüidade e merecimento.

Art. 22. Os Juizados Especiais serão coordenados por Juiz do respectivo Tribunal Regional, escolhido por seus pares, com mandato de dois anos.

Parágrafo único. O Juiz Federal, quando o exigirem as circunstâncias, poderá determinar o funcionamento do Juizado Especial em caráter itinerante, mediante autorização prévia do Tribunal Regional Federal, com antecedência de dez dias.

Art. 23. O Conselho da Justiça Federal poderá limitar, por até três anos, contados a partir da publicação desta Lei, a competência dos Juizados Especiais Cíveis, atendendo à necessidade da organização dos serviços judiciários ou administrativos.

Art. 24. O Centro de Estudos Judiciários do Conselho da Justiça Federal e as Escolas de Magistratura dos Tribunais Regionais Federais criarão programas de informática necessários para subsidiar a instrução das causas submetidas aos Juizados e promoverão cursos de aperfeiçoamento destinados aos seus magistrados e servidores.

Brasília, 12 de julho de 2001; 180º da Independência e 113º da República.

LEI 10.741, DE 1º DE OUTUBRO DE 2003

O PRESIDENTE DA REPÚBLICA
Faço saber que o Congresso Nacional decreta e eu sanciono a seguinte Lei:
TÍTULO I – DISPOSIÇÕES PRELIMINARES
Art. 1º É instituído o Estatuto do Idoso, destinado a regular os direitos assegurados às pessoas com idade igual ou superior a 60 (sessenta) anos.
...
Art. 94. Aos crimes previstos nesta Lei, cuja pena máxima privativa de liberdade não ultrapasse 4 (quatro) anos, aplica-se o procedimento previsto na Lei nº 9.099, de 26 de setembro de 1995, e, subsidiariamente, no que couber, as disposições do CP e do CPP.

Brasília, 1º de outubro de 2003; 182º da Independência e 115º da República.

LEI 9.503, DE 23 DE SETEMBRO DE 1997

O PRESIDENTE DA REPÚBLICA
Faço saber que o Congresso Nacional decreta e eu sanciono a seguinte Lei:

CAPÍTULO I – DISPOSIÇÕES PRELIMINARES
Art. 1º O trânsito de qualquer natureza nas vias terrestres do território nacional, abertas à circulação, rege-se por este Código.
§ 1º Considera-se trânsito a utilização das vias por pessoas, veículos e animais, isolados ou em grupos, conduzidos ou não, para fins de circulação, parada, estacionamento e operação de carga ou descarga.
...
Art. 291. Aos crimes cometidos na direção de veículos automotores, previstos neste Código, aplicam-se as normas gerais do CP e do CPP, se este Capítulo não dispuser de modo diverso, bem como a Lei nº 9.099, de 26 de setembro de 1995, no que couber.
§ 1º Aplica-se aos crimes de trânsito de lesão corporal culposa o disposto nos artigos 74, 76 e 88 da Lei nº 9.099, de 26 de setembro de 1995, exceto se o agente estiver:
I – sob a influência de álcool ou qualquer outra substância psicoativa que determine dependência;
II – participando, em via pública, de corrida, disputa ou competição automobilística, de exibição ou demonstração de perícia em manobra de veículo automotor, não autorizada pela autoridade competente;
III – transitando em velocidade superior à máxima permitida para a via em 50 km/h (cinqüenta quilômetros por hora).
§ 2º Nas hipóteses previstas no § 1º deste artigo, deverá ser instaurado inquérito policial para a investigação da infração penal.

LEI 9.605, DE 12 DE FEVEREIRO DE 1998

Dispõe sobre as sanções penais e administrativas derivadas de condutas e atividades lesivas ao meio ambiente, e dá outras providências

...

Art. 27. Nos crimes ambientais de menor potencial ofensivo, a proposta de aplicação imediata de pena restritiva de direitos ou multa, prevista no artigo 76 da Lei nº 9.099, de 26 de setembro de 1995, somente poderá ser formulada desde que tenha havido a prévia composição do dano ambiental, de que trata o artigo 74 da mesma lei, salvo em caso de comprovada impossibilidade.

Art. 28. As disposições do artigo 89 da Lei nº 9.099, de 26 de setembro de 1995, aplicam-se aos crimes de menor potencial ofensivo definidos nesta Lei, com as seguintes modificações:

I – a declaração de extinção de punibilidade, de que trata o § 5º do artigo referido no *caput*, dependerá de laudo de constatação de reparação do dano ambiental, ressalvada a impossibilidade prevista no inciso I do § 1º do mesmo artigo;

II – na hipótese de o laudo de constatação comprovar não ter sido completa a reparação, o prazo de suspensão do processo será prorrogado, até o período máximo previsto no artigo referido no *caput*, acrescido de mais um ano, com suspensão do prazo da prescrição;

III – no período de prorrogação, não se aplicarão as condições dos incisos II, III e IV do § 1º do artigo mencionado no *caput*;

IV – findo o prazo de prorrogação, proceder-se-á à lavratura de novo laudo de constatação de reparação do dano ambiental, podendo, conforme seu resultado, ser novamente prorrogado o período de suspensão, até o máximo previsto no inciso II deste artigo, observado o disposto no inciso III;

V – esgotado o prazo máximo de prorrogação, a declaração de extinção de punibilidade dependerá de laudo de constatação que comprove ter o acusado tomado as providências necessárias à reparação integral do dano.

Índice Analítico

A numeração indica os capítulos

Acordo civil: 9.
Acordo criminal: 11.
Acordo extrajudicial: 9.4, 9.5.
Acordo no processo civil: 9.1.
Adiamento: 12.3.2.
Agravo em execução: 13.4.
Ampla defesa: 4.1.2.
Apelação: 13.2.
Arquivamento: 7.2.
Ato jurídico: 6.1.
Atos processuais: 6.1.
Audiência de instrução e julgamento: 12.3.
Audiência preliminar: 8
Autocomposição: 9.1, 9.2, 11.4.
Autoridade policial: 7.3.

Bem jurídico: 3.1.
Boletim médico: 12.2.

Carta testemunhável: 13.5.
Causas de aumento e de diminuição de pena: 3.3.
Celeridade: 4.2.4.
Citação: 6.2, 12.2.
Citação por edital: 5.2.
Citação por hora certa: 12.2.
Código de Trânsito: 1.3, 23.

Common Law: 11.3.
Companhias seguradoras: 9.3, 9.5.
Competência dos JECrims: 2.2, 3.1, 5.
Competência e *Habeas Corpus*: 5.3
Competência e Mandado de Segurança: 5.3.
Competência originária: 5.4.
Competência e recursos: 5.3 e 5.7.
Competência e revisão criminal: 5.3.
Composição civil: 9, 12.3.1.
Composição civil e ação penal pública incondicionada: 9.3.
Complementação da indenização: 9.4.
Complexidade do caso: 5.2, 12.2.
Composição dos JECrims: 2.
Condições da suspensão condicional do processo: 19.7.
Condução coercitiva: 8.2, 12.3.2.
Conciliador: 2.1, 8.4.
Concurso de crimes: 3.4.
Conexão e continência: 2, 2.3, 5.
Consenso: 4.2.7.
Contraditório: 4.1.3.
Contravenções: 3.1.
Correição parcial: 15.
Crimes ambientais: 1.3, 22.
Crimes de trânsito: 23.
Cumulação objetiva e subjetiva: 9.6.

Debates orais: 12.3.7.
Declaração Universal dos Direitos Humanos: 1.3
Defesa pessoal: 4.1.1, 4.1.2, 12.3.2, 12.3.3, 19.2, 19.4, 19.6.
Defesa preliminar: 12.3.3.
Denúncia e queixa: 12.2.
Desclassificação: 3.5, 5.7, 10.3.
Descumprimento da transação penal: 11.15.
Deslocamento da competência: 5.2.
Despesas processuais: 17.
Devido processo constitucional: 4.1.1.
Direito alemão: 19.1.1.

Direito anglo-saxão: 19.1.4.
Direito argentino: 19.1.
Direito italiano: 11.1.
Direito polonês: 19.1.
Direito português: 11.2, 19.1.3.
Direito francês: 19.1.2.
Direito subjetivo: 11.5, 11.6, 19.5.
Disponibilidade da ação penal: 4.2.9.
Divergência: 4.1.2, 9.3, 11.5, 19.5.
Documentação da audiência: 12.3.9.

Economia processual: 4.2.3.
Embargos de declaração: 13.3.
Embargos infringentes e de nulidade: 13.6.
Emenda constitucional: 1.3.
Efeitos cíveis da composição civil: 9.4.
Efeitos criminais da composição civil: 9.5.
Efeitos da suspensão condicional do processo: 19.6.
Efeitos da transação criminal: 11.13.
Esclarecimentos: 8.3.
Estatuto da Criança e do Adolescente: 22.
Execução: 2.2, 16.
Extinção da punibilidade: 19.11.

Fato jurídico: 6.1.
Fases processuais: 7.
Fiança: 7.5.
Fundamentos da suspensão condicional do processo: 19.4.

Gulty plea: 19.1.4.

Habeas Corpus: 14.1.
Histórico: 1.1.

Igualdade: 1.3.
Indenização: 9.1.
Indiciamento: 7.4.
Informalidade: 4.2.2.
Infração de menor potencial ofensivo: 3, 3.1.
Inimputabilidade: 5.2, 22.

Inocência: 4.1.4.
Inquérito policial: 7.2.
Interrogatório: 12.3.6.
Intimações: 6.4.

Juízes leigos: 2.1, 8.4.
Juízes togados: 2.1.
Júri: 5.5
Justiça Eleitoral: 21.
Justiça Militar: 21.

Lei 7.244/84: 1.1.
Lei 8.124/86: 1.1.
Lei 9.442/91: 1.1.
Lei 8.069/90: 22.
Lei 1.071/90: 1.1.
Lei 9.446/91: 1.1.
Lei 9.503/97: 1.3, 2.3.
Lei 9.605/98: 1.3, 11.5, 24.
Lei 10.259/01: 1.3, 3.1.
Lei 10.741/01: 1.3.
Lei 10.455/02: 7.6.
Lei 11.313/06: 1.3, 2.3, 3.1, 3.4, 5.5, 9.6, 12.1
Lei 11.340/06: 1.3, 5.6, 7.6, 10.4, 18, 25.
Lei 11.343/06: 1.3, 7.5, 11.9, 26.
Lei 11.689/08: 1.3, 5.5.
Lei 11.690/08: 9.1.
Lei 11.705/08: 1.3, 23.
Lei 11.719/08: 1.3, 5.2, 6.2, 9.1, 12.1, 12.3.3.

Mandado de segurança: 14.2.
Mitigada disponibilidade da ação penal: 4.2.9.
Motivação: 12.3.4.
Multa: 3.1, 11.10.

Natureza jurídica da suspensão condicional do processo: 19.3.
Natureza jurídica do acordo civil: 9.2.
Natureza jurídica do acordo criminal: 11.4.
Nolo contendere: 19.14.

Nulidades: 2.3, 4.2.1, 2.2.3, 6.7, 12.1, 19.10.
Obrigatoriedade: 8.1.
Ofendido: 12.3.5.
Oralidade: 4.2.1.
Pena privativa de liberdade: 4.2.6.
Penas restritivas de direito: 11.9.
Plea bargaining: .
Prestação social alternativa: 11.11.
Pretensão acusatória: 11.7.
Princípios: 4, 4.2.
Prisão em flagrante: 7.2.
Probation: 19.1.4.
Provas: 12.3.10.
Publicidade: 6.5.
Quitação: 9.4, 9.6.
Recebimento da acusação: 12.3.4.
Reclamação: 15.
Recursos: 13.
Recurso em sentido estrito: 13.4.
Recurso especial e extraordinário: 13.7.
Registro dos atos processuais: 6.6.
Renúncia do direito de queixa e representação: 2.1, 5.6, 9, 9.2, 9.4, 9.5, 10.1, 12.1, 18, 23.
Reparação de danos: 4.2.5.
Representação: 10, 18.
Requisitos da composição civil: 9.3.
Requisitos da suspensão condicional do processo: 19.5.
Requisitos do acordo criminal: 11.5.
Resposta: 12.3.3.
Retroatividade: 4.1.1, 20, 21.
Retratação: 10.2, 10.4, 12.2, 18, 25.
Revisão criminal: 14.3.
Revogação da suspensão condicional do processo: 11.10.
Ritos especiais: 3.1.
Rito sumariíssimo: 12.

Sentença: 9.1, 12.3.8.
Sentença penal e efeitos cíveis: 9.1.
Simplicidade: 4.2.8.
Suspensão condicional do processo: 1.3, 19.
Suspensão condicional do processo e pena mínima: 3.2.
Súmula 280 **STF**: 13.7.
Súmula 281 STF: 13.7.
Súmula 283 STF: 13.7.
Súmula 608 STF: 23.
Súmula 356 STF: 13.7.
Súmula 636 STF: 13.7.
Súmula 640 STF: 13.2.
Súmula 690 STF: 5.3, 12.1, 13.2, 14.1.
Súmula 696 STF: 19.5.
Súmula 723 STF: 3.3, 19.5.
Súmula 203 **STJ**: 13.2, 13.7.
Súmula 243 STJ: 1.3, 3.2, 3.3, 19.5.
Súmula 337 STJ: 3.5.

Termo circunstanciado: 7.2.
Testemunhas: 12.3.5.
Titular da proposta de acordo criminal: 11.5.
Titular da proposta de suspensão condicional do processo: 19.5.
Título executivo: 4.2.5, 4.2.7, 8.1, 9.3, 9.4.
Transação criminal: 11, 12.3.1.
Transação criminal por escrito: 4.2.4.
Turmas recursais criminais: 2.1.
Tribunal do Júri: 5.5.

Violência doméstica: 5.6, 7.6, 10.4, 18, 25.
Vítima: 4.2.5.

Impressão:
Evangraf
Rua Waldomiro Schapke, 77 - P. Alegre, RS
Fone: (51) 3336.2466 - Fax: (51) 3336.0422
E-mail: evangraf.adm@terra.com.br